ZASADY ZWYCIĘZCÓW

BODO SCHÄFER

ZASADY ZWYCIĘZCÓW

TAK SPEŁNIĄ SIĘ TWOJE MARZENIA

Wydawnictwo Aktywa
Frampol 2018

Tytuł oryginału:
DIE GESETZE DER GEWINNER

Projekt i wykonanie okładki: Grzegorz Japoł
Na okładce: Bodo Schäfer

Redakcja I: Alicja Laskowska
Redakcja II: Piotr Witold
Korekta: Bartosz Szpojda
Łamanie: Grzegorz Kalisiak
Tłumaczenie: Biuro Tłumaczeń „Fatix"

ISBN: 978-83-946528-5-2

Wydanie drugie

Wydawnictwo Aktywa
Piotr Witold

Dystrybucja: www.wydawnictwoaktywa.pl

PISZĄ O BODO SCHÄFERZE:

„Najwybitniejszy trener ostatnich dziesięciu lat".
COSMOPOLITAN.DE

„Wykorzystując fachową wiedzę i dowcipny styl [...] (oraz wiele konkretnych rad), bierze czytelnika za rękę i kieruje na drogę do pierwszego miliona".
FOCUS
MAGAZINE

„Istnieje bezpieczna droga do tego, aby z czystym sumieniem zarobić pierwszy milion — Bodo Schäfer ją wskazuje".
Süddeutsche Zeitung

„Bodo Schäfer zdradza tajemnice budowania majątku i dostarcza proste techniki postępowania z pieniędzmi, które przynoszą natychmiastowe efekty".
WELT am SONNTAG

„Bodo Schäfer wskazuje drogę do pierwszego miliona".
ZDF

„Ten wykształcony w USA Money-Coach i autor książek wie, jak na swoich seminariach na temat pieniędzy pozyskać słuchaczy i przezwyciężać wewnętrzne blokady".
Capital

„Bodo Schäfer jest najlepszym Money Coachem w Europie”.

stern

„[...] prawdziwa zachęta dla ludzi, którzy chcą samodzielnie kreować swoją przyszłość”.

RTL

Spis treści

Wstęp

Czy myślisz, że stać Cię na więcej, niż to co w tej chwili osiągasz? Czy masz marzenia? I czy obowiązki, frustracje i szara codzienność przesłaniają Ci je niczym welon?

W każdym dziecku drzemie geniusz — tak twierdził Albert Einstein. Wszyscy mamy możliwość i prawo żyć jak zwycięzcy.

Być może czujesz się czasami tak jak ja przed laty. Szukałem wówczas pewnego rodzaju „drogowskazów", wytycznych, które mogłyby mi pomóc. Zaczęło się od tego, że powiedziałem kiedyś do mojego pierwszego trenera: „Oddałbym wszystko, żeby odnosić takie sukcesy jak pan". Z powątpiewaniem pokiwał wówczas głową i odrzekł: „Nie jestem tego taki pewien, panie Schäfer".

Zapewniłem, że moje życzenie traktuję zupełnie poważnie. W odpowiedzi usłyszałem: „W takim razie proszę trzy razy w tygodniu przychodzić do mnie, aby się uczyć. Proszę wszystko notować i robić rzeczy, które panu mówię".

Najpierw chciałem znaleźć wzór na sukces i szczęście. Oczywiście taki wzór nie istnieje. Życie jest po prostu zbyt wszechstronne.

Potem chciałem, żeby trener pomógł mi w ówczesnych problemach. Również w tym przypadku moje oczekiwania nie zostały początkowo spełnione. Zamiast rozwiązać za mnie trudne kwestie, wyjaśnił mi zasady: zasady zwycięzców. To, czego na początku nie rozumiałem, okazało się później nieocenionym bogactwem: nie tylko nauczyłem się radzić sobie z obecnymi trudnościami — byłem również przygotowany na przyszłe wyzwania.

Oczywiście dzisiaj też doświadczam i przeżywam ciężkie sytuacje. Wtedy pytam się: „Co teraz powiedziałby mój trener?". W wyobraźni słyszę wówczas jego głos, widzę jego twarz i mam pewność, że postępuję właściwie.

Były w moim życiu momenty, w których inni ludzie zasiewali we mnie wątpliwości. Zawsze wtedy przypominałem sobie słowa mojego trenera: „Najbardziej mnie wkurza, gdy ktoś gardzi innymi ludźmi. A robi to za każdym razem, kiedy odmawia im możliwości odnoszenia sukcesów i bycia szczęśliwymi. Nikt — naprawdę nikt — nie może rościć sobie prawa do mówienia innym: »Nie zasługujesz na lepsze życie!« i nikt nie powinien żyć w takim przekonaniu".

Nie każdy ma to szczęście, że spotyka na swojej drodze takiego mistrza. Dlatego napisałem tę książkę: ująłem w niej najważniejsze zasady sukcesu, których miałem okazję się nauczyć.

Chodzi przy tym o bardzo stare, sprawdzone prawdy. Większość ludzi zna niektóre z nich, ale często ich nie stosuje. Istnieją powiedzenia, które znamy od dziesięciu lat, a dopiero w jedenastym roku zadziwia nas głębia i trafność ich przesłania.

Czytając niniejszą książkę, stwierdzisz trzy rzeczy:

Po pierwsze: Niektóre zasady wydają się wzajemnie wykluczać. Jednak trzeba pamiętać, że zasady zwycięzców odnoszą się do naszego życia, a ono jest pełne paradoksów: to, co powoduje sprzeczności, stanowi w rzeczywistości różne części większej całości.

Po drugie: Napotkasz powtórzenia. Dzięki nim chciałem zademonstrować, że poszczególne zasady są ze sobą powiązane. Dopiero kiedy postrzegamy je we wzajemnym związku, są one w stanie rzeczywiście wzbogacić nasze życie.

Po trzecie: Zauważysz, że nie zawsze jest łatwo żyć zgodnie z zasadami zwycięzców. Ale jesteśmy wystarczająco potężni, aby tego dokonać. Możemy zmienić nasze życie w każdej chwili. Sukces i spełnienie nie wywodzą się przede wszystkim ze szczęścia — w dużej mierze są one wynikiem określonego stylu życia, kierującego się określonymi zasadami.

To przekonanie nie cieszy się powszechną popularnością. Wielu ludzi woli postrzegać się jako ofiary, gdyż mają w ten sposób dogodną wymówkę.

Prawda jest jednak inna: mamy wybór! Sytuacja, w której się znajdujemy, nie jest aż tak ważna. Ważne jest, co z nią uczynimy. Każdy z nas ma możliwość bycia zwycięzcą. Niniejsza książka jest pełna porad, które możesz od razu wcielić w życie.

Mam nadzieję, że zasady zwycięzców poruszą i zmotywują Cię w szczególny sposób. Mam dla Ciebie trzy szczególne życzenia:

Przekuwaj swoje marzenia w rzeczywistość.
Wzbogacaj swój dzień złotymi chwilami.
Bądź człowiekiem, którym możesz być.

Serdeczne pozdrowienia,

Bodo Schäfer

ZASADA 1

Podejmuj decyzje

Pewnego razu był sobie mały strumyk, który dotarł do granicy wielkiej pustyni. Tam usłyszał głos: „Płyń spokojnie dalej". Ale strumyk obawiał się nowego i nieznanego. Bał się zmiany. Wprawdzie chciał mieć więcej wody i wieść piękniejsze życie, lecz nie chciał się zmienić i podjąć ryzyka.

Głos odezwał się ponownie: „Jeśli nie odważysz się na ten krok, nigdy nie dowiesz się, na co cię stać. Po prostu uwierz w to, że również w nowym otoczeniu dasz sobie radę. Płyń spokojnie dalej".

Wówczas strumyk zdecydował się płynąć dalej. Jednak nie czuł się przy tym dobrze. Na pustyni stawało się coraz goręcej i w końcu wyparował. Unoszące się małe kropelki zebrały się w atmosferze, gdzie utworzyły chmury wznoszące się nad pustynią.

Chmury te wędrowały przez wiele dni, aż dotarły do położonego za pustynią wielkiego morza. Tam spadł z nich deszcz. Padał tak długo, aż chmury całkowicie zniknęły.

Od tej chwili strumyk prowadził dużo wspanialsze życie, niż kiedykolwiek odważył się nawet pomarzyć. Splatając się z falami, rozmyślał z uśmiechem: „Wielokrotnie zmieniałem formę swojego bytu — i teraz jestem dużo bardziej sobą niż kiedykolwiek przedtem".

Wielu osobom podejmowanie decyzji przychodzi z trudnością. Szczególnie wówczas, kiedy wiąże się to z jakimś ryzykiem. Do tego wszystkiego dochodzi jeszcze strach przed zmianą. A przecież wiele może ulec zmianie: Twój rytm dnia, Twoje miejsce zamieszkania, Twój krąg przyjaciół i znajomych... Jednak największa przemiana zachodzi w Tobie. I właśnie tego obawia się większość ludzi. Postaw sobie pytanie: Czy chcesz zostać takim, jakim jesteś? Czy może chcesz się rozwijać i zmieniać na lepsze? Wszelki rozwój i każdą zmianę zawsze poprzedza podjęcie decyzji.

Obawa przed dokonaniem błędnego wyboru jest ogromna. Podobnie jak lęk przed opuszczeniem tego, co znane i „bezpieczne", na rzecz wielkiej niewiadomej. Krok ten oznacza jednak możliwość rozwoju. To właśnie tutaj kryje się nasza największa szansa.

KAŻDA DECYZJA JEST RÓWNIEŻ ROZSTANIEM

Przy podejmowaniu decyzji wybieramy jedną możliwość i jednocześnie odcinamy się od wszystkich innych. Ten, kto staje przed poważnym życiowym wyborem, często świadomie blokuje każdą inną możliwość.

W tych najważniejszych momentach mamy wybór pomiędzy przeszłością i przyszłością. Możemy zdecydować się na pozostanie przy tym, co mamy. Wówczas nie jesteśmy otwarci na nowe szanse. Jednocześnie oznacza to, że odcięliśmy się od naszych marzeń i wizji pełniejszej i bardziej spełnionej przyszłości. Możemy też zostawić wszystko za sobą i z pustymi rękoma sięgać po nasze cele i marzenia.

Nie można trwać przy tym, co daje nam „poczucie bezpieczeństwa", i jednocześnie sięgać po nowe. Musisz zdecydować, z czym chcesz się rozstać: ze swoim „poczuciem bezpieczeństwa" czy z możliwością spełnienia swoich marzeń. Co postanowisz? Chcesz nadal trzymać się przeszłości czy też wybierzesz szansę na bogatszą przyszłość? Tylko Ty sam znasz odpowiedź na to pytanie. Tylko Ty wiesz, czy naprawdę jesteś szczęśliwy i zadowolony ze swojego dotychczasowego życia, czy jednak czas wyjść naprzeciw nowemu.

Zmiany zaczynają się od decyzji. Czyli od rozstań. A to wymaga odwagi.

KTO NIE PODEJMUJE DECYZJI, BLOKUJE SWÓJ ROZWÓJ

Czy wiecie, jak w Afryce łapie się małpy? Myśliwy wkłada do dziupli w drzewie o średnicy około sześciu centymetrów kamień wielkości kurzego jajka. Postępuje przy tym w sposób bardzo tajemniczy. Małpy obserwują go z bezpiecznej odległości i stają się coraz bardziej ciekawe.

Następnie myśliwy odchodzi na kilka metrów. Do drzewa natychmiast podchodzi małpa i sięga do dziupli. Wyczuwa przedmiot i chce go wyciągnąć. Średnica otworu jest jednak za mała. Oczywiście małpa spokojnie mogłaby wyjąć swoją rękę, gdyby puściła kamień, ale nie może się na to zdecydować. Tym sposobem mężczyźnie udaje się w końcu złapać zwierzę, zakładając jej ze stoickim spokojem worek na głowę.

Czyż nie jest tak, że czasami jesteśmy więźniami naszej przeszłości? Że kurczowo trzymamy się różnych rzeczy i poczucia bezpieczeństwa? I że przez to mamy spętane ręce i nie możemy sięgnąć po to, co uczyniłoby nas szczęśliwszymi? Pojawia się tutaj zasadnicze pytanie: Co chcemy osiągnąć w swoim życiu?

Theodore Roosevelt powiedział kiedyś: „O wiele lepiej jest odważnie dążyć do celu, radować się wielkimi sukcesami, nawet jeżeli po drodze poniesiemy liczne porażki, niż ustawić się w szeregu ludzi, którzy nigdy nie doznają ani wielkich radości, ani wielkiego cierpienia, ponieważ żyją w szarej strefie, w której ani porażek, ani zwycięstw nie ma".

Zwycięzcy nie trzymają się kurczowo sytuacji, która ich nie satysfakcjonuje. Mogą podejmować ryzyko, ponieważ wiedzą, że wszystko jest lepsze od niezadowalającej egzystencji na minimalnym poziomie. Dla większości Europejczyków bieda nie oznacza cierpienia z powodu głodu, lecz monotonię życia.

To ogromna różnica, czy grasz, aby nie przegrać, czy aby wygrać. Kto stara się tylko nie przegrać, koncentruje się na ryzyku i ewentualnych niebezpieczeństwach. Kto stawia na zwycięstwo, ma przed oczami jego wizję. Jak myślisz, kto czuje się szczęśliwszy?

POWODY, DLACZEGO NIE PODEJMUJE SIĘ DECYZJI:

1. Wielu ludzi sądzi, że przez całe życie musi pozostać przy jednym zawodzie.
   Większość z nas dokonała wyboru zawodu, będąc jeszcze ignoranckimi nastolatkami. Być może decyzje te były słuszne, być może nie. I być może nadszedł właśnie czas na zrewidowanie naszych decyzji. Ważne pytanie: Czy kochasz swój zawód? Życie jest zbyt krótkie, aby codziennie wykonywać pracę, której właściwie nawet nie lubimy. A niezależnie od tego, co robisz, konkurujesz z osobami, które ten zawód uwielbiają.

2. Wielu ludzi sądzi, że może podjąć decyzję „później".
Jednak ktoś, kto nie potrafi podjąć decyzji, traci wiarę w samego siebie. Poza tym nie ma czegoś takiego jak niepodejmowanie decyzji. Również wówczas, kiedy nie podjąłeś decyzji, dokonałeś konkretnego wyboru. Postanowiłeś, że wszystko pozostanie tak jak do tej pory lub wybrałeś niezdecydowanie. Taki stan kosztuje bardzo dużo energii. Obciąża. Nie jesteś wolny i nie możesz się swobodnie poruszać.

Mimo to wiele osób mówi, że równie dobrze może podjąć decyzję później. Najlepiej wyobraź sobie swój cel tak, jakby stał na ruchomych schodach. Znajduje się w ciągłym ruchu — oddala się od Ciebie. Jeśli będziesz zwlekać z podjęciem decyzji, cel w końcu znajdzie się poza Twoim zasięgiem.

3. Wielu ludzi boi się podjąć „błędną" decyzję.
Coś takiego w ogóle nie istnieje. Podejmując decyzję, wybrałeś przecież konkretną alternatywę. Dlatego nigdy nie będziesz wiedzieć, jak by wyglądało Twoje życie, gdybyś wybrał inaczej.

Przykład: Załóżmy, że zastanawiasz się, czy pojechać nad morze, czy w góry, i ostatecznie decydujesz się na góry. Niestety cały czas pada deszcz — i to nieprzerwanie przez wszystkie dziesięć dni, które tam spędzasz. Większość ludzi stwierdziłaby wówczas: „Podjąłem złą decyzję". Czy słusznie?

Niekoniecznie. Ponieważ nie wiesz, co spotkałoby Cię nad morzem. Całkiem możliwe, że przez cały czas leżałbyś w łóżku z powodu ciężkiego zatrucia pokarmowego. Może w górach poznasz swojego wymarzonego partnera? Pierwotna ocena, że podjęliśmy „błędną" decyzję, ulega natychmiastowej relatywizacji. Prawdą jest, że nigdy się nie dowiemy, czy bylibyśmy zadowoleni, gdybyśmy wybrali inaczej, jako że nie mamy pojęcia, jak wówczas potoczyłoby się nasze życie. Jeśli się nad tym dłużej zastanowisz, zrozumiesz, że każda decyzja jest lepsza niż jej brak.

4. Wielu ludzi sądzi, że potrafi podejmować decyzje łatwo i bezboleśnie.
   Idealną decyzją zdaje się być ta, która się wręcz nasuwa. Dlatego często jesteśmy skłonni poczekać, aż pozostanie tylko jedna możliwa opcja, ponieważ druga straci na swojej atrakcyjności. Zapominamy przy tym, że w takim wypadku nie chodzi już tak naprawdę o podjęcie decyzji. To już nie jest wybór.

Dopiero kiedy reprezentowane są obie alternatywy, wybór nabiera prawdziwej mocy. Im bardziej doceniasz opcję, którą odrzuciłeś — mimo że się na nią nie zdecydowałeś — tym bardziej oceniasz i analizujesz opcję, którą wybrałeś.

Jeśli chcesz nabrać do siebie większego szacunku, podejmuj szybkie decyzje. Trenuj swoje „mięśnie decyzyjne".

W MOMENCIE PODEJMOWANIA DECYZJI DECYDUJEMY O SWOIM LOSIE

Wyobraź sobie: W następnych latach w Twoim życiu pojawi się nowy człowiek. Będzie miał Twoje klucze do mieszkania i Twój samochód. Będzie mieszkał w Twoim domu i siedział przy Twoim stole. Będzie korzystał ze wszystkich tych rzeczy, na które ciężko pracowałeś i z którymi się zżyłeś. Będzie czytał Twoje wyciągi z konta i kontrolował, czy rzeczywiście przez te ostatnie lata coś zrobiłeś. Będzie spał w Twoim łóżku. A kiedy popatrzysz w lustro krytycznym wzrokiem, zobaczysz go. Tym człowiekiem jesteś Ty. Ty go stworzyłeś — decyzjami, które dziś podejmujesz, i rzeczami, które dziś robisz lub nie.

Jak ten człowiek będzie wyglądał? Jak będzie mieszkał? Co będzie robił i jakich będzie miał przyjaciół? Jaką jakością życia będzie się cieszył? Czy będzie szczęśliwy i spełniony?

Twoje dzisiejsze decyzje kreują odpowiedzi na te pytania. Ludzie, którzy mają niskie poczucie własnej wartości, chronią siebie samych tym, że nie podejmują żadnego ryzyka. Dlatego też wiele osób trzyma się tego, co w gruncie rzeczy wcale im się nie podoba. Jednak największym ryzykiem jest godzenie się w przyszłości na życie, które nie sprawia Ci radości. Z tego powodu pewien odnoszący sukcesy człowiek powiedział kiedyś: „Dlaczego nie podejmiesz ryzyka? Przecież nie możesz spaść niżej niż dno".

Przy podejmowaniu decyzji zwycięzcy kierują się tym, co chcą osiągnąć. Decydują się szybko i długo pozostają przy swoim wyborze. W przeciwieństwie do nich większość ludzi długo zwleka z podjęciem decyzji i szybko ponownie ją zmienia. Zwycięzcy mogą sobie pozwolić na błyskawiczne rozsądzenie każdej sprawy, ponieważ wiedzą, że nawet zła decyzja jest lepsza niż jej brak, i ponieważ doskonale wiedzą, czego chcą. Kluczem do umiejętności szybkiego podejmowania decyzji jest świadomość własnej wartości. Jeśli nie będziesz miał wątpliwości co do tego, co sobą reprezentujesz i ile jesteś wart, dokonywanie wyborów będzie przychodzić Ci z łatwością.

PRAKTYKA:

Dziś poprawię swoje umiejętności w podejmowaniu decyzji, zobowiązując się do wykonania następujących kroków:

1. Będę ćwiczyć umiejętność szybkiego dokonywania wyborów. Wyobrażę sobie, że istnieje mięsień decyzyjny, który wzmacniam za każdym razem, kiedy podejmuję szybką decyzję. Są ludzie, którzy przez 15 minut studiują kartę dań — a potem i tak zamawiają spaghetti bolognese. Dziś postanawiam, że w ciągu 30 sekund zadecyduję o tym, co chcę zjeść i czego chcę się napić. Nawet

z uwzględnieniem ryzyka, że będę musiał zjeść to, co mi nie smakuje. Dziś każdą mniejszą decyzję będę podejmować w ciągu 30 sekund.

2. Za każdym razem, kiedy będę dokonywał wyboru, zadam sobie dwa kluczowe pytania: Jakie będą konsekwencje, jeśli podejmę taką decyzję? Czy decyzja, którą właśnie podejmuję, przyniesie mi i ludziom wokół mnie szczęście? W ten sposób nauczę się wsłuchiwać w samego siebie.
3. Pisemnie odpowiem sobie na pytania: Kim chcę być za pięć lat? Co chcę robić za pięć lat? Co chcę mieć za pięć lat? Wszystkie moje decyzje oprę na tych celach. Jestem gotowy rozstać się z rzeczami, które tak naprawdę wcale mi się nie podobają. W ten sposób będę miał wolną rękę w realizacji swoich marzeń.
4. Zastanowię się, czy istnieje jakaś trudna decyzja, którą od dłuższego czasu odkładam na później. Zapiszę poszczególne alternatywy. Potem zastanowię się, czy mógłbym je omówić z doświadczonymi ludźmi. Przede wszystkim jednak wyznaczę sobie pisemnie termin, do którego muszę podjąć ostateczną decyzję.

ZASADA 2

Ciągle się ucz i rozwijaj

Według starej indyjskiej historii narodzin świata Bóg stworzył najpierw muszelkę i położył ją na dnie morza. Jej życie nie było ekscytujące. Przez cały dzień nie robiła nic innego, jak tylko podnosiła swoją pokrywę, przepuszczała trochę przepływającej wody i ponownie się zamykała. Jej egzystencja składała się wciąż z tych samych czynności: podnosiła pokrywę, zamykała, podnosiła, zamykała, podnosiła, zamykała…

Potem Bóg stworzył orła. Dał mu swobodę latania i zdobywania najwyższych szczytów. Nie istniały dla niego praktycznie żadne granice. Jednak owa wolność miała swoją cenę: orzeł musiał codziennie walczyć o swoją zdobycz. Nic nie przychodziło łatwo. Kiedy miał młode, musiał polować całymi dniami, aby zdobyć dostatecznie dużo pożywienia. Ale chętnie godził się na taki żywot.

Na koniec Bóg stworzył człowieka i zaprowadził go najpierw do muszelki, a potem do orła. Następnie kazał mu zdecydować, jakie życie chce prowadzić.

CNIR: CIĄGŁA NAUKA I ROZWÓJ

Mamy wybór pomiędzy obiema formami życia. Muszelka symbolizuje osoby, które zaniedbują poszerzanie swoich horyzontów. Ceną za to często jest fakt, iż przez całe życie muszą robić to samo. Napoleon Hill powiedział: „Niektórzy umierają przedwcześnie z powodu obżarstwa, inni umierają z przepicia, a jeszcze inni, bo nie mają nic innego do roboty".

Kto decyduje się żyć jak orzeł, z pewnością nie wybrał łatwej drogi. Prawdopodobnie istnieje tylko jedna możliwość jej przebycia: musimy naprawdę cieszyć się z uczenia się i rozwoju. Im więcej się uczymy i rozwijamy, tym bardziej jesteśmy wolni i swobodni. Wyzwania i problemy stają się przy takim sposobie postrzegania lekcjami.

Filozofia życiowa CNIR — ciągła nauka i rozwój — opiera się na czterech przeświadczeniach:

1. Rozwój jest elementem naszego kodu genetycznego. Po czym poznajemy, czy coś jest żywe, czy martwe? Wszystko, co żyje, rośnie i się rozwija. W ten sposób

możemy odróżnić kamień od żyjącego korala. Kiedy coś przestaje rosnąć i się zmieniać, umiera. Tak więc we wzroście chodzi przede wszystkim o zasadę życia. Nie wystarczy jednak po prostu rosnąć — ewolucja oznacza ukierunkowany wzrost. Tak, aby być zdolnym do życia i rozwoju.

2. CNIR opiera się na podstawowej potrzebie człowieka. Kiedy obserwujemy dzieci, dostrzegamy, że ciągła nauka i rozwój leżą w naszej naturze. Dzieci stale chcą dociekać, poznawać, badać i rozwijać swoje umiejętności. Przy tym podejmują różne ryzyka i decydują się na rozmaite przygody, i wcale się nie oszczędzają. Człowiek zastanawia się, skąd dziecko ma tyle energii. Być może prawdą jest, że ludzie są bardziej aktywni i zmotywowani, gdy żyją tak, jak chcą, i spełniają swoje potrzeby.

   Dla porównania poobserwuj dorosłych, którzy już się nie uczą i nie rozwijają. Wprawdzie zastanawiają się, jak mogliby najlepiej spędzić wolny czas, ale przeważnie nie wyglądają na szczęśliwych. Powód jest prosty: kiedy przestajemy się rozwijać i uczyć, nasze życie staje się bezsensowne i puste. Niezaspokojone potrzeby odbierają nam radość życia i energię.

3. Nie ma religii, która nie dążyłaby do zmiany na lepsze. Nie chodzi przy tym o religijność, lecz raczej o fakt, że poszczególne religie świata wyrażają tęsknoty ludzi: za zbawieniem, inspiracją, świętością, pokojem, lepszym

życiem i miłością... Wszystko to zakłada z góry jakąś zmianę. Nie istnieje żadna religia, która mówi: „Nie powinieneś się zmieniać".

4. W każdym systemie gospodarczym i w każdej firmie obowiązuje zasada: Nigdy nie może dojść do stagnacji. Firma rozwija się lub słabnie. Kto próbuje trzymać określony poziom, ten na dłuższą metę traci konkurencję. Kto prowadzi działalność gospodarczą, musi się uczyć i rozwijać, w przeciwnym razie straci swoją pozycję. Wiemy o tym od momentu, kiedy dr William Edwards Deming zdefiniował pojęcie jakości: „Jakość nie oznacza jedynie spełniania określonego standardu, lecz dążenie w wyniku żywego i dynamicznego procesu do ciągłych ulepszeń".

Jak mamy być szczęśliwi, jeśli działamy wbrew prawu życia, zasadom ewolucji, naszym potrzebom, tęsknotom i każdemu ekonomicznemu i gospodarczemu porządkowi? Uczenie się i rozwój są wpisane w sens naszego życia. Nie ma takiego narkotyku ani używki, które mogą zapewnić nam to, co możemy osiągnąć dzięki CNIR.

DECYZJA, KTÓRĄ WCIĄŻ BĘDZIEMY MUSIELI PODEJMOWAĆ

Można by założyć, że w pewnym momencie naszej egzystencji raz na zawsze decydujemy się na jedną z dwóch form życia.

W rzeczywistości jednak musimy bezustannie potwierdzać nasz wybór.

Jeśli chcemy się rozwijać, powinniśmy regularnie czytać książki, pisać dzienniki, brać udział w seminariach i otaczać się ludźmi, od których moglibyśmy się czegoś nauczyć. A wymaga to świadomego wysiłku.

Istnieją dwa główne powody, dlaczego ludzie przestają się uczyć i rozwijać.

Pierwszym z nich jest błędne przekonanie, że nie można stać się jeszcze lepszym. Zawsze możemy się czegoś nowego nauczyć i zawsze możemy się rozwijać. Jak powiedział David Bowie: „W dniu, w którym stwierdzisz, że nie możesz być już lepszym, zaczynasz grać tę samą piosenkę".

Drugi powód to obojętność. Jest ona jedną z największych pokus, ponieważ wydaje się taka niewinna. Jeśli nie dążymy do ciągłego rozwoju, niechybnie poddamy się takim wzorcom zachowania i takiemu stylowi życia, które znajdują się daleko poniżej poziomu, na który zasługujemy.

Największe niebezpieczeństwo kryje się jednak w mniemaniu, iż „trochę złego nie zaszkodzi".

ŻABIA PUŁAPKA

Co się stanie, jeśli inteligentną żabę wrzucimy do garnka z gorącą wodą? Ta natychmiast podejmie decyzję: „Tutaj jest nieprzyjemnie — spadam stąd", i wyskoczy. Kiedy jednak tę samą żabę włożymy do garnka z zimną wodą, postawimy go na kuchence i powoli będziemy podgrzewać — co wtedy? Żaba się zrelaksuje, zauważy, że powoli robi się za ciepło, i pomyśli: „Trochę ciepła przecież nie zaszkodzi". I wkrótce będzie ugotowana.

Morał: Wiele rzeczy w życiu następuje powoli. Weźmy na przykład długi. Gdybyś się jutro obudził i miał do spłacenia 68 000 euro, byłbyś zaniepokojony? Z pewnością. Kiedy jednak rzeczy następują powoli — 8,90 euro dziś, 14 euro jutro — wówczas nie traktujemy tego poważnie. Ale wszystko w życiu się sumuje. Kiedyś długi nas pogrzebią — lub będziemy zamożni.

Gdybyś jutro ważył o 30 kilogramów więcej, czy byłbyś zaniepokojony? Niewątpliwie. Kiedy jednak w tym miesiącu przytyjemy kilogram, a w następnym jeszcze jeden, to nie postrzegamy tego w aż tak dramatycznych barwach. Żabia pułapka ostrzega nas, abyśmy zwracali uwagę na trendy i nie lekceważyli drobnostek. Ponieważ drobnostki się sumują. Wszystko przybliża nas do naszego celu albo od niego oddala. Nic nie jest neutralne. Dlatego zawsze musimy zadawać sobie pytanie: Jaki kierunek sobie wyznaczyłem?

DŁUGOTRWAŁA ANALIZA PORÓWNAWCZA

Bez znaczenia wydaje się, czy zjemy dzisiaj jabłko, czy tabliczkę czekolady; czy przeczytamy dobrą książkę, czy w telewizji obejrzymy operę mydlaną; czy zaoszczędzimy 10 euro, czy je wydamy...

Ale po dziesięciu latach widać ogromną różnicę. Czekolada, opery mydlane i wydatki pieniężne prowadzą do otyłości, powierzchowności i biedy. Owoce, dobre książki i oszczędność — do zdrowia, wiedzy i dobrobytu. Nikt nie oczekuje, że podejmowane przez nas decyzje będą zawsze mądre. Życie stanowi jednak sumę ich wszystkich. Obojętność nie jest wówczas najlepszą receptą.

Pewien ojciec chciał popracować w spokoju i na chwilę zająć czymś swojego syna. Dlatego porwał na kawałki mapę świata, którą znalazł w jakimś magazynie. Następnie polecił dziecku, aby ponownie ją ułożyło.

Ku jego zdziwieniu już po chwili dziecko wróciło z poprawnie ułożoną mapą świata. Ojciec nie mógł uwierzyć, że jego syn tak szybko sobie z tym poradził. Chłopiec wyjaśnił: „Na drugiej stronie mapy była twarz mężczyzny. To było łatwe do ułożenia. Pomyślałem sobie, że jeśli twarz mężczyzny jest w porządku, to mapa też".

To właśnie stanowi sedno CNIR: jesteśmy swoją własną układanką. Nasze małe i duże decyzje określają, jak będzie wyglądać nasza przyszłość. Jeśli my jesteśmy uporządkowani, uporządkowany jest również nasz świat.

PAT RILEY

Trenerem odnoszącym największe sukcesy w historii amerykańskiej koszykówki był Pat Riley. Zawodnicy jego drużyny,

Los Angeles Lakers, byli w 1986 roku święcie przekonani, że nie mogą już sięgnąć wyżej. Wówczas zmotywował ich do tego, aby poprawili się tylko o 1%. Śmiesznie mało, prawda?

Jednak Riley wyliczył im: jeśli dwunastu zawodników poprawiłoby swoje wyniki we wszystkich pięciu obszarach gry tylko o 1%, to drużyna byłaby o 60% efektywniejsza. Wyjaśnił również, że prawdopodobnie już 10% wystarczyłoby, aby zdobyć tytuł. 1% wydawał się możliwy, a nawet łatwy do osiągnięcia. Tak więc zawodnicy się postarali i pozornie bez wysiłku zdobyli mistrzostwo.

Załóżmy, że postanowisz poprawić się o 1% w pięciu obszarach swojego życia: w zdrowiu, związkach i relacjach, finansach, emocjach i pracy. Jeśli będziesz robić tak co miesiąc, tylko przez rok, to staniesz się o 60% efektywniejszy.

CNIR STANOWI DLA NAS WSPARCIE

Skąd mamy czerpać motywację do ciągłej nauki i rozwoju? Odpowiedź może Cię zaskoczyć: podobnie jak Asterix i Obelix potrzebujemy swego rodzaju magicznego napoju. Jest nim nasze otoczenie, które na nas wpływa — często bez naszej wiedzy. W dużej mierze jest ono odpowiedzialne za to, jak wyglądają nasze codzienne decyzje. Napojem tym są również książki, które czytamy, dzienniki, które piszemy, czy seminaria, na które uczęszczamy.

Obelix miał szczęście — jako mały chłopiec wpadł do kotła wypełnionego magicznym napojem. Już jako dziecko został więc ukształtowany w określony sposób. Asterix nie był aż takim szczęściarzem. Przed każdym trudnym zadaniem musiał skosztować magicznego napoju. I właśnie tak czuje się większość z nas: potrzebujemy takiej pomocy. Ludzi, którzy są dla nas wzorem; książek, które nas inspirują; dzienników, które pomagają nam zrozumieć nas samych i nasze życie; jak również seminariów, które wskazują nam nowe drogi i dostarczają impulsów.

Im więcej się uczymy i rozwijamy, tym większa jest nasza potrzeba nauki i rozwoju. Staje się to naszą naturą. Tak więc CNIR stanowi dla nas nieocenione źródło wsparcia.

Zwycięzcy są ciekawi. Chcą poznać osobę, którą mogliby być. Zwycięzcy wykorzystują pochwały i nagany, aby ciągle się uczyć i rozwijać. Znajdują przy tym odpowiednią miarę. Cenią pochlebstwa, ale nie za wysoko. Obawiają się krytyki, lecz nie aż tak bardzo, żeby z jej powodu podupaść.

Kto, biorąc udział w quizie, nie zna odpowiedzi, ten nie przechodzi do następnej rundy. W życiu jest podobnie. Dla zwycięzców CNIR oznacza: „Z każdym rokiem w coraz mniejszym stopniu jesteś tą osobą, którą byłeś wcześniej, a w coraz większym tą, którą chcesz być".

PRAKTYKA:

Dziś umocnię swój nawyk uczenia się i rozwoju, zobowiązując się do wykonania następujących kroków:

1. Postanawiam przeczytać co najmniej dwie inspirujące książki w miesiącu. Z czasem będę czytać nawet jedną do dwóch książek w tygodniu.
2. Przemyślę, na jakie seminarium mógłbym uczęszczać.
3. Obok mojego dziennika sukcesów położę dwa kolejne dzienniki: dziennik poznania – tutaj będę zapisywał wszystkie błędy i nauki, które z nich wyciągnąłem – oraz dziennik pomysłów, w którym będę notował wszystkie moje pomysły.
4. Sporządzę listę dziesięciu osób, które chciałbym poznać, aby się od nich uczyć.
5. Postanawiam każdego dnia przeczytać jeden rozdział niniejszej książki.

ZASADA 3

Świadomie przeżywaj dzień

Po ciężkim tygodniu pracy menadżerka pojechała na plażę, aby wreszcie zaznać trochę spokoju. Tam poznała Melony, małą dziewczynkę, która mieszkała razem z mamą w pobliskiej chacie. Dobry nastrój Melony był zaraźliwy. Roześmiane, bawiły się razem w piasku. Kiedy zmęczone zabawą odpoczywały, przeleciała obok nich jaskółka.

To leci radość — dziewczynka skomentowała lot ptaka.

Co leci?

Radość! Moja mama zawsze mówi, że jaskółki przynoszą radość.

Wieczorem menadżerka pożegnała się z małą i pojechała do domu.

Zawsze, kiedy czuła, że potrzebuje kolejnej dawki „jaskółki", jechała do Melony na plażę. Razem bawiły się w najlepsze. Niejeden raz siedziały i obserwowały ptaki. Po chwili również kobieta czuła, że jaskółki przynoszą radość. Poczuła z nimi osobliwą więź.

Pewnego dnia menadżerka przyjechała na plażę bardzo smutna. Jak zawsze Melony powitała ją pełna radości. Ale kobieta chciała być sama:

— Nie jestem dziś w nastroju, żeby się z tobą bawić. Zmarła moja mama. Zostaw mnie w spokoju.

— Czy to bolało, kiedy umarła?

— Oczywiście, że bolało — wydusiła z siebie kobieta i zostawiła dziewczynkę. Za bardzo była przybita swoim bólem i cierpieniem.

Kilka tygodni później menadżerka poczuła się trochę lepiej i zatęskniła za Melony. Dręczyły ją również wyrzuty sumienia. Ponownie pojechała więc na plażę, ale nie znalazła na niej dziewczynki.

Wobec tego poszła do chaty. Młoda, bardzo zasmucona kobieta zaprosiła ją do środka. Menadżerka przedstawiła się.

— Tęsknię za Melony, zawsze tak dobrze się bawiłyśmy w swoim towarzystwie. Gdzież ona się podziewa?

— Melony zmarła w zeszłym tygodniu. Miała białaczkę. Pewnie nie powiedziała pani o tym.

Menadżerka poczuła nagły przypływ bólu.

Matka kontynuowała:

— Kochała tę plażę i kiedy poprosiła mnie, żebyśmy się tutaj przeniosły, nie mogłam jej odmówić. Wydawało się, że czuje się tutaj lepiej i przeżyła tu kilka szczęśliwych dni. Ale niespodziewanie przyszło załamanie i z jej zdrowiem było coraz gorzej... — Głos odmówił kobiecie posłuszeństwa. — Ona, ona... poprosiła mnie, żebym pani coś dała. Już tego szukam.

Po chwili przyniosła pomalowaną na kolorowo kopertę z napisem: „Dla mojej przyjaciółki". W środku znajdował się samodzielnie namalowany obrazek „ich" plaży: żółty piasek, błękitne morze i duża jaskółka. Pod spodem widniał staranny napis: „JASKÓŁKA PRZYNIESIE CI RADOŚĆ".

Menadżerka nie mogła już dłużej powstrzymać łez. Wzięła mamę Melony w ramiona.

Dzisiaj obrazek wisi nad jej biurkiem, aby mogła go zawsze widzieć. Prezent od małej dziewczynki, która nauczyła ją radości.

Czasami wydaje się, że dopiero tragedie wyrywają nas z codziennej rutyny i przypominają nam, co się naprawdę liczy. Często jesteśmy zbyt zajęci, aby rozkoszować się pięknem chwili i docenić ludzi, którzy nas otaczają.

ZRZĄDZENIA LOSU

Wielu z nas przeżyło tragedie i musiało zmierzyć się z najróżniejszymi zrządzeniami losu. Czasami zdarzają się rzeczy, których nie rozumiemy. Niektóre zdają się przekraczać nasze siły. Katastrofy, takie jak ciężkie choroby czy śmierć, wpisane są w nasze życie. Nikt nie zostanie przez nie oszczędzony. Jak reagujemy? Szukamy wyjaśnień, skarżymy się na Boga, a może nawet w takich sytuacjach próbujemy dostrzec w nich coś pozytywnego?

Kiedy Robin, córeczka George'a i Barbary Bush, zmarła w wieku trzech lat, reakcja rodziców była godna podziwu: „Cieszymy się, że ziemia, na której śmiała się i po której biegała nasza córka, była również naszą ziemią. Dlatego nie chcemy opłakiwać jej odejścia, lecz być wdzięczni za czas, który razem spędziliśmy. George i ja bardziej kochamy i doceniamy każdego człowieka — dzięki Robin. Żyje ona w naszych sercach, wspomnieniach i czynach. Już po niej nie płaczemy. Jest szczęśliwą, jasną częścią naszego życia".

CIESZMY SIĘ CHWILĄ

Częściej powinniśmy sobie przypominać, jak cenny i wartościowy jest każdy człowiek, którego spotykamy, i jak szczególny każdy moment, którego doświadczamy. Niestety, wiele rzeczy postrzegamy jako oczywiste i sądzimy, że mamy nieskończenie dużo czasu.

Dopiero w obliczu straty ponownie dostrzegamy, że każda chwila jest tak naprawdę prezentem. Jak dużo z nich po prostu nie przyjmujemy, a nawet przegapiamy, ponieważ zbyt mocno koncentrujemy się na troskach lub na tym, co rzekomo ważniejsze?

Potrzebujemy nabrać dystansu. W przypadku wszystkich naszych zmartwień i problemów powinniśmy zadać sobie pytanie: Co pozostanie z tych problemów za pięć lat? Prawdopodobnie nic... Co najwyżej zrujnowane zdrowie, jeśli zbyt długo będziemy dusić w sobie wszystko, co negatywne, i przeceniać to, co nie ma większego znaczenia.

To zaś, co nam pozostaje, to chwile, które chwytają nas za serce. Owe magiczne momenty, które przepełniały nas szczęściem i spokojem. Jakże często przechodzimy obok takich okazji...

NIEDOPATRZENIA NOWOCZESNEGO ZARZĄDZANIA CZASEM

W toku coraz bardziej udoskonalanego zarządzania czasem ujawniły się cztery błędy:

1. Mimo wszystkich terminarzy i seminariów wielu ludzi ma jeszcze mniej czasu niż wcześniej. Zarządzanie czasem wydaje się święcić triumfy, umożliwiając ludziom „upchnięcie" w danym dniu jeszcze większej ilości zadań.

Zamiast podarować trochę czasu, większość z nowoczesnych technik go kradnie.

2. Główny nacisk kładzie się na to, aby oszczędzać minuty, podczas gdy wielu ludzi trwoni całe lata. Kto nie zna swojego celu, ale dobrze zarządza czasem, dociera szybciej, lecz do niewłaściwego celu. W ten sposób stajemy się coraz lepsi w robieniu tego, co się nie liczy. Najważniejsze, a mianowicie odnalezienie tego, co rzeczywiście ma dla nas znaczenie, pozostaje nieuwzględnione. Gloryfikujemy zegar, a zaniedbujemy kompas. Zupełnie nie dostrzegamy, co w ten sposób unika naszej uwadze. Często reflektujemy się dopiero wtedy, gdy jest już za późno.
3. Wszystko, co nieprzewidywalne, jest zbywane jako „przerwa". Nawet ludzie, których kochamy, stają się w ten sposób „zakłóceniem". Siłą rzeczy ma to miejsce, kiedy znajdujemy się pod presją terminów. Deadline'y powinny jednak służyć nam, a nie na odwrót. Kto ma obsesję na punkcie celów, planów i terminów, ten żyje tylko dla przyszłości. Najgorsze, że również w przyszłości będzie żył tylko dla przyszłości. W taki sposób nigdy nie będziemy cieszyć się chwilą i nigdy nie będziemy doceniać wartości drugiego człowieka. To ludzie powinni zachować pierwszeństwo.
4. Nieczyste sumienie mamy już wtedy, kiedy nic nie robimy. Wpadamy w pułapkę zajęć i obowiązków. Kto ciągle czegoś nie robi, ten się nudzi. Człowiek, który każdy dzień i każdą chwilę postrzega jako szansę i prezent, nie wie,

co to marazm. Czas jest dla niego pojęciem względnym. Nuda może dokuczać tylko tym, którzy nie żyją chwilą i niewłaściwie postrzegają zaistniałą sytuację, przez co nie mogą w niej uczestniczyć.

CZAS NA PRZERWY, ROZMYŚLANIA I NICNIEROBIENIE

Zwycięzcy sprawiają radość chwile, kiedy czas wydaje się stać w miejscu. Stwarza mu to okazję, aby pewne momenty — jak w zwolnionym tempie — przeżyć jeszcze intensywniej i bardziej świadomie. Nawet przerwy są mile widziane — jako szansa na spokój i zadumę nad tym, co najistotniejsze.

Nie zawsze musimy coś robić. Czasami możemy również tylko być. Choć może ten, kto zawsze coś robi, chce się oderwać od tego, czym jest. Być może nie chce również rozmyślać, lecz zająć się samym sobą.

Potrzebujemy takich przerw, aby bardziej skupić się na naszych wartościach; aby zastanowić się nad kierunkiem, który chcemy obrać. Wciąż musimy robić sobie przerwy, aby nie porwał nas prąd tego, co konieczne i pilne. Prąd ten jest głośny i hałaśliwy, przez co sprawia, że wydaje się niezwykle ważny. Jednak w spokojniejszych chwilach możemy się wyciszyć i zastanowić nad kierunkiem, który uznaliśmy za istotny. Ponownie mamy okazję odróżnić rzeczy ważne od pozornie ważnych.

Potrzebujemy również momentów wytchnienia, aby bardziej skoncentrować się na ludziach, którzy są dla nas ważni. Nic nie zastąpi tych magicznych chwil, które możemy razem z nimi przeżyć. Nic, ale to absolutnie nic nie jest w stanie tak bardzo wzbogacić naszego życia.

DZIEŃ DZISIEJSZY JEST TWOJĄ SZANSĄ

W dzisiejszych czasach normalnym wydaje się życie w przeszłości, żałując czegoś, lub w przyszłości — przygotowując się na nią. Z pewnością jest to oznaka postępu, jeśli robimy długofalowe plany i pracujemy na lepsze jutro. Ale taki sposób myślenia może stać się również pułapką. Dzieje się tak w przypadku, kiedy nie jesteśmy już w stanie dostrzec piękna chwili.

Obecny dzień jest jednorazową szansą, która nigdy nie powróci. Szansą na spędzenie miło czasu z człowiekiem, którego cenisz. Szansą, aby popracować nad swoimi marzeniami i celami. Szansą na bycie szczęśliwym. Dlatego zastanów się, co możesz zrobić, aby dzisiejszy dzień przeżyć bardziej świadomie niż zazwyczaj?

Wiele zależy od naszego sposobu postrzegania. Mała dziewczynka została w lesie, mimo że szalała gwałtowna burza. Zatroskana matka wyruszyła na jej poszukiwanie. Kiedy wreszcie znalazła swoją córkę, jej oczom ukazał się osobliwy widok: przy każdej błyskawicy dziewczynka zatrzymywała się, spoglądała w niebo i uśmiechała. Matka zapytała:

— Nie boisz się błyskawic?

— Nie — odpowiedziała córka. — Przecież to Bóg robi mi zdjęcia.

Jeśli przytrafi Ci się dziś jakaś przeciwność losu, nie przypisuj jej większego znaczenia, niż na to zasługuje. Nie pozwól, aby coś popsuło Ci dobry nastrój. Powiedz sobie: „Najgorsze, co może mnie dziś spotkać, to wspaniały dzień". Zmień frustrację w fascynację. Zachowaj kontrolę nad sytuacją. Nie pozwól, aby niesprzyjająca okoliczność przejęła nad Tobą władzę. Benjamin Disraeli powiedział kiedyś: „Małe rzeczy mają wpływ na małe umysły". Jeśli do tego nie dopuścisz, nic i nikt nie będzie mógł odebrać Ci skarbów, które przynosi dzisiejszy dzień.

Według legendy alchemicy potrafili zmienić ołów i ziemię w złoto. Interesujący pomysł. Ludzie odnoszący sukcesy są więc w pewnym sensie alchemikami — zmieniają wszelkie sytuacje w złote momenty.

WDZIĘCZNOŚĆ

Czy znasz tajemnicę wesołego i szczęśliwego człowieka? Kogoś, kto nawet przy deszczowej pogodzie pogwizduje piosenkę i się uśmiecha? Tajemnicą szczęśliwych ludzi jest umiejętność postrzegania chwili jako cudu i bycia za nią wdzięcznym. Dziś jest szansa, aby docenić to, co masz. Możesz być wdzięczny za tak wiele rzeczy: za ludzi, których kochasz i przez których jesteś kochanym; za drogocenne chwile; za to, że jesteś zdrowy, możesz chodzić, widzieć i słyszeć, że możesz jeść bez niczyjej pomocy i że masz co jeść, że możesz mówić... Można by tak wymieniać w nieskończoność. Czy dostrzegasz, jak bogaty jesteś i z jak wielu prezentów składa się Twój dzień?

Nawet nie zdajesz sobie sprawy, jak wiele cudów postrzegamy często jako coś oczywistego. Tak samo jest z ludźmi wokół nas. Nigdy nie powinniśmy brać ich za pewnik.

Zwycięzcy traktują dzień jak jednorazową szansę. Dostrzegają i cenią ludzi wokół siebie, widząc w nich cenne dary od losu. Zyskują siłę, koncentrując się na prostych rzeczach, które stanowią podstawę naszego życia. Są wdzięczni i nie pozwalają, aby frustracje odwiodły ich od fascynacji życiem. Zwycięzcy w pełni wykorzystują obecny dzień.

PRAKTYKA:

Przeżyję dzisiejszy dzień świadomie i potraktuję go jako szansę, zobowiązując się do wykonania następujących kroków:

1. Dziś świadomie pomyślę o ludziach, którzy wzbogacają moje życie. W szczególności poszukam bliskości jednej z tych osób i spędzę z nią czas tak, jakbym przez długi okres miał jej nie widzieć.

2. Jeśli będę dziś stać w korku lub spotka mnie jakaś inna przeciwność losu, to zamienię frustrację w fascynację. Najgorsze, co może mnie dziś spotkać, to cudowny dzień.
3. Zapiszę sobie 25 rzeczy, za które jestem wdzięczny. Dzięki temu jeszcze bardziej będę kochać życie i poczuję się jak prawdziwy szczęściarz. Zamiast bezsensownie trwonić czas na czekanie, wykorzystam przerwy, aby przypomnieć sobie jeszcze więcej rzeczy, za które mogę być wdzięczny. W ten sposób każde czekanie będzie dziś prezentem.
4. Dzisiejszy dzień jest tym, co z niego uczynię. Dlatego postanawiam teraz postrzegać obecny dzień jako szansę, którą mogę wykorzystać. Każdą poszczególną chwilę będę traktować jak wzbogacenie. Każde spotkanie jak prezent. Każdą minutę jak okazję. Każdą sekundę spędzoną z ukochanym człowiekiem jak cud.

ZASADA 4

Skoncentruj się na czynnościach przynoszących dochód

Pewnego dnia uczeń rozmawiał ze swoim mistrzem o pracy i wynikach. Nurtowało go w szczególności jedno pytanie: Co jest kryterium decydującym o wysokości dochodu?

Mistrz wskazał na drzewo i zapytał:

— Co to jest?

— Figowiec — odrzekł uczeń.

Mistrz pytał dalej:

— Czy owocuje?

Ucznia zdziwiło to pytanie i odpowiedział:

— Nie, pomimo że jest lato, nie ma żadnych owoców.

Na co mistrz odparł:

— W takim razie jest to zbędne drzewo, które nie ma prawa pozostać w naszym ogrodzie. Wyrwij je.

Co decyduje o naszym dochodzie? Wielu ma fałszywe wyobrażenie o tym, kto nam ostatecznie płaci. To konsumenci, a mówiąc inaczej — rynek. Otrzymujemy zapłatę za wartość, którą na niego wprowadzamy.

Wciąż jednak istnieją ludzie, którzy twierdzą, że są więcej warci niż ich obecny dochód. Do nich więc należy, aby tego dowieść. Rzeczywiście jest tak, że rynek płaci każdemu dokładnie tyle, ile jest wart. A o tym, jaka jest Twoja wartość, decydujesz Ty sam.

WYNIKI POWSTAJĄ DZIĘKI CZYNNOŚCIOM PRZYNOSZĄCYM DOCHÓD

Kiedy mówimy o wartości ekonomicznej, zawsze chodzi o jakiegoś rodzaju wyniki. Ostatecznie płaci się tylko za wymierne efekty, a nie za dobrą wolę i starania. Nie wynagradza się również przeprosin i wymówek. Magnat W. Clement Stone powiedział kiedyś: „W pracy nauczyłem się oceniać ludzi tylko po ich wynikach. Wyniki mówią jasnym językiem, znaczą więcej niż piękne słówka".

Chcesz zarabiać więcej pieniędzy? Musisz więc zwiększyć swoją wartość na rynku, uzyskując lepsze wyniki. Najlepszą drogą do osiągnięcia tego celu jest skoncentrowanie się na aktywnościach przynoszących dochód. Już sam Joseph Juran stwierdził w swojej zasadzie Pareto (nazwanej tak na cześć włoskiego ekonomisty i socjologa Vilfreda Pareto), że 20%

naszej aktywności przynosi 80% naszych zarobków. Oznacza to, iż marnujemy 80% naszego czasu lub przynajmniej nie wykorzystujemy go w optymalny sposób.

Co stanowi te magiczne 20% Twojej pracy, które tworzy 80% wszystkich wyników? Wielu sprzedawców degraduje się do roli pokojowych klaunów, ponieważ nie mają odwagi zadać klientowi rozstrzygających pytań końcowych. Wielu urzędników godzinami pracuje nad coraz lepszym systemem archiwizacji; wielu szefów wykonuje pracę za swoich pracowników — zawsze kosztem czynności, które rzeczywiście mogłyby przynieść obroty i zyski. Zwycięzcy również wykorzystują dużą część owych 80% na aktywności przynoszące dochód. Dzięki temu mogą znacznie zwiększyć swoją produktywność.

W każdej pracy istnieje kilka decydujących zadań i określonych czynności, które w ostatecznym rozrachunku rozstrzygają o wysokości dochodu. Na nich musimy się skoncentrować. Zaskoczeniem może być to, że owe przynoszące dochód aktywności nie są aż tak trudne. Właściwie to można powiedzieć, że zwycięzcy wcale nie wykonują nadzwyczaj skomplikowanych zadań, lecz że proste zadania wykonują nadzwyczaj dobrze. Ale przede wszystkim: wykonują je!

Bezustannie zadawaj sobie pytanie: Co musiałbym robić częściej, żeby zarabiać więcej pieniędzy? Jaka nie byłaby odpowiedź: rób to!

Co zazwyczaj powstrzymuje ludzi od większego zaangażowania pozostałych 80% ich czasu w aktywności przynoszące dochód? Strach przed porażką. Może on mieć dwie przyczyny. Po pierwsze, możemy popełnić błędy — i będziemy za nie odpowiedzialni. A po drugie, nie da się osiągnąć pożądanego wyniku bez podejmowania ryzyka. To po prostu niemożliwe. Przeanalizujmy powyższe przyczyny. Obie odbierają nam odwagę, często dlatego, że uważamy porażki za coś ostatecznego.

PORAŻKI ISTNIEJĄ, TAK JAK ISTNIEJE ZIMA

Zacznijmy od porażki, za którą nie ponosimy odpowiedzialności. Częścią systemu jest tutaj niepowodzenie. Poniższa historia wyjaśnia, dlaczego klęski nie muszą nas zniechęcać.

Ziemne ludki żyją głęboko pod ziemią, ponieważ jest tam przyjemnie ciepło. Rozeszła się pomiędzy nimi pogłoska, że na powierzchni jest bardzo pięknie — ale również bardzo niebezpiecznie. Postanowiły dogłębnie to zbadać i z tego względu wysłały na górę swojego zwiadowcę.

Kiedy ten dotarł na powierzchnię i wychylił główkę, przeżył szok. Był zimowy poranek, a śnieżyca smagała biedaka po twarzy lodem i śniegiem. Nie tak sobie wyobrażał powierzchnię ziemi. Szybko wrócił z powrotem i opowiedział swojemu ludowi o zagrażających życiu warunkach panujących tam na górze.

Ponieważ jednak pogłoski o pięknie na powierzchni ziemi uporczywie się utrzymywały, w lipcu ziemne ludki postanowiły ponownie wysłać zwiadowcę. Jego oczom ukazał się zgoła inny widok. Słońce przyjemnie świeciło, było ciepło, ptaki świergotały, a wokół latały motyle. Ziemny ludek powąchał pachnącą trawę i wystawił swój brzuszek do słońca. Po powrocie na dół opowiedział o wszystkim z bezgranicznym zachwytem.

Ludki nie wiedziały teraz, co mają o tym wszystkim myśleć. Czy tam na górze jest tylko lód i śnieg, czy słoneczko i pachnąca trawa? Pewnego jesiennego dnia oraz dokładnie sześć miesięcy później — wiosną — kolejny raz wysłano zwiadowcę. I ponownie zdał on sprzeczne relacje. Zdezorientowane ziemne ludki postanowiły nie ryzykować i pozostać pod ziemią.

Historia ziemnych ludków symbolizuje cztery pory roku, które znajdują swoje odzwierciedlenie w każdej działalności. Są okresy letnie, kiedy wszystko się udaje, ale również czasy srogiej zimy, podczas której nic nie idzie tak, jak powinno. Będą też takie okresy, w których będziesz wiele robił, ale mimo to osiągał tylko częściowe sukcesy.

Niektórzy ludzie naiwnie poszukują działalności, w której panuje wieczne lato. Ale tak jak w przyrodzie zmieniają się pory roku, tak i w biznesie występują na przemian dobre i gorsze okresy. Obowiązuje to wszędzie i dotyczy każdej dziedziny. Nie myśl, proszę, że istnieje jakikolwiek wyjątek od tego prawa natury.

Zwycięzcy akceptują to, że lato i zima zawsze będą mijać. Dlatego uczą się radzić sobie również w tych trudniejszych czasach. Nie pozwalają się zniechęcić zimie. Przecież wiedzą, że nic nie trwa wiecznie. Nie traktują zimy jak osobistego niepowodzenia, lecz uznają, że jest ona częścią systemu.

SINALOA GWARANTUJE PEWNOŚĆ

Dla osiągnięcia sukcesu ważnym jest, aby zrozumieć SINALOA. W pełnym brzmieniu: Safety In Numbers And Law Of Average i oznacza tyle co: Twoja pewność tkwi w liczbach i prawie średniej.

Jeśli weźmiesz kostkę i rzucisz nią tylko raz, kwestią szczęścia jest, jaka liczba wypadnie. Nawet jeśli rzucisz nią dziesięć razy, to nadal będzie to jedynie kwestia szczęścia. Natomiast jeśli rzucisz kostką sto pięćdziesiąt razy, zadziała prawo średniej. Im częściej rzucasz, tym większe prawdopodobieństwo, że wszystkie liczby będą wypadać jednakowo często.

Ponieważ Twój zawodowy sukces nie może zależeć od szczęścia czy pecha, istnieje tylko jeden jego gwarant: zawsze, kiedy daną czynność wykonujesz wielokrotnie, to ze względu na dużą liczbę powtórzeń zaczyna działać prawo średniej. Wówczas Twoje działanie staje się dla Ciebie możliwe do skalkulowania. Niezależnie od tego, czym w Twojej działalności są czynności przynoszące dochód, musisz je wykonywać często, gdyż tylko wówczas masz pewność, że odniesiesz sukces. Wszystko inne byłoby amatorską grą hazardową.

ZAWSZE BĘDZIEMY POPEŁNIAĆ BŁĘDY

Innym powodem, dla którego wielu ludzi stroni od wykonywania dostatecznej ilości czynności przynoszących dochód, jest strach przed błędami. Z tego względu istotnym jest, aby widzieć je tym, czym są: ważnymi komponentami naszego rozwoju. Błędy nie są żenujące, dopóki są nowe. Z raz popełnionych błędów powinniśmy wyciągnąć nauczkę i ich nie powtarzać. Potknięcia są nieuniknione, jeśli coś robimy. Dlatego stanowią oznakę tego, że ktoś jest pracowity. Tak postrzegane, są pozytywnym zjawiskiem.

Thomas J. Watson senior, założyciel IBM, został kiedyś zapytany, co musiałby zrobić człowiek, aby awansować w jego koncernie. Odpowiedział: „Musi tylko podwoić swoją częstotliwość występowania błędów". Watson wiedział, że każdy, kto pozbędzie się strachu przed pomyłkami i odmową, jest w stanie przeprowadzić więcej działań przynoszących dochód.

Błędy powstają szczególnie tam, gdzie ktoś realizuje nadzwyczajne przedsięwzięcia. Jeszcze nikt nie osiągnął wspaniałych wyników, wahając się z obawy przed podjęciem złych decyzji czy kompromitacją.

Sukcesy przynoszą uznanie i pieniądze. Nie tak jak błędy — te nie skutkują na początku żadną nagrodą. Są jednak ważne dla naszego rozwoju, ponieważ pozwalają zdobyć doświadczenie. To z kolei prowadzi do trafniejszych decyzji, które skutkują nowymi sukcesami. Dlatego też błędy są co najmniej tak samo ważne dla naszego rozwoju jak sukcesy. Kto nie ma już żadnych potknięć, pozbawia się szansy na dalszą naukę i rozwój.

Zwycięzcy dobrze znają działania, które przynoszą im dochód, i uczą się poświęcać im możliwie jak najwięcej czasu. Polegają na SINALOA. Nawet jeśli nie lubią porażek i osobistych błędów, nie pozwalają się przez nie spowolnić i zatrzymać.

PRAKTYKA:

Dziś zwiększę odsetek moich działań przynoszących dochód, zobowiązując się do wykonania następujących kroków:

1. Przemyślę, jak wczoraj spędziłem swój czas. Uświadomię sobie, że niewiele się zmieni, jeśli nie będę skupiał się na działaniach przynoszących dochód. Zadam sobie pytanie: Co dziś mogę konkretnie zrobić, aby więcej pracować w obszarach, które decydują o mojej sytuacji finansowej?
2. Ustalę, ile działań przynoszących dochód muszę przeprowadzić w swoim zawodzie w ciągu tygodnia lub miesiąca, aby być bezpiecznym. Jak tylko poznam tę liczbę, postanowię, że przez trzy miesiące SINALOA będzie pracować na moją korzyść.

3. Jeśli właśnie przeżywam lato, to mam świadomość, że nadejdzie też zima. Wiem, że teraz jest czas na zbiory. Dlatego właśnie teraz podwoję swoje starania. Postanawiam, że nie pozwolę, aby zima odwiodła mnie od postawionych sobie celów.
4. Aby móc przetrwać zimę, muszę się dobrze przygotować. Postanawiam, że codziennie przeczytam jeden rozdział niniejszej książki. Ponadto będę chodził na seminaria, aby rozwijać się jako człowiek.

ZASADA 5

Stań się kimś

W pewnym dworskim błaźnie obudziła się nagle nieodparta potrzeba lepszego życia. Zatęsknił do bogactwa, ekscytujących przygód i luksusu. Przede wszystkim jednak pragnął szacunku. Przez całe życie ludzie wytykali go palcami i mówili: „Popatrz tam, na tego błazna!". W przyszłości ludzie mieli go szanować.

Przedstawił więc królowi swoje życzenie. Ten zadecydował: „Błaźnie, przez wiele lat dostarczałeś mi tyle radości. Dlatego chcę spełnić twoje życzenie i w prezencie otrzymujesz ode mnie pokaźny majątek".

Błazen natychmiast zaczął korzystać ze swojego szczęścia. Zamieszkał w drogim domu i jadał wyśmienite potrawy. Jednak odkrył, że ludzie wokół niego tylko udawali, że darzą go szacunkiem. Dla nich nadal był błaznem — choć bogatym. Na dodatek w mgnieniu oka roztrwonił cały swój majątek.

Swój problem przedstawił mądremu doradcy króla. Ten z politowaniem pokręcił głową i wskazał na kieliszek i amforę pełną wina: „Nie mógłbym tego całego wina wlać do tego kieliszka. Kieliszek jest po prostu za mały. Tak samo twoja osobowość jest zbyt mała na twoje życzenia. Król zapewnił ci bogactwa, ale twoja osobowość nie jest w stanie ich utrzymać".

KROK PO KROKU — JEDNA LEKCJA ZA DRUGĄ

Aby nasze życie było lepsze, najpierw my musimy stać się lepszymi. Wszyscy znamy ludzi, którzy czekają na lepsze okoliczności, aby osiągnąć sukces lub przynajmniej zacząć robić coś w tym kierunku. W rzeczywistości jednak nic się nie zmieni, dopóki nie będą w stanie utrzymać w swoim życiu „korzystnych warunków". Innymi słowy, każda zmiana musi mieć swój początek w środku, a nie na zewnątrz. To tak jak w szkole. Zaczynamy w pierwszej klasie, potem przechodzimy do drugiej i trzeciej. To mądry system, oparty na zasadzie: Gdy staniemy się lepsi, będziemy grać o wyższą stawkę.

Łatwo pomyśleć: „Daj mi dwa miliony euro, a nie będę już miał żadnych finansowych problemów". Błąd. Najpierw pierwsza klasa. W pierwszej kolejności musimy nauczyć się radzić sobie w zaistniałej sytuacji. Spróbujmy zaoszczędzić i odłożyć 1000 euro. Potem 10 000 i tak dalej. Człowiek nie staje się lepszy, licząc na sprzyjające okoliczności, lecz możliwie wykorzystując obecne warunki.

Często pomaga zadanie sobie pytania: Czy jesteśmy wystarczająco dobrzy, by wykonywać daną czynność? Dopiero realizując określone zadanie, stajemy się człowiekiem, który może odnieść sukces. Jeśli jesteś wystarczająco dobry, by skutecznie podjąć się nowego zadania, możliwe, że jest już ono dla Ciebie niewystarczające. Dlatego wykonując je, nie będziesz mógł zrobić kroku do przodu.

STAJEMY SIĘ KIMŚ DZIĘKI NASZEMU DZIEŁU

Pomyśl o jakiejś odnoszącej sukcesy osobistości, a z pewnością pomyślisz też o dziele, które uczyniło ją sławną i wielką. Einstein stał się kimś dzięki swoim teoriom z dziedziny fizyki. Franz Beckenbauer poprzez swoje zasługi w piłce nożnej. Gandhi za sprawą pokojowego wyzwolenia Indii. Matka Teresa dzięki pomocy, którą niosła potrzebującym. Obojętne, kto przyjdzie Ci do głowy, dopiero dzięki swojemu dziełu osoba ta stała się tym, kim jest.

Jedną z najefektywniejszych dróg do poprawy jest rozwijanie się dzięki własnemu dziełu. Kto pragnie lepszego życia, ten powinien zacząć ciężko pracować — najszybciej, jak to tylko możliwe. Na początku nie wszystko będziemy robić właściwie. Nie ma to jednak większego znaczenia, jeśli pracujemy wystarczająco ciężko i nie pozwalamy się zniechęcić. Sukcesy czynią nas wprawdzie bogatymi, ale porażki pozwalają się nam rozwijać.

PIĘĆ NAUK SIEWCY

Być może pamiętasz przypowieść o siewcy, który pieczołowicie siał ziarno. Nie wszystkie nasiona dotarły jednak do celu. Niektóre zostały zjedzone przez ptaki, inne wyschły, a jeszcze inne zostały zduszone przez ciernie. Z przypowieści tej wynika pięć ważnych nauk:

1. Nie wszystkie ziarna kiełkują. Musimy dużo siać, ponieważ nie wszystko nam się uda. Nie możemy polegać tylko na jednym jedynym ziarnku.
2. Nie powinniśmy się koncentrować na naszych wrogach, lecz na naszej pracy. Kto niszczy swoich wrogów, prawie nigdy nie osiąga swojego celu. Pamiętaj: ludzie odnoszący sukcesy zawsze będą mieli wrogów. Taka jest kolej rzeczy — zawsze będą istnieć ptaki i ciernie. Mądry siewca po prostu sieje dalej.
3. Najpierw musimy dać z siebie wszystko i siać, a dopiero później dokonywać zbiorów. Nagroda przychodzi po pracy. Wszechświat nagradza starania, a nie wymówki. Często widzimy, że ktoś próbuje walczyć z tym prawem natury. W ten sposób nie zbuduje jednak trwałego szczęścia.

4. Potrzebujemy cierpliwości. Rozwój wymaga czasu. Dwa dni po siewie nie zbierzemy plonów. Sama praca nie wystarczy. Dopiero w połączeniu z cierpliwością przynosi efekty.
5. Zbieramy to, co zasialiśmy. Powinniśmy jednak zwrócić uwagę na to, jakiego ziarna używamy, aby zasiew mógł zakiełkować.

SZEŚĆ PRZESZKÓD NA DRODZE DO SUKCESU

Dlaczego więcej ludzi nie odnosi sukcesów? Przecież warunki nigdy nie były tak dobre jak dziś. Istnieje sześć przeszkód, które dławią każdy sukces już w zarodku. Są one również powodem, dlaczego nigdy nie uda się stworzyć wszystkim ludziom jednakowych warunków do życia. Chodzi mianowicie o procesy, które zachodzą w człowieku i które w ogóle nie podlegają zewnętrznym wpływom:

1. Arogancja. Czy poznałeś ludzi, którzy na wszystko mają więcej odpowiedzi niż pytań? Jak stwierdził to Goethe: „Większość ludzi chce być kimś — nikt nie chce jednak się kimś stać". Aby się rozwijać, musimy być uczniami.
2. Ignorancja. Wielu z nas — niezależnie od powodów — nie jest gotowych, aby się otworzyć i bez uprzedzeń zbadać to, co nowe.

3. Próżność. Bierzemy samych siebie zbyt poważnie i zbyt często zasłaniamy się godnością. Marnujemy energię na to, aby dobrze wyglądać w oczach innych. Później brakuje jej nam do osiągnięcia właściwych wyników. Warto również zapamiętać, że przesadna próżność nie jest oznaką ukształtowanej inteligencji.
4. Strach. Wywoływany jest wyobrażeniem o tym, co złego może się wydarzyć. Tym sposobem koncentrujemy się na tym, czego nie chcemy. Tak często odgrywamy w głowie najgorsze scenariusze, że w końcu zaczynamy wierzyć, iż łatwo mogłyby stać się rzeczywistością.
5. Brak wiary we własne możliwości. Uważamy, że nie jesteśmy wystarczająco dobrzy. Takie wątpliwości powstają zawsze, kiedy porównujemy się z innymi, zamiast skupiać się na naszych mocnych stronach. Systematycznie musimy budować pewność siebie, prowadząc na przykład dziennik sukcesów, w którym zapisujemy wszystkie nasze dokonania.
6. Wina. Wielu ludzi nie prowadzi życia, którego pragnie, ponieważ pada ofiarą egoistycznych jednostek, które umiejętnie wzbudzają w nich poczucie winy. Kiedy skoncentrujemy się na realizacji zadania, które nas rozwija i podbudowuje, fałszywe poczucie winy zniknie samo z siebie.

Wszystkie te przeszkody zostały omówione w niniejszej książce. Jednak sama ciężka praca nie jest gwarantem sukcesu.

CZTERY MOŻLIWOŚCI PRACY

W każdej pracy możemy rozróżnić rzeczy odpowiednie i nieodpowiednie. Odpowiednie dla Ciebie jest zadanie, które spełnia trzy warunki: po pierwsze — sprawia Ci radość; po drugie — odpowiada Twojemu talentowi i umiejętnościom; po trzecie — możesz dzięki niemu rozwiązać problemy innych ludzi i zarobić wystarczającą ilość pieniędzy. Odpowiednie lub nieodpowiednie zadanie możemy wykonywać z właściwym bądź niewłaściwym nastawieniem — przy czym olbrzymią rolę odgrywa sześć wymienionych powyżej przeszkód. Pomyśl, który z poniższych opisów najbardziej do Ciebie pasuje:

Nieodpowiednie rzeczy robimy z niewłaściwym nastawieniem. Wynik takiej strategii jest katastrofalny. Życie jest bezsensowne i smutne.

Nieodpowiednie rzeczy robimy z właściwym nastawieniem. W tym przypadku możemy wprawdzie osiągnąć kilka z naszych celów, zmarnujemy jednak bardzo dużo czasu i energii, ponieważ będziemy musieli doznać wielu porażek.

Odpowiednie rzeczy robimy z niewłaściwym nastawieniem. W ten sposób odniesiemy co prawda parę niewielkich sukcesów, ale ostatecznie rozminiemy się z naszym celem.

ODPOWIEDNIE RZECZY ROBIMY Z WŁAŚCIWYM NASTAWIENIEM.

Tylko w takim przypadku bardzo szybko osiągniemy zamierzony wynik.

Opis jest bardzo prosty — ale również bardzo trafny. Umożliwia on wykonanie szybkiego testu: Czy robisz to, co właściwe? Innymi słowy, czy pracujesz w dziedzinie, która Cię naprawdę interesuje i która pozwala Ci się spełniać? Czy pracujesz z właściwym nastawieniem? Jeśli nie robisz odpowiednich rzeczy z właściwym nastawieniem, powinieneś się zastanowić, jak możesz to zmienić.

Nie pozwól, aby wymienione powyżej przeszkody (arogancja, ignorancja, próżność, strach, brak wiary w siebie i poczucie winy) Cię powstrzymały.

Wielu ludzi marnuje energię na narzekanie oraz ciągłe uskarżanie się na niesprawiedliwości, jakie ich spotykają. Robią przy tym nieodpowiednie rzeczy z niewłaściwym nastawieniem. Potem chcą zebrać coś, czego nigdy nie posiali. Ignorują prawa natury.

Zwycięzcy nie tracą czasu, czekając na lepsze okoliczności. Nie marnują też energii, próbując zmienić rzeczy, na które nie mają żadnego wpływu. Nie próbują wymyślać wymówek. Wiedzą, że ich warunki życiowe zmienią się, jeśli z prawdziwym zachwytem rzucą się w wir pracy. Richard Bach powiedział: „Na początku życia każdy z nas otrzymuje marmurowy blok i narzędzia potrzebne do jego obróbki. Możemy ciągnąć go ze sobą jako nieociosaną bryłę, możemy przerobić go na kamienie lub nadać mu wspaniały kształt".

Przysługującym nam od urodzenia prawem jest prawo do bycia szczęśliwym i do odnoszenia sukcesów. Nie możemy jednak dać się zatrzymać przez jego sześciu wrogów. Samo życzenie nie uczyni nas majętnymi i wpływowymi. Stajemy się kimś dopiero poprzez nasze dzieło. Nic nie może zastąpić ciężkiej pracy zorientowanej na osiągnięcie celu. Zwycięzcy wiedzą, że ich zdolności zapewnią im należyte miejsce na ziemi.

PRAKTYKA:

Ponieważ chcę stać się silną osobowością i chcę się rozwijać, zobowiązuję się do wykonania następujących kroków:

1. Zacznę postrzegać swoją pracę, względnie swoją firmę, jako wehikuł czasu, który przeniesie mnie do lepszej wersji samego siebie oraz do lepszych warunków życia. Dlatego będę wywiązywać się ze swoich obowiązków z większą motywacją i zachwytem. Postawię wszystko na to, aby być kimś dzięki swojemu dziełu.
2. Nie chcę powtarzać swoich błędów, ale uczyć się na nich. Dlatego zacznę prowadzić dziennik

poznania. Zapiszę w nim wszystko, czego nauczyłem się na swoich i cudzych porażkach.

3. Zacznę czytać literaturę, która wspomoże rozwój mojej osobowości. Czas na oglądanie telewizji zamienię na czas na czytanie książek i każdego dnia poświęcę przynajmniej godzinę na lekturę książki popularnonaukowej.
4. Wiem, że na swojej drodze doświadczę wielu rozczarowań i że w takich sytuacjach będę potrzebować motywacji. Ta rodzi się z jasnej wizji i pewności siebie. Nie zapewni mi jej na dłuższą metę żaden człowiek. Pisemnie odpowiem na pytanie: Gdy już osiągnę cel warty starań, to kto na tym zyska?
5. Zapiszę dziś w moim dzienniku pięć rzeczy, które mi się udały.

ZASADA 6

Po prostu zrób to

W latach sześćdziesiątych i siedemdziesiątych Adidas zdominował rynek obuwia sportowego na całym świecie. Nigdzie nie było widać poważnego konkurenta.

Wówczas kilku młodych ludzi założyło firmę, która miała przejąć potentata. Uczynili to wbrew woli swoich rodzin, które nie dawały przedsięwzięciu żadnych szans, krytykowały je i wyśmiewały. Tworzenie firmy już samo w sobie było dostatecznie ciężkim zadaniem. Opór po stronie rodzin prawie przekraczał siły założycieli.

Pewnego dnia młodzi mężczyźni siedzieli razem i próbowali wymyślić jakąś receptę na to wrogie traktowanie. Długo się naradzali i nie znaleźli żadnego rozwiązania.

W końcu jeden z nich powiedział: „Obojętne, co mówią, just do it!" [Po prostu zróbmy to!]. Pozostali natychmiast przytaknęli. Nie powinni skupiać się tak bardzo na opinii innych, lecz po prostu zrealizować swój plan. Nie myśleć, tylko to zrobić. Just do it!

Te trzy słowa tak bardzo ich zainspirowały, że postanowili uczynić je sloganem firmy. Na swoich T-shirtach umieścili napis: „JUST DO IT!" i nosili je w pracy.

Wiesz, o jaką firmę chodzi, prawda? W ciągu kilku lat Nike wyprzedziła Adidasa i stała się największym producentem obuwia sportowego na świecie. Jeszcze dziś pracownicy głównej centrali Nike noszą koszulki z legendarnym hasłem.

Świat jest pełen wyjątkowych osób, które godzą się na żywot poniżej swoich możliwości, ponieważ nie nauczyły się działać. Sokrates wysoko zawiesił poprzeczkę, mówiąc: „Tego człowieka nazywam leniwym, który mógłby osiągnąć coś lepszego".

Wiedza tylko potencjalnie jest potęgą. Staje się wartościowa dopiero wówczas, kiedy dostanie się w ręce ludzi, którzy potrafią ją skutecznie wykorzystać. Największą zaletą zwycięzców jest ich umiejętność motywowania się do działania.

Wielu ludzi cierpi na syndrom wodospadu. Rzucają się w nurt rzeki swojego życia, nie ustaliwszy kierunku, w którym chcą podążać. Zwyczajnie pozwalają się nieść i porywać nurtom. Czują się bezsilni i dlatego nic z tym nie robią. Pewnego dnia odkrywają, że tylko parę metrów dzieli ich od ogromnego wodospadu. Wtedy wreszcie się budzą. Ale na tym etapie upadek jest już nieunikniony.

Im wcześniej zaczynamy działać, tym łatwiej będzie nam to przychodzić. Wszystkie zasady zwycięzców są bezwartościowe, jeśli ich nie stosujemy i nie robimy nic, żeby poprawić jakość naszego życia. Kąpiel w spokojnych wodach wydaje się niezwykle kusząca, ale w ten sposób marnujemy tylko cenny czas.

Często wiemy, co chcemy mieć, nie wiemy jednak, kim chcemy być i co chcemy robić.

NAJCZĘSTSZE WYMÓWKI

Od czasu do czasu powinieneś odpowiedzieć sobie na następujące pytania:

1. Czyż nie jest tak, że odkładasz podjęcie jakichś działań ze strachu przed błędami? Boisz się kompromitacji?
2. Czy istnieje coś, czego akurat teraz nie robisz, ponieważ nie jest to „odpowiedni moment"?
3. Czy uważasz, że potrzebujesz być do czegoś bardziej przygotowany? Czujesz, że brakuje Ci wiedzy, doświadczenia, lepszych fundamentów?
4. Czy uważasz, że dobra szansa zdarza się tylko raz, i nie chcesz natrafić na nią zbyt wcześnie, ponieważ nie jesteś jeszcze „wystarczająco dobry"?

5. Czy niektóre okoliczności muszą jeszcze ulec zmianie?
6. Czy sądzisz, że Twoje marzenia nie są realne?

Musimy w sposób krytyczny zbadać, czy powyższe pytania nie są przypadkiem tylko wymówkami — usprawiedliwieniami, aby nie podejmować żadnych działań. Prawie zawsze nimi są. Przecież wiesz, że najlepszy moment do działania jest zawsze teraz.

Wszystko będzie dobrze i wiele rzeczy rozwiąże się samych, jeśli tylko zaczniemy działać i będziemy aktywni. Nie istnieje żaden idealny sposób postępowania. Nie istnieje w ogóle żadna perfekcja, którą człowiek mógłby stworzyć. I nie istnieje również żaden idealny moment. Z tego powodu zwycięzcy działają tak szybko, jak to możliwe.

Wszystkie wielkie dzieła mają swój początek w małych. Wszystko budujemy na błędach, które popełniliśmy na początku. Niepowodzenia stanowią fundament późniejszych właściwych decyzji. Są one również źródłem osobistej siły. Potknięcia są bardzo pożyteczne.

Lepiej jest rozpocząć w sposób niedoskonały, niż perfekcyjnie zwlekać. Nigdy nie jesteśmy gotowi na wielkie zadania. Tylko zaczynając działać, uczymy się potrzebnych rzeczy. Najlepsze przygotowanie to po prostu zrobić to.

Jakże często słyszymy jednak: „Zacznę biegać, kiedy będę miał więcej energii". Błąd! Energia przyjdzie, kiedy będziemy biegać. „Będę więcej pracować, jak tylko zdobędę posadę, która się opłaca". Również błąd! Posadę, która się opłaca, dostajemy dlatego, że ciężko pracowaliśmy.

SŁAWA WYNIKA Z DZIAŁANIA

W szopie stały dwa pługi. Jeden z nich był zardzewiały, a drugi pięknie lśnił. Zaniedbany pług z zazdrością przyglądał się swojemu wspaniale prezentującemu się sąsiadowi i zapytał go:

— Dlaczego jesteś taki olśniewający, podczas gdy ja jestem taki niechlujny i wyglądam mało atrakcyjnie? To niesprawiedliwe. Domagam się większej równości.

Ładny pług odpowiedział:

— Mój blask zawdzięczam pracy.

Równość społeczna jest obecnie na ustach wszystkich. I faktycznie wiele spraw i rzeczy znajduje się w nieładzie. Jednak nie wolno jej nadużywać. Jest nie do przyjęcia, że spora część społeczeństwa odcina kupony od tego, że ta druga ją utrzymuje, mimo że sama mogłaby spokojnie o siebie zadbać. W ten sposób okrada tych, których naprawdę potrzebuje, i samą siebie. Kto żyje na koszt innych, ten staje się słabszy i coraz bardziej nieszczęśliwy.

Wszystkich, którzy mogą pracować, obowiązuje jedna zasada: Dostaje to samo ten, kto to samo robi. Wszystko inne nie byłoby równością, lecz egalitaryzmem. Egalitaryzm karze jednakże tych, którzy są końmi pociągowymi naszego systemu: tych, którzy po prostu działają. Cierpią przez niego również ci ludzie, którzy rzeczywiście potrzebują naszej pomocy.

Nasza danina społecznościowa na rzecz wszystkich, którzy nie mogą sami o siebie zadbać, powinna być lepsza niż obecnie. Nie pozwolić komuś tylko umrzeć z głodu to za mało. Musimy zadbać o poprawę jakości życia osób nieporadnych i bezradnych w naszym kraju.

ZASADY ZWYCIĘZCÓW

Niniejsza książka nie dostarczy Ci pożądanych rezultatów, jeśli przeczytasz ją tylko pobieżnie. Nawet jeśli poszczególne zasady będziesz czytać tak często, że je zapamiętasz, nic to jeszcze nie zmieni. Musisz działać. Musisz wcielić poszczególne zasady w życie, codziennie z nimi pracując. Z tego powodu ćwiczenia praktyczne — Twoje działania — stanowią pomost pomiędzy niniejszą książką a Tobą. I pomiędzy Twoją obecną sytuacją a lepszym życiem.

Każdego dnia czytaj i pracuj z jednym rozdziałem. Kiedy skończysz, zacznij od nowa. Pomiń przy tym zasady, które już opanowałeś lub które w danej chwili nie odnoszą się do Ciebie. Obojętnie, jak postąpisz: działaj.

Lepiej jest, abyś wykonał jedno ćwiczenie, niż tylko rozmyślał o wszystkich. Poszukaj sobie zadania, które chcesz dziś wykonać. Istnieją lekcje, które w tym momencie będą dla Ciebie ważniejsze niż pozostałe. Ale działaj. Pamiętaj, że już teraz jest na świecie zbyt dużo ludzi, którzy marnują swój talent.

Przekonania, na których opierają się zasady zwycięzców, są po części znane już od tysięcy lat. Zwycięzcy wszystkich epok żyli według nich. Choć prawdopodobnie jeszcze nikt ich w pełni nie opanował. Dlaczego? Po pierwsze, ponieważ rozwijamy się i wspinając się na coraz wyższy poziom, napotykamy coraz trudniejsze wyzwania. Po drugie, poznajemy tym więcej obszarów rozwoju, im bardziej zgłębiamy zasady zwycięzców — czyli rzeczywiście coś robimy. Dlatego oznaką karygodnej wręcz arogancji jest, kiedy ktoś mówi: „Wiem już to wszystko".

Każdy uczy się inaczej. Niektórym ludziom pomaga, jeśli prowadzą dziennik swoich aktywności. Inni zakładają swoją własną książkę z zadaniami, w której zapisują swoje ćwiczenia praktyczne i tworzą schematy samokontroli. Jeśli chcesz postępować w ten sposób, to powinieneś notować również swoje wyniki.

JEDYNE KRYTERIUM

Wielu rzekomo leniwych ludzi w rzeczywistości nie ma po prostu żadnych celów, do których opłacałoby się im dążyć. Dlaczego mieliby szybciej biec, jeśli nawet nie znają kierunku?

Pamiętaj: Istnieje tylko jedno kryterium, aby ocenić, jak poważnie podchodzisz do danej sprawy — Twoje działania. Jeśli stwierdzisz, że nie jesteś wystarczająco aktywny, powinieneś zgłębić przyczyny tego stanu rzeczy. Zadaj sobie pytanie, dlaczego chcesz coś osiągnąć, dlaczego koniecznie musisz odnieść sukces.

Poświęć trochę czasu na odpowiedzi na te pytania. To, co pcha człowieka naprzód, to nie wiedza o tym, jak musi coś zrobić, lecz dlaczego musi to zrobić. Ten, kto dokładnie wie, dlaczego chce coś zrobić, zawsze znajdzie również odpowiedź na owe „jak".

Załóż album, do którego będziesz wklejać wszystkie swoje marzenia w formie zdjęć i obrazków. Mogą to być wycinki z magazynów, fotomontaże, rysunki. Przyjrzyj się każdemu z nich i zadaj sobie pytanie: Które z tych marzeń chcę zrealizować i dlaczego są one dla mnie tak ważne? Poszukaj motywacji. Ustal, co Cię napędza, i świadomie wykorzystuj te rzeczy.

ENRICO CARUSO

Caruso już jako dziecko marzył o śpiewaniu w mediolańskiej La Scali. Jednak w pewnym momencie chwilowo pogrzebał swoje marzenie i przyłączył się do opery wędrownej.

Pewnego dnia na Sycylii spotkał go przyjaciel. Kiedy usłyszał o operze wędrownej, lekko mówiąc, nie był zachwycony. Wierzył w talent Caruso i znał jego dawne cele. Zapytał go:

— Co tu robisz?

— Przecież właśnie ci powiedziałem! — odparł Caruso.

Przyjaciel odrzekł wówczas:

— Nie rozumiesz. Chcę wiedzieć, co zrobiłeś ze swoją szansą?

Caruso dokonał przeglądu swojego życia. Przestał ćwiczyć, szedł na kompromisy i zrezygnował ze swoich marzeń. Popadł w przeciętność. Nie miał już do siebie żadnego szacunku. Zaprzepaścił swoją wielką szansę. Z powodu narastającej frustracji mężczyzna pił bardzo dużo wina.

Kiedy nadszedł czas na jego występ, był kompletnie pijany. Na scenie nadepnął sopranistce na tren, zrywając z niej sukienkę. W wyniku powstałego zamieszania zawaliła się cała scena. Poważna opera stała się farsą. Otrzeźwiały ze strachu i przerażenia Caruso w ostatnim akcie dał z siebie wszystko. Śpiewał jak nigdy dotąd. Śpiewał, jakby występował na deskach mediolańskiej La Scali.

Słuchacze dostali gęsiej skórki. Obecni na sali krytycy byli zachwyceni. Wszyscy byli zgodni, że jeszcze nigdy nie słyszeli tak pięknie śpiewającego człowieka.

Zaraz po przedstawieniu Caruso opuścił wędrowną operę i udał się do Mediolanu. Ćwiczył do upadłego. Nie było dnia, w którym nie dawałby z siebie wszystkiego. W ten sposób stał się znany w mediolańskiej La Scali i został gwiazdą o światowej sławie.

Nigdy nie pozwól, aby coś Cię zniechęciło do robienia rzeczy, które w przeciwnym wypadku robiłbyś z przyjemnością.

Nie dopuść po tego, aby ktoś Ci podszeptywał: „Tego nie da się zrobić. To niemożliwe". Zadaj sobie pytanie: Jakim autorytetem jest ten człowiek, że tak pochopnie używa słowa „niemożliwe"? Niektórzy uważają, że coś da się zrobić, inni wręcz przeciwnie. I ci, i ci będą mieli rację, ponieważ jedni będą działali, a drudzy nie.

Wszystko, co na tym świecie jest dla nas wartościowe, zostało stworzone przez ludzi, którzy nie stali w miejscu. Ludzi, którzy po prostu zakasali rękawy i wzięli się do roboty. Zwycięzcy wiedzą, że nic nie ma tak decydującego znaczenia jak działanie. *Just do it!*

PRAKTYKA:

Dziś będę trenować kluczową umiejętność działania, dlatego zobowiązuję się do wykonania następujących kroków:

1. Zapiszę wszystko, co przekładam na później, i przemyślę, którą z tych rzeczy mogę dziś zrobić.
2. Popatrzę dziś do mojego albumu marzeń. Czy mam w nim zaplanowane cele dla wszystkich pięciu obszarów swojego życia (zdrowie, relacje, finanse, emocje, praca)? I czy umieściłem je w postaci zdjęć i obrazków?

3. Założę dziennik, w którym będę robić wszystkie pisemne ćwiczenia z niniejszej książki. W ten sposób niczego nie pominę i będę mógł obserwować swoje postępy.
4. Zadam sobie pytanie: Czy odsuwam od siebie coś, twierdząc, że to niewłaściwy moment? Czy jest to może zwykła wymówka?

ZASADA 7

Postępuj właściwie ze stresem

Pewien mędrzec był szczególnie podziwiany przez swoich uczniów, dlatego że potrafił uporać się z nieprawdopodobną ilością pracy. Spytali go, jak to możliwe, że pomimo ogromu obowiązków nigdy nie wydaje się być zestresowany, tylko zawsze jest spokojny i skupiony. Mędrzec odpowiedział:

— Jeśli stoję, to stoję. Jeśli idę, to idę. Jeśli biegnę, to biegnę.

— I to wszystko? Przecież my też tak robimy. Dlaczego jesteśmy zestresowani, chociaż mamy mniej pracy? — drążyli uczniowie.

— Być może przyczyna tkwi w tym, że jeśli stoicie, to już idziecie. Jeśli idziecie, to już biegniecie. Jeśli biegniecie, to już jesteście u celu — odparł mędrzec.

Wydaje się, że stres stał się masową plagą. Prawie każdy cierpi z jego powodu, choćby okresowo, i wszyscy zgadzają się co do tego, że negatywnie wpływa na nasze zdrowie. Z tego względu wielu ludzi próbuje go unikać. Jednak mało kto wie, czym właściwie jest stres, co prowadzi do licznych nieporozumień i mitów na ten temat. Stres stał się nowoczesnym monstrum. Przyjrzyjmy się trzem najpopularniejszym przeświadczeniom:

1. Stres wpędza w chorobę.
2. Zbyt dużo pracy powoduje stres.
3. Powinno się unikać stresu.

Wszystkie trzy stwierdzenia są błędne.

STRES JEST ZDROWY

Zacznijmy od pierwszego mitu, że stres wpędza w chorobę. W rzeczywistości stres jest z początku pozytywnym zjawiskiem. Powstaje w momencie, kiedy wewnętrzna równowaga komórek ciała zostaje zachwiana. Hormony stresu normalizują funkcje fizyczne. Możemy postrzegać ten fakt zarówno jako coś pozytywnego, jak i negatywnego. Kluczową rolę ma tu umiar. Tak więc użyteczny ogień w formie świecy jest czymś pozytywnym, natomiast pożar domu — czymś niekontrolowanym i negatywnym. Stres jest czymś zdrowym i pozytywnym tak długo, jak długo będzie użyteczny i nie wymknie się spod kontroli.

JEŚLI PANUJEMY NAD NASZYMI MYŚLAMI, STRES NIE MOŻE NAM ZASZKODZIĆ

Również drugie stwierdzenie jest błędne. Bardzo duża ilość pracy wcale nie musi powodować stresu. Do jego powstania nie przyczyniają się okoliczności zewnętrzne, lecz to, co z tymi okolicznościami robimy. Za nasz stres nie jest odpowiedzialna praca sama w sobie, tylko sposób, w jaki z nią postępujemy.

O Gandhim mówi się, że jeszcze w wieku powyżej siedemdziesięciu lat pracował bez problemu po 16 godzin dziennie — i to nie odczuwając żadnego stresu. Jak to możliwe? Tajemnica leży w koncentracji na jednej rzeczy. Prawdziwi geniusze potrafią w całkowitym skupieniu zająć się tylko jedną czynnością, a następnie zupełnie wykreślić ją z pamięci i poświęcić się kolejnej.

Podczas swoich wędrówek dwóch mnichów spotkało piękną kobietę, która nie była w stanie bez pomocy przejść przez rzekę o silnym nurcie. Bez wahania jeden z nich wziął biedaczkę na swoje barki i przeniósł na drugi brzeg. Mnisi powędrowali dalej w milczeniu. Chwilę później drugi mnich zganił go:

— Składaliśmy śluby, że nie dotkniemy żadnej kobiety. Jak mogłeś ją po prostu wziąć na ramiona?

Na co tamten odpowiedział:

— Postawiłem kobietę na brzegu godzinę temu. Ale ty widocznie nadal niesiesz ją ze sobą.

Większość ludzi nie potrafi kontrolować swoich myśli. Kiedy próbują wykonać jakieś zadanie, rozmyślają, o czym wczoraj zapomnieli i co muszą jeszcze później zrobić. Ich myśli przypominają niekontrolowany pożar domu. Aby wykorzystywać stres jako pozytywną siłę, musimy kontrolować nasze myśli. Staje się tak, kiedy jesteśmy całkowicie skupieni i baczni. Całą naszą energię i moc powinniśmy poświęcić obecnej chwili. Tego rodzaju koncentracji można się nauczyć. Wprawdzie nie ma człowieka, który w każdym momencie byłby całkowicie skupiony, ale zwycięzcy trenują swoją umiejętność koncentracji i stają się w tym coraz lepsi.

UWAŻAJ NA SWOJE RAMIONA I SZCZĘKĘ

Twierdzenie, że powinno się unikać stresu, również mija się z prawdą. Stresu nie da się kompletnie wyeliminować. Ten, kto próbuje uniknąć stresu, osiąga dokładnie przeciwny efekt — bierze sobie do serca coraz bardziej błahe rzeczy i szybciej czuje się przeciążony. Innymi słowy, staje się coraz bardziej na niego podatny.

Życie bez stresu nie istnieje. Dlatego musimy nauczyć się z nim postępować i go akceptować. Kto częściej się w siebie wsłuchuje, ten jest w stanie stwierdzić, kiedy stres staje się negatywny. Świadczą o tym dwa fizyczne symptomy:

Po pierwsze, barki się podnoszą. Poobserwuj zestresowanego człowieka, a zauważysz, że trzyma swoje ramiona dobre pięć centymetrów wyżej niż w stanie rozluźnienia.

Drugą oznaką jest zaciskanie szczęki. Jeśli pokonujesz autem dłuższe trasy, powinieneś na to uważać.

W zrelaksowanym stanie dolna szczęka jest rozluźniona. Jeśli zauważyłeś, że mocno zaciskasz zęby, koniecznie zrób sobie przerwę. Pięć minut zazwyczaj wystarczy. Stań spokojnie i skoncentruj się na tym, aby z każdym wydechem opuszczać swoje ramiona. Podczas tego ćwiczenia poczujesz, jak napięcie powoli znika — z korzyścią dla naszej szczęki.

24 REGUŁY POSTĘPOWANIA ZE STRESEM

Kontrolowany stres stanowi pozytywną i zdrową siłę. Poniższe reguły pomogą Ci zachować spokój pomimo wielu zadań:

1. Najważniejsza zasada: Całkowicie skoncentruj się na tym, co właśnie robisz. Kiedy jesz, jedz (i nie czytaj). Nigdy nie rób dwóch lub trzech rzeczy naraz. Tajemnica radości polega na tym, aby być w pełni obecnym tam, gdzie się właśnie znajdujemy.
2. Zwolnij. Określ tempo pracy, przy którym dobrze się czujesz.
3. Poświęć czas na to, co w Twoim życiu najistotniejsze. Zaplanuj swój tydzień i swój dzień.
4. Nie planuj sobie zbyt wielu zadań. Kto robi za dużo, ten reaguje wyłącznie bezwiednie — jak pod przymusem.

5. Naucz się izolować. Również ukochany człowiek może stać się czynnikiem stresogennym. Wywieszka na drzwiach „Nie przeszkadzać" może być przydatna nie tylko w hotelu.
6. Zaplanuj dostateczną ilość czasu, aby być punktualnym. Pośpiech powoduje stres.
7. Unikaj nadmiernej ambicji i perfekcji w tym, co robisz.
8. Kiedy osiągniesz sukces, ciesz się. Zrób sobie przerwę i świętuj. Bądź wdzięczny i szczęśliwy. Rozkoszuj się tym uczuciem.
9. Nie oczekuj długotrwałych sukcesów. Zaakceptuj, że istnieje lato i zima, wzloty i upadki.
10. Nie bierz siebie zbyt poważnie. Wówczas nie będzie można Cię rozczarować, ani tak szybko urazić. Jeśli zysk i strata, pochwała i nagana nie wyprowadzają Cię z równowagi, wówczas osiągnąłeś wewnętrzny spokój.
11. Niepotrzebne zmartwienia dotyczące Twojej przyszłości zakłócają Twoją koncentrację i powodują stres. Włóż całą swoją energię w tę jedną, obecną chwilę.
12. Utrzymuj porządek. Jeśli masz na swoim biurku dokumenty dotyczące tylko jednej sprawy, zwiększasz swoje szanse na pełne skupienie. Uprzątnij biurko, zanim weźmiesz się za kolejną sprawę.
13. Naucz cieszyć się wszystkim, co robisz. Radość przychodzi automatycznie, jeśli zrelaksowani staramy się dobrze wykonać wyznaczone zadania. Wkładaj serce

we wszystko, co robisz. Również rutynowa praca może sprawiać radość.

14. Zaplanuj sobie przerwy i nie rób od nich żadnych wyjątków. Jeśli uważasz, że nie masz czasu na chwilę wytchnienia, wtedy naprawdę takowej potrzebujesz.
15. Działaj i kieruj. Ale dopuszczaj też inne rzeczy. Pozostawanie pod stałą kontrolą jest stresujące.
16. Jeśli uważasz, że masz o wiele za dużo do zrobienia, zapisz wszystkie czekające na załatwienie sprawy. Najczęściej nie jest ich aż tak wiele, jakby się mogło wydawać. Potem zajmij się poszczególnymi obowiązkami zgodnie z ich priorytetowością.
17. Powierzaj zadania. Zadaj sobie pytanie, kto może Ci w czymś pomóc. Ćwicz oddawanie obowiązków i przekazywanie odpowiedzialności. Daj również innym szansę popełniać błędy — nie musisz wszystkiego robić sam.
18 Część Twojego dnia powinna składać się z rutynowych działań. Codzienna dyscyplina pomaga w zachowaniu wewnętrznej równowagi.
19. Od czasu do czasu bądź naprawdę dziecinny. Śmiej się ze stresu. Kto potrafi się śmiać, jest panem świata.
20. Jeśli jesteś typem człowieka nastawionego na sukces, od czasu do czasu rób rzeczy zupełnie niezamierzone. Nie wszystko, co robisz, musi mieć sens. Pozwól sobie na prostotę i spontaniczność.

21. Unikaj pułapki dostępności. Niektórzy za wielki wyczyn uważają wyłączenie telefonu komórkowego. A może właśnie byłoby lepiej, gdyby tylko czasem była włączona?
22. Bądź swoim własnym animatorem. Nie żałuj sobie czasu wolnego, związków, zabawy... Inwestuj w swoje zdrowie i dobre samopoczucie psychiczne.
23. Regularnie pozwalaj sobie na „dzień bumelowania". Kiedy ostatnio spędziłeś cały dzień w łóżku?
24. Nie próbuj stosować wszystkich reguł naraz. Byłoby to zbyt stresujące.

Spokój i opanowanie są naszym normalnym stanem. Nasz umysł ma jednak skłonności do skakania — niczym konik polny — z jednej myśli na drugą. Należy go opanować, zamiast być jego więźniem. Do tego celu wiedzie wiele dróg.

Prawdopodobnie nie ma jednak nic skuteczniejszego niż znane od dawna praktyki modlitewne, medytacyjne oraz te uczące świadomego spokoju i wzmacniające więzi z naturą. Wszystkie prowadzą na wyższy poziom świadomości.

Wielu ludziom ciężko jest dzisiaj uwierzyć w jakąś wyższą siłę. Ale również im dobrze zrobi posługiwanie się praktykami, które przynoszą spokój i wyciszenie. Obojętne, jaką wiarę lub światopogląd człowiek wyznaje, każdy może uczynić któreś z tych praktyk częścią swojego życia. I na dłuższą metę nie da się tego zastąpić niczym innym.

PRAKTYKA:

Dziś poprawię swoją umiejętność postępowania ze stresem, zobowiązując się do wykonania następujących kroków:

1. Kiedy zadzwoni telefon, wezmę to za sygnał, aby uważać na swoje ramiona i szczękę. Jeśli tylko wyczuję napięcie, zacznę natychmiast powoli oddychać i rozluźniać swój bark. Powtórzę to wiele razy.
2. Dziś podczas posiłku będę się koncentrować tylko na jedzeniu. Zapalę świece i postawię na stole kwiaty, zadbam o nastrojową muzykę i nie będę się spieszyć. Obiecuję rozkoszować się posiłkiem.
3. Dziś całkowicie skupię się na moich rozmówcach. Będę zwracać uwagę na to, co mówią, jak mówią i spróbuję odczytać z ich twarzy, dlaczego to mówią. Chcę całkowicie zrozumieć moich rozmówców.
4. Z listy 24 reguł wybiorę sobie te, które w szczególności mogą mi pomóc pozostać zrelaksowanym i spokojnym. Zawieszę je również w widocznym miejscu. Jeśli poczuję dziś negatywny stres, od razu spojrzę na moją listę.
5. Usiądę dziś wygodnie i w spokoju na 15 minut i nie będę NIC robić.

ZASADA 8

Naucz się pokonywać trudności

Sir Winston Churchill był już bardzo stary, kiedy został zaproszony przez jeden z uniwersytetów do wygłoszenia wykładu. Zewsząd przybywali ludzie, aby usłyszeć najsłynniejszą współczesną im osobę.

Kiedy Churchill wszedł do sali wykładowej, przywitały go tysiące ludzi. Dziekan uniwersytetu przedstawił go jako najwybitniejszego żyjącego Anglika, który zamierzał wygłosić swoją najważniejszą przemowę, poniekąd kwintesencję swojego długiego życia. Pośród gromkich braw Churchill wszedł na mównicę i powiedział krótkie: „Nigdy, nigdy, nigdy, przenigdy się nie poddawajcie".

ŻYCIE CHURCHILLA

Ludzie potrzebowali chwili, aby zrozumieć, że przemowa się skończyła. I nie wszyscy byli z tego powodu szczęśliwi — w końcu pokonali daleką drogę, aby pojawić się w tym miejscu i wysłuchać słów wielkiego człowieka. Jeśli jednak przyjrzymy się biografii Churchilla, szybko zrozumiemy, dlaczego był tak oszczędny w tym, co chciał przekazać swoim słuchaczom.

Nic nie było dla tego starego człowieka tak ważne jak niniejsze przesłanie: Kto się poddaje, ten przegrał. Możemy popełnić wiele błędów — to nic strasznego. Możemy mieć wiele problemów — można je rozwiązać. Jeśli jednak się poddamy, to już koniec. Kto chociaż raz zrezygnuje ze swojego marzenia, ten najprawdopodobniej nigdy więcej nie zacznie marzyć. A kto przestaje marzyć, przestaje żyć.

Przez długi czas Churchill jako polityk popadł w zapomnienie. Przez wiele lat jego wytrzymałość była wystawiona na próbę. Kiedy w końcu został wybrany premierem, szalała II wojna światowa. Zapytano go, skąd wie, że w tych trudnych czasach jest właściwą osobą na właściwym miejscu. Odpowiedział: „Wiem to, ponieważ przez całe życie się do tego przygotowywałem".

Później nastał czas, kiedy niemieckie samoloty bojowe bombardowały Londyn. Zginęło wielu cywili. Anglia wydawała się przegrana. A co noc nadlatywały kolejne bombowce. Umierało coraz więcej ludzi. Doradcy i znajomi wzywali Churchilla, aby oficjalnie skapitulował i w ten sposób zakończył ten bezsensowny rozlew krwi.

Pewnej nocy premier został wystawiony na próbę bardziej niż kiedykolwiek wcześniej. Bombowce ponownie zrzucały na Londyn swoje śmiercionośne ładunki. Przyjaciele i znajomi Churchilla zebrali się wokół niego i chcieli skłonić go do poddania się. Zarzucali mu, że daremnie poświęca swój naród. Nawet jego najbliżsi obarczali go winą za mord na rodakach.

Churchill wiedział jednak, że jeśli chce osiągnąć swój cel, będzie musiał poświęcić jeszcze wiele żyć. Zacisnął pięści, wzniósł je ku czarnym bombowcom i wykrzyknął: „Nigdy się nie poddam. W żadnym wypadku. Nigdy, nigdy, nigdy!".

LEKCJA, KTÓREJ NIE MOŻEMY POMINĄĆ

Nie każdy człowiek jest wystawiany na równie drastyczną próbę. Jednak wszyscy wiemy, że wytrzymałość jest jedną z najważniejszych cech. Pod pewnym względem króluje nawet nad wszystkimi innymi. Wszystkie inne błędy można naprawić. Kiedy jednak się poddasz, to już koniec. Dlatego każdy człowiek powinien wyhodować grubą skórę — większą tolerancję na frustrację.

Dlaczego zwycięzcy mówią o trudnościach jak o lekcjach? Dlaczego rzeczy nie mogą nam czasami łatwo przychodzić? Dlaczego tak często musimy walczyć? Udzielenie ostatecznej odpowiedzi na te pytania jest chyba niemożliwe. Chodzi bowiem o misterium życia.

Przecież wiemy, że taka jest kolej rzeczy. Nasze kości muszą być obciążone, w przeciwnym razie stają się słabe. W ciągu kilku dni mogłyby się nawet złamać. Wiemy to od astronautów, którzy przez jakiś czas przebywali w stanie nieważkości. Dlatego właśnie potrzebujemy porażek — aby stać się silniejsi.

Pewien chłopiec przyglądał się motylowi, który z wielkim wysiłkiem wydostawał się ze swojego kokonu. Przepełniony współczuciem, chciał pomóc zwierzątku i przeciąć kokon. Jego ojciec go jednak powstrzymał, ponieważ tego typu przysługa oznaczałaby dla motyla śmierć. Walka jest dla niego ważna, gdyż w ten sposób wzmacnia swoje skrzydła. Bez tego wysiłku pozostanie słaby i nie będzie mógł latać.

BABY BOOMER

Wielu mężczyzn, którzy uczestniczyli w amerykańskim cudzie gospodarczym, było w latach swojej młodości świadkami głębokiego kryzysu. Potem w czasie II wojny światowej służyli jako żołnierze. Nauczyli się radzić sobie z trudnościami. W międzyczasie mężczyźni ci stworzyli firmy, zestarzeli się i przekazali stanowisko szefa swoim synom i córkom. A pokolenie to — zwane *baby boomers* — dorastało zupełnie inaczej. Nie doświadczyło biedy. Rodzice trzymali wszelkie problemy i trudności z daleka od nich, ponieważ pragnęli, aby ich dzieci miały lepsze życie.

Kiedy jednak *baby boomers* zaczęli kierować firmami, zachowywali się tak jak zawsze: schodzili wszelkim problemom i trudnościom z drogi. Nie mogli podołać postawionym im zadaniom. Abraham Lincoln powiedział: „Nie pomożecie na dłuższą metę ludziom, jeśli czynicie dla nich to, co sami mogą i powinni dla siebie uczynić".

TRUDNOŚCI WZRASTAJĄ Z KAŻDYM KROKIEM

Życie podobne jest do schodów. Na poszczególnych stopniach trudzimy się przez dłuższą chwilę, mimo że nie przesuwamy się w górę. Potem nagle następuje skok na kolejny stopień, który jest już na wyższym poziomie. Stopnie te, wraz ze swoimi wyzwaniami, mają sens. Przygotowują nas na następny poziom. Każdy poziom ma swoje trudności. Jeśli ich nie pokonamy, nie pójdziemy dalej. I jest to dobra zasada, ponieważ nie bylibyśmy dostatecznie silni na następny poziom.

Nie możesz uniknąć porażek. Są one wpisane w życie i w pracę. Nie możesz zmienić większości rzeczy i innych ludzi. Nie masz na to wpływu. Jeśli spróbujesz to uczynić, wpędzisz się tylko we frustrację. Jedyne, co możesz zmienić, to Ty sam i to, jak bardzo trudności na Ciebie wpływają.

Obojętne, jak dobre są Twoje pomysły, produkty czy usługi: nie jesteś i nigdy nie będziesz niepokonany. Zawsze będą istnieć ludzie, którzy nie uznają Twojego produktu czy Twojego pomysłu. Zawsze pojawią się jakieś trudności. Każde „nie" i każde wyzwanie jest kiepskim usprawiedliwieniem faktu, że się poddałeś, lub możliwością dalszej nauki i rozwoju. Trudności stają się barierą lub czynią Cię silniejszym — tak, abyś był gotowy do wejścia na kolejny stopień. Wybór należy do Ciebie.

JAKA BYŁABY ALTERNATYWA?

Im bardziej jesteś aktywny i im dalej zaszedłeś, z tym większą liczbą wyzwań będziesz musiał się zmierzyć. Niektórzy ludzie chcą zupełnie zejść z drogi problemom i szukają zatrudnienia, które nie przynosi większych stresów i rozczarowań. Trudności są jednak nieodłączną częścią każdego sukcesu. Wynikiem daremnych poszukiwań byłaby frustracja.

Inni ludzie chcą pozostać na tym poziomie, na którym się właśnie znajdują, ponieważ słyszeli, że dalej czeka ich tylko więcej trudności. Nie zauważają przy tym, że utknęli w miejscu, dopóki nie poradzą sobie z określonymi problemami. A one nie zostawią ich w spokoju — zawsze będą im uprzykrzać życie. Każdemu z nas będzie wciąż serwowana lekcja, której się nie nauczyliśmy, co niechybnie prowadzi do frustracji. A przecież więcej radości sprawia nauka i sprostanie nowym wyzwaniom.

KILKA Z MOŻLIWYCH STOPNI

Zwycięzcy uważają za ekscytujące, że na każdym stopniu czekają inne trudności. Cieszą się wręcz na rozwiązywanie problemów na coraz wyższych poziomach. To świadczy o tym, że się rozwinęli. Chyba też z tego powodu Churchill nie ograniczył się do powiedzenia: „Nigdy się nie poddawajcie". Dodał: „Nigdy, nigdy, nigdy, przenigdy", ponieważ doskonale znał różne poziomy, na których napotykamy na trudności.

Na poszczególnych poziomach możesz przykładowo natknąć się na następujące problemy:

Poziom 1: Masz pomysł, ale nikt nie wierzy, że możesz go zrealizować. Wszyscy mówią, że brakuje Ci zdrowego rozsądku. Musisz nauczyć się bardziej w siebie wierzyć.

Poziom 2: Chcesz się usamodzielnić, ale potrzebujesz więcej kapitału. Banki odmawiają Ci pieniędzy, ponieważ najpierw musisz wykazać się sukcesami. Ale żeby je osiągnąć, potrzebujesz pieniędzy. Musisz nauczyć się walczyć o swój sukces.

Poziom 3: Twój interes się kręci, ale zamiast uznania doświadczasz zazdrości. Ludzie rozpowszechniają o Tobie fałszywe informacje. Musisz nauczyć się, że to nieważne, co inni o Tobie mówią.

Poziom 4: Znajdujesz się w trudnym okresie i masz problemy z partnerem, który zarzuca Ci, że masz za mało czasu. Nie rozumie Twojego nagłego przypływu ambicji. Musisz nauczyć się uwzględniać potrzeby swojego partnera i zrozumieć, że jesteś silniejszy, kiedy masz go u swego boku.

Poziom 5: Pozyskałeś kilku klientów dla swojego produktu lub swojej usługi. Ci jednak nie płacą rachunków, przez co rosną Twoje wierzytelności. Musisz nauczyć się przygotowywać na to, co nieprzewidziane, oraz tworzyć rezerwy na „czarną godzinę".

Poziom 6: Odnosisz sukces za sukcesem, ale masz problemy zdrowotne. Musisz nauczyć się, że Twoje życie nie kręci się wyłącznie wokół pracy. Teraz nadszedł czas, aby zadbać o inne ważne obszary życia.

Poziom 7: Pilnie potrzebujesz wykwalifikowanych pracowników — nie możesz ich jednak nigdzie znaleźć. Musisz nauczyć się rozdawać zadania. To wielka różnica, czy szukasz „osłów do pracy", czy partnerów, którym oferujesz szansę.

Poziom 8: Przez długi czas odnosisz wielkie sukcesy i nagle wiele rzeczy wali Ci się na głowę. Musisz nauczyć się, że żaden sukces nie trwa wiecznie. Na szczycie stoisz bowiem obok przepaści. Po każdym wzlocie następuję upadek — ale potem znowu czeka Cię wzlot...

Poziom 9: Wszystko wydaje się coraz bardziej bezsensowne. Nie możesz i nie chcesz się dłużej motywować do działania. Finansowe sukcesy mogą zagłuszyć wewnętrzną pustkę tylko na pewien czas. Musisz poznać sens swojego życia, wsłuchać się w siebie i bardziej troszczyć się o innych.

To tylko mały wycinek możliwych lekcji. Ledwo nauczysz się jednej, a już pojawia się kolejna. Takie jest życie. Zawsze, kiedy natrafiamy na podobne trudności, zdarza się jedna z dwóch możliwych rzeczy: albo się poddajemy, albo stajemy się silniejsi.

Możesz spojrzeć na to w pozytywnym świetle: Kiedy napotkasz nową trudność, oznacza to, że zrobiłeś postępy. Opuściłeś stary poziom i teraz znajdujesz o krok dalej. Zakwalifikowałeś się do następnego poziomu.

TURBODOŁADOWANIE

Istnieje sposób, aby przyspieszyć proces nauki i rozwoju. Zwycięzcy wcale nie czekają na trudne sytuacje, ale świadomie je tworzą. Rozpoczynają nowe projekty, mimo że wiedzą, iż będą musieli rozwiązać wiele problemów. To, co inni uważają za kłopotliwą sytuację, jest dla zwycięzców wyzwaniem i szansą.

Ich myśl przewodnia brzmi: Po każdym problemie, który rozwiązałem, natychmiast szukam nowego, większego. Wiedzą, że każde poważniejsze zadanie wymaga większej tolerancji na frustrację. Z tego względu świadomie trenują umiejętność radzenia sobie z trudnościami.

Skąd czerpią do tego siłę? Dokonali interesującego odkrycia: Na początku każdego zadania względnie proste rzeczy wydają się być trudne. Ale trudne rzeczy okazują się potem stosunkowo łatwe. To tak jak przy nauce pisania. Podczas pierwszych lekcji napisanie „a" jest trudniejsze niż kilka lat później słów „wyścigi motocyklowe".

Musisz przezwyciężyć chwilowe trudności. Jeśli Ci się to uda, rozwiniesz swój „mięsień wytrzymałości" i późniejsze przeszkody będziesz pokonywać o wiele łatwiej, niż mogłoby Ci się teraz wydawać.

To nie trudności nas powstrzymują, ale nasze nastawienie. Sami jesteśmy swoimi jedynymi naprawdę groźnymi wrogami. Zwycięzcy nigdy, nigdy, nigdy, przenigdy się nie poddają. W żadnym wypadku!

PRAKTYKA:

Dziś poprawię swoją umiejętność przezwyciężania trudności, zobowiązując się do wykonania następujących kroków:

1. W żadnym wypadku się nie poddam. Wiem, że jest wiele form kapitulacji, dlatego dziś zrealizuję wszystko, co postanowię.
2. Przemyślę swoje nastawienie do problemów i utwierdzę się w przekonaniu, że to ode mnie zależy, jak z nimi postąpię. Być może na pierwszy rzut oka trudności nie będą przeze mnie mile widziane. Po dłuższym zastanowieniu zrozumiem jednak, że wyzwania stanowią materiał, z którego mogę zbudować schody do sukcesu.
3. Tak szybko, jak to możliwe, porozmawiam ze zwycięzcą, który już zmierzył się z podobną sytuacją, i zapytam go o radę.

4. Zapiszę, jakie trudności już pokonałem. W ten sposób umocnię swoją wiarę w przyszłość.
5. Założę dziennik, w którym będę notować wszystkie lekcje, jakie funduje mi życie. W ten sposób będę mógł uczyć się na swoich błędach i trudnościach.

ZASADA 9

Nie wynajduj koła na nowo

Pewien młody mężczyzna przyszedł do mistrza, ponieważ chciał nauczyć się tajemnic życia. Mistrz polecił, aby się przedstawił. W odpowiedzi na to młodzieniec przez dobrą chwilę opowiadał o swoich zaletach i sukcesach.

Kiedy mędrzec powierzył mu wykonanie pierwszego zadania, mężczyzna nie zgodził się. Uważał, że ma lepszy pomysł. W końcu osiągnął już parę sukcesów. Co prawda w innych dziedzinach, ale przecież da się to łatwo przenieść na zaistniałą sytuację. Niezależnie, co mówił mistrz, młodzieniec miał zawsze „lepszą" propozycję.

Wobec tego mędrzec wziął pełny kieliszek i poprosił młodego mężczyznę, aby go potrzymał. Następnie zaczął do kieliszka nalewać wino. Ponieważ kieliszek był już pełny, wino przelewało się na podłogę. Mimo wszystko mistrz nalewał dalej, aż młodzieniec krzyknął z przerażeniem:

— Proszę przestać nalewać, to wszystko tylko się marnuje!

Na co mędrzec odrzekł:

— Tak też jest ze wszystkim, czego mógłbym cię nauczyć. Tylko by się zmarnowało. Już jesteś pełny, jak ten kieliszek.

— Czy moje dotychczasowe doświadczenia są nic niewarte? — spytał zatroskany mężczyzna.

— Twój sposób myślenia uczynił cię tym, czym obecnie jesteś i co posiadasz. Ten sam sposób myślenia nie doprowadzi cię do tego, co chciałbyś mieć. Odejdź i wróć dopiero wtedy, kiedy będziesz pusty. Dopiero wówczas mogę cię czegoś nauczyć.

Prawdopodobieństwo, że również w Twojej dziedzinie jest ktoś, kto odnotował już wielkie sukcesy, jest duże. Czy rozważyłeś w ogóle możliwość poznania tej osoby i spytania jej o radę? W przeciwnym wypadku będziesz musiał nauczyć się wszystkiego sam.

POWINNIŚMY WYKORZYSTYWAĆ TO, CO SPRAWDZONE

Kreatywność jest cechą wartą starań. Ale nie przychodzi ona w każdym momencie. Czasami płacimy za nią zbyt wysoką cenę. Dzieje się tak na przykład na początku nowej pracy, kiedy próbujemy być kreatywni w sprawach podstawowych. Zamiast wykorzystać sprawdzony system i ułatwić sobie życie, wielu próbuje wynaleźć koło na nowo. Być może wygląda to jak poważny eksperyment, powstaje jednak pytanie: Jak dalece unikamy właściwej pracy? Kreatywność może szybko stać się pretekstem, żeby nie nauczyć się podstawowych czynności.

Prawdopodobnie z biegiem czasu odkryjesz kilka wariantów. Ale szczególnie na początku pracy nie powinieneś marnować energii na ponowne wynajdywanie tego, co już dawno ktoś wynalazł. Potrzebujesz całej swojej siły, aby pokonać początkowe przeszkody, które są nieuniknione.

Nic nie zastąpi przyswojenia sobie fundamentalnych strategii, czyli narzędzi pracy — nawet jeśli niektórzy uważają, że sprawy podstawowe ich nie dotyczą. Sądzą oni, że ich doświadczenie i wiedza wymagają innej strategii. W rzeczywistości jednak każdy człowiek jest jedyny w swoim rodzaju i tak samo jedyne w swoim rodzaju są osobiste warunki i sytuacje, w których się znajduje. Fundamentalne strategie właśnie dlatego nazywają fundamentalnymi, że dla każdego człowieka stanowią podstawę właściwej pracy.

NA POCZĄTKU KSZTAŁTUJE SIĘ NAWYKI

Początek nowej pracy jest często bagatelizowany. Wielu uważa, że najpierw należy ostrożnie wszystko „obwąchać".

To tragiczny w skutkach błąd, ponieważ to właśnie wtedy wyznaczane są decydujące kierunki działania. Bardzo szybko pojawią się rutynowe czynności i z tego względu ważne jest, aby od samego początku kształtować właściwe umiejętności. Z pewnością znasz przysłowie: „Praktyka czyni mistrza". W rzeczywistości jest ono często źle rozumiane. Tylko ćwiczenie sprawdzonych rzeczy czyni mistrza. Praktyka sama w sobie najpierw jedynie utrwala. Cokolwiek ćwiczysz, staje się nawykiem. Kiedy ćwiczysz coś błędnego, utrwalasz zły nawyk. Jeśli ćwiczysz to, co właściwe, kształtujesz dobre nawyki.

Na początku każdej nowej pracy określ nawyki, które będziesz stosował przez cały czas jej wykonywania. Faza wdrażania z pewnością nie jest odpowiednim momentem, aby bawić się i eksperymentować. Kto tak postępuje, ten jedynie rozwija przyzwyczajenie do bawienia się i eksperymentowania. Wielu, którzy na początku „obwąchują", nigdy nie przestają tego robić.

ETAP MAŁEGO DZIECKA, ETAP NASTOLATKA I ETAP DOJRZAŁOŚCI

W swoim życiu zawodowym ludzie przechodzą różne etapy. Pierwszy jest etap małego dziecka. Dzieci są ciekawe i pragną jak najwięcej się nauczyć. Naśladują wszystko, co widzą. Nie pytają o sens czy bezsensowność, wszystko przyjmują takim, jakie jest. Nauczenie czegoś człowieka na typ etapie sprawia radość.

Po odniesieniu kilku sukcesów nastaje etap nastolatka. Nastolatek jest przekonany, że na wszystko posiada lepszą odpowiedź. Staje się zatwardziały w swoich przekonaniach. To bardzo niebezpieczny etap, ponieważ ten, kto uważa, że zna wszystkie odpowiedzi, przestaje zadawać pytania. A tym samym przestaje się uczyć i rozwijać. Z tego względu nikt nie może pomóc nastolatkowi, bo on nie chce sobie pomóc. Wielu ludzi grzęźnie na etapie nastolatka. Mimo to uważają się za mądrych i żyją swoimi minionymi sukcesami.

A przecież to takie proste: dopóki nie osiągniemy pożądanych rezultatów, powinniśmy pozostać gotowi do nauki. Nasz sposób myślenia zaowocował tym, co dziś posiadamy. Podobne nastawienie nie uczyni nas tym, kim chcielibyśmy być. Czasami rozsądnie jest pójść za radą mądrego człowieka — nawet jeśli udzielona wskazówka nie od razu do nas przemawia.

Wreszcie następuje etap dojrzałości. Ponownie stajemy się pojętni, ponieważ zauważamy, że wciąż możemy się rozwijać. Nie zawsze znamy wszystkie odpowiedzi i nigdy nie będziemy ich znać. Problemy nie przestaną się pojawiać dlatego, że jesteśmy mądrzejsi lub zarabiamy więcej pieniędzy. Przyjmą one jedynie inny wymiar. Dlatego też powinniśmy ciągle zdobywać nową wiedzę i rozwijać nowe umiejętności.

ZAPYTAJ EKSPERTÓW

Strategię, aby wykorzystywać doświadczenia innych i nie wynajdować koła na nowo, można zastosować do wielu obszarów życia. Również wówczas, kiedy chcesz rozwiązać jakiś problem. Przeważnie nie jesteś pierwszą osobą, która boryka się z określonym dylematem. Prawie zawsze są lub byli ludzie, którym udało się go rozwiązać. Ponadto możesz zaopatrzyć się w literaturę lub postarać się o rozmowę z tymi osobami.

To samo dotyczy sytuacji, kiedy próbujesz wykonać określoną pracę, która nie wchodzi w zakres Twoich podstawowych kompetencji. Wtedy wielu ludzi stara się zaoszczędzić pieniądze, które musieliby wydać na eksperta, i próbuje niniejszą pracę wykonać samodzielnie. Taki sposób postępowania niesłusznie znajduje szerokie uznanie. O takich osobach mówi się z podziwem: „Ten to potrafi sam sobie pomóc, cóż za multitalent!". W rzeczywistości jednak przeocza się bardzo ważną zasadę zwycięzców: Jesteśmy naprawdę skuteczni tylko wtedy, kiedy koncentrujemy się na tym, co potrafimy najlepiej. Wszystkie inne dziedziny powinniśmy pozostawić specjalistom, którzy z kolei też robią to, co potrafią najlepiej. Zwycięzcy również tutaj kierują się dewizą, że nie należy wynajdywać koła na nowo.

Niektórzy ludzie natychmiast podniosą zarzut: „To będzie kosztować masę pieniędzy, jeśli za każdym razem będę chciał powołać eksperta". To prawda. Ale znacznie więcej pieniędzy przyniesie właściwe wykorzystanie zaoszczędzonego czasu — na przykład na nasze hobby i naszą rodzinę. Poza tym praca wykonana przez eksperta jest o wiele bardziej skuteczna niż metoda „zrób to sam".

Zwyczajny człowiek wykorzystuje czas, aby oszczędzać pieniądze. Tym sposobem sam wykonuje wiele prac, do których nie posiada kwalifikacji, oraz inne, które znajdują się poniżej jego kwalifikacji. Zwycięzcy kupują sobie za pieniądze więcej czasu. Czas jest bowiem dobrem o większej wartości. Stracone pieniądze możemy ponownie zarobić. Stracony czas pozostaje stracony na zawsze.

NAJSZYBCIEJ UCZYMY SIĘ PRZEZ NAŚLADOWANIE

Przejmowanie czegoś od innych jest w Europie często potępiane. Zamiast naśladować, chcemy żyć po swojemu. Jeśli chce się kogoś potraktować z pogardą, mówi się, że „tylko ściągnął". Tym samym dla wielu godniejsze szacunku wydaje się ponowne wynajdywanie koła — zgodnie z mottem: „Najważniejsze, że sam tego dokonałem". Nie jesteśmy jednak sami na tym świecie. Ludzkość będzie kiedyś miała dość świętowania stutysięcznego wynalazku koła — nie poczyni dzięki niemu żadnych postępów.

Oczywiście mamy potrzebę udowodnienia, że jesteśmy wyjątkowi i jedyni w swoim rodzaju. Pytanie tylko, na jakim poziomie tę potrzebę urzeczywistniamy. Jako małe dziecko kopiujemy wszystkich i wszystko wokół nas. W ten sposób szybko się uczymy i tworzymy podstawy naszego życia. Podobnie powinniśmy przyjmować doświadczenia ludzi odnoszących sukcesy — jako podstawę naszych indywidualnych arcydzieł. Bazowanie na sukcesach innych jest oznaką inteligencji. Z ramion olbrzyma możemy spojrzeć dużo dalej.

Niewłączanie fundamentalnych doświadczeń poprzednich mistrzów do swoich przemyśleń oraz pracy byłoby ignorancją. Indywidualność o wiele lepiej rozwija się na gruncie dotychczasowej wiedzy, ale przede wszystkim może osiągnąć wyższe szczyty. Przecież przed Mozartem też istnieli inni kompozytorzy, o których z pewnością się uczył. Nie przeszkadzało mu to jednak samemu tworzyć genialne kompozycje.

PRAKTYKA:

Dziś zastosuję w praktyce strategie osób odnoszących sukcesy w mojej branży, zobowiązując się do wykonania następujących kroków:

1. Ustalę, które umiejętności w mojej branży są fundamentalne. Jak dalece opanowałem swoje narzędzia pracy? Sporządzę plan działania dotyczący tych umiejętności, których mi brakuje. Omówię je z człowiekiem, który odniósł wielki sukces w mojej branży.

2. Sprawdzę, czy w jakiejś dziedzinie mojego życia nie znajduję się na etapie nastolatka. To przeciwdziałałoby mojemu prawu do ciągłego rozwoju. W takim przypadku natychmiast stanę na głowie, aby ponownie być spragnionym wiedzy.
3. W przypadku problemów zadam sobie pytanie, kto już przezwyciężył podobne trudności i poszukam u tej osoby porady.
4. Zadam sobie pytanie, czy chcę dziś robić rzeczy, do których mam zbyt wysokie kwalifikacje albo w ogóle ich nie posiadam. Skorzystam dziś z pomocy eksperta.

ZASADA 10

Wytwarzaj pęd

Czy próbowałeś kiedyś zatrzymać pociąg, który pędzi z prędkością 200 km/h? Nawet gdybyś na torach zbudował gruby mur, pociąg bez trudu by przez niego przejechał. Powód: ma PĘD. Porusza się, posiada siłę napędową, nabrał prędkości.

Lokomotywa posiada tysiące koni mechanicznych. Jest dostatecznie mocna, aby poruszyć cały pociąg. Kiedy jednak stoi, już niewielki opór może uniemożliwić rozpoczęcie jazdy. Jeśli pod jedno z kół wsuniesz klin, lokomotywa nie będzie mogła ruszyć. Wszelki wysiłek jest daremny.

Bez pędu wystarczy drobnostka, aby całe przedsięwzięcie spełzło na niczym. Z pędem wszystko dzieje się samo z siebie, przeszkody nie są żadnym problemem.

Ciężko jest zerwać ze starymi nawykami. Nowa czynność już sama w sobie jest trudna tylko dlatego, że jest nieznana. W takiej sytuacji prawie każdy mały problem może Cię zatrzymać. Natychmiast zacznij tworzyć swój pęd. Im wcześniej, tym lepiej. Nigdy nie usuniesz z drogi wszystkich przeszkód i niekorzystnych okoliczności. Nigdy nie nastanie całkowicie bezproblemowy okres.

Problemy nie stanowią żadnej poważnej przeszkody, jeśli wytworzyłeś pęd. Jest to jedyny sensowny sposób postępowania z problemami i trudnymi sytuacjami. Kiedy jesteśmy w pełnym pędzie, problemy i nowe, nieznane sytuacje nie mogą nam zaszkodzić.

Rzeczywiście jest tak, że cały ten czas, który inwestujesz w swoją pracę lub karierę, pomaga Ci w wytworzeniu pędu. Wszystko, co robisz, albo zmniejszy, albo zwiększy Twój pęd.

Szczególnie na początku nowej pracy ważne jest, aby jak najszybciej wytworzyć pęd. To tak jak ze stojącym samochodem, który chcesz popchnąć. Pierwsze metry są najtrudniejsze. Potrzebujesz wszystkich swoich sił. Kiedy jednak samochód zaczyna się toczyć, siła, której potrzebujesz, jest już znacznie mniejsza.

Ludzie często nie wytwarzają pędu, ponieważ wpadają w jedną z czterech pułapek myślowych:

- „Spróbuję".
- „Najpierw użyję połowy swoich sił".

- „Pracuję z ukierunkowaniem na wynik".
- „Najpierw poszukam odpowiedniej strategii".

Poniżej przekonasz się, dlaczego powyższe wypowiedzi uniemożliwiają osiągnięcie sukcesu i wytworzenie pędu.

NIE MA CZEGOŚ TAKIEGO JAK „SPRÓBUJĘ"

Nie da się spróbować popchnąć samochód. Albo wykorzystasz wszystkie swoje siły i go popchniesz, albo zostawisz tam, gdzie stoi. Nie można spróbować coś zrobić — to wbrew wszelkiej logice. Albo coś robisz, albo nie. Jeśli czytasz niniejsze słowa i cieszysz się dobrym zdrowiem, to możesz wstać. Nie istnieje coś takiego jak „spróbować" wstać. Albo wstajesz, albo siedzisz.

Ludzie, którzy mówią, że coś próbują, często nie działają w tym kierunku. To tak, jakby czekali, aż pojawi się przeszkoda, która odwiedzie ich od ich zamiarów. Ktoś, kto coś robi, oczekuje wyników. Ktoś, kto coś „próbuje" robić, czeka na to, aż coś stanie mu na przeszkodzie.

Przykład ze stojącym samochodem wyjaśnia jeszcze więcej: jeśli użyjesz tylko trochę siły, samochód nigdy nie zacznie się porządnie toczyć. Nigdy więc się nie dowiesz, że czynność ta jest stosunkowo łatwa, kiedy samochód już ruszy. A Ty w ogóle nie ruszysz się z miejsca, lub tylko w niewielkim stopniu.

Połowiczny wysiłek nie prowadzi do połowicznego sukcesu — w ogóle nigdzie nie prowadzi.

PRACA UKIERUNKOWANA NA WYNIK UNIEMOŻLIWIA PĘD

Dobrze jest na początku nowej pracy wcisnąć gaz do dechy. Nie powinieneś przy tym mieć zbyt wysokich oczekiwań. W tym momencie osiąganie wyników nie jest jeszcze ważne. Wyniki mogą być złudne, mogą być rezultatem szczęśliwych lub nieszczęśliwych okoliczności. Pęd takim okolicznościom nie podlega. Pęd zawsze powoduje rezultaty. Skoncentruj się bardziej na swoim pędzie niż na poszczególnych wynikach.

Człowiek, który robi odwrotnie, pozostaje zawsze poniżej swoich możliwości. Zorientowana na wynik praca staje się problemem szczególnie wtedy, gdy ktoś bezczynnie czeka, aż odkryje możliwość uzyskania oczekiwanych rezultatów w wygodny sposób. Tak właśnie brzmi wymówka wielu leniwych ludzi: „Jestem zorientowany na wynik".

Ludzie, którzy tylko polują na wymierne rezultaty, myślą, że są genialni, ale zupełnie nie zrozumieli siły pędu. Kiedy istnieje pęd, znajdują się również środki i drogi, które dla zwykłego człowieka pozostają w ukryciu. Pojawiają się wyniki, których nie można przewidzieć i z tego względu również zaplanować. Pęd staje się samonapędzającym się procesem, gwarantem sukcesu.

Kolejnym argumentem przemawiającym przeciwko pracy ukierunkowanej na wynik jest fakt, że ludzie na niego zorientowani muszą się bezustannie motywować. Nigdy nie doświadczają uczucia, że coś dzieje się samo z siebie. Zadają sobie pytanie, dlaczego niektórzy bez większego wysiłku utrzymują dyscyplinę, podczas gdy sami ciągle muszą się męczyć. Jest tak, gdyż życie w przeświadczeniu o swojej genialności okazuje się ich największą przeszkodą. Sami pozbawiają się szansy na długotrwałą motywację.

Wyniki automatycznie wynikają z ruchu. Są jego rezultatem. Ważnym jest, aby ruszyć z miejsca. Temu, kto naprawdę znajduje się w biegu, łatwiej jest podążać dalej, niż się zatrzymać. Pęd utrzymuje Cię w ruchu.

NIE CZEKAJ NA IDEALNĄ STRATEGIĘ

Nie potrzebujemy idealnej strategii, żeby rozpocząć jakiś projekt. Niewątpliwie stanowiłoby to zaletę, plan działania nie jest jednak warunkiem koniecznym. Wiele firm, które obecnie odnosi sukcesy, stosowało na początku przeróżne strategie, aż znalazło tę właściwą. Jeśli masz jakąś wypróbowaną taktykę, to powinieneś się jej trzymać, a nie niepotrzebnie próbować na nowo wynaleźć koło. Kiedy jednak nie dysponujesz żadną strategią, poszukaj takowej, jak tylko wytworzysz dostateczną ilość pędu. Poeksperymentuj z kilkoma planami działań, które sprawdzają się u innych. Ustal, co Ci najbardziej pasuje. Zwycięzcy nie czekają biernie na idealną strategię, ponieważ wiedzą, że często powstaje ona dopiero w drodze pędu.

GDZIE CHCESZ WYTWORZYĆ PĘD?

Ale ostrożnie. Pęd jest podstępnym zjawiskiem. Może pracować dla nas, ale również przeciwko nam. Niektórzy ludzie wytworzyli pęd w zrzędzeniu i narzekaniu, w podjadaniu, w nadmiernym wydawaniu pieniędzy... Załóżmy, że ktoś z dużą dyscypliną zaczyna jeść codziennie jedną tabliczkę czekolady. Po kilku tygodniach przeradza się to w pęd w pochłanianiu słodkości. Osoba ta nie powinna się zatem dziwić, że owa żądza jest trudna do opanowania. Dlatego od czasu do czasu powinniśmy krytycznie ocenić, czy nie przejmujemy szkodliwych nawyków. Przy okazji powinniśmy zadać sobie pytanie, jakie nawyki chcielibyśmy wykształcić. Potem musimy jedynie sporządzić plan działania.

PĘD ROZPOCZYNA SIĘ OD DYSCYPLINY

Aby zapewnić swojemu pędowi wymaganą stabilność, musisz rozwinąć ważny mentalny mięsień: dyscyplinę. Jeśli w jakimś nowym przedsięwzięciu chcesz osiągnąć sukces, musisz opanować podstawy. Aby się ich nauczyć, potrzebujesz dyscypliny. Im więcej ćwiczysz, tym jesteś lepszy. Im jesteś lepszy, tym większe osiągasz rezultaty. Im więcej osiągasz, tym bardziej jesteś zmotywowany. Im bardziej jesteś zmotywowany, tym większy masz pęd... Ale wszystko zaczyna się od dyscypliny w nauce podstaw.

U wielu ludzi dyscyplina plasuje się na ich osobistej skali popularności pomiędzy dentystą a biegunką. Potrzebujemy jej jednak, aby ruszyć z miejsca. Zanim powstanie pęd mamy wybór pomiędzy: natychmiastową przyjemnością a długotrwałą nagrodą.

Dobra wiadomość jest taka, że walka z naszymi złymi nawykami nie trwa wiecznie. Duża dawka dyscypliny jest konieczna tylko dla krótkiego okresu przejściowego, aż wykształcisz nowe przyzwyczajenia. Niezależnie, jak ciężko Ci to przychodzi, jeśli regularnie robisz coś przez trzy do sześciu tygodni, to wykształciłeś nowy nawyk. Masz wówczas pęd, czyli łatwiej będzie Ci przychodziło coś zrobić, niż nie zrobić. Czynność, którą początkowo mogłeś wykonać tylko przy zachowaniu żelaznej dyscypliny, stała się teraz przyjemnością.

TRZY FAZY DYSCYPLINY

Jak to możliwe, że po latach ktoś jednak zrywa z dobrym nawykiem? Dzieje się tak, ponieważ powyższa wypowiedź nie jest do końca prawdziwa. W rzeczywistości zawsze potrzebujemy odrobinę dyscypliny — przynajmniej od czasu do czasu — nawet jeśli jesteśmy w pełnym pędzie. Dyscyplina ma trzy poziomy. Wyobraź sobie, że nienawidzisz biegać i mimo to chcesz zacząć codziennie uprawiać jogging.

Faza pierwsza to faza początkowa. Trwa około trzech do sześciu tygodni. W tym okresie prowadzisz nieustanną walkę, aby przemóc się do biegania.

Faza druga polega na tym, że wytworzyłeś pęd i rankiem jak gdyby nigdy nic wskakujesz w buty do joggingu. Ale nie codziennie, tylko przez pięć dni z siedmiu. W przypadku pozostałych dwóch dni potrzebujesz jeszcze trochę dyscypliny. Ale bynajmniej nie tyle co w fazie pierwszej. Jak tylko wybiegniesz, zaczynasz rozkoszować się biegiem. W pierwszych tygodniach wyglądało to zupełnie inaczej.

Faza trzecia rozpoczyna się po około roku. Teraz każdego ranka automatycznie wskakujesz w swoje buty do joggingu. Nawet budzisz się z radosnym oczekiwaniem na bieganie każdego dnia w miesiącu... no może z wyjątkiem jednego czy dwóch. W te dni potrzebujesz trochę dyscypliny, aby się ruszyć. Faza ta trwa przez całe życie. Rzadko potrzebujesz już dodatkowej motywacji — przez większość czasu pęd utrzymuje się sam z siebie.

KIEDY JUŻ SIĘ ZACZNIE...

Kiedy już wytworzyłeś odpowiedni pęd, musisz go jedynie utrzymać. Do tego celu rzadko potrzebujesz dyscypliny. Wytworzony pęd daje Ci dużo więcej siły, niż potrzebujesz, aby pozostać w ruchu.

Pewne duże przedsiębiorstwo wydało wiele milionów na kampanię reklamową. Była ona skuteczna i obroty firmy poszybowały w górę. Mimo osiągnięcia zamierzonego wyniku koncern jej nie przerwał. Obserwatorzy pytali jego dyrektora:

„Dlaczego nie zaprzestajesz tak drogiej reklamy. Obroty przecież przerosły zamierzone cele".

Dyrektor koncernu odpowiedział: „Proszę sobie wyobrazić, że siedzicie w samolocie. Aby wzniósł się w powietrze, potrzeba ogromnej mocy, ale po pewnym czasie lecicie sobie spokojnie dalej. Wyłączylibyście teraz silniki?".

Pęd jest jak przysłowiowa śnieżka, która staje się lawiną. Zabiera trochę czasu i kosztuje trochę wysiłku, aby śnieżkę zrobić, wyznaczyć jej tor i pozwolić jej równomiernie toczyć się w dół po zboczu góry, ale kiedy już zacznie się toczyć, wtedy uważaj. Będzie się toczyć i rosnąć, i przetoczy się przez wszystko i każdego, kto popełni błąd, stając jej na drodze. A toczy się bez żadnego wysiłku.

Zwycięzcy pełną parą pracują nad tym, aby wytworzyć pęd. Rozpoczęcie satysfakcjonującego przedsięwzięcia wymaga czasu i wysiłku, ale kiedy już wystartuje, nic i nikt nie będzie w stanie go powstrzymać — poza Tobą samym.

PRAKTYKA:

Dziś wytworzę pęd, zobowiązując się do wykonania następujących kroków:

1. Podejmę świadomą decyzję, aby w swoją pracę wkładać wszelki możliwy wysiłek, aż wytworzę pęd. Rozumiem, że jest to ekonomiczne i mądre.

Samochód toczy się o wiele łatwiej, jeśli najpierw się go popchnie.

2. Dziś będę pracować z pełną dyscypliną, ponieważ wiem, że jest ona kluczem do wytworzenia pędu.
3. Nie będę dziś tak bardzo zwracać uwagi na wyniki. Wiem, że pojawią się automatycznie, jeśli wytworzę odpowiedni pęd. Nie będę również czekać na lepsze okoliczności, ponieważ wiem, że dopiero pęd je stworzy.
4. Sporządzę listę dziedzin, w których wytworzę pęd. Pęd pracuje dla mnie, ale również przeciwko mnie. Zapiszę, w jakich obszarach oprócz pracy chcę go wytworzyć: sport, nawyki żywieniowe, życie rodzinne, czytanie, postępowanie z pieniędzmi...

ZASADA 11

Marz i żyj swoim marzeniem

Pewnego dnia pięcioletnia córka wskoczyła podekscytowana do łóżka swojej mamy.

— Mamo, kim chcesz zostać, jak będziesz duża?

Kobieta myślała, że chodzi o nową zabawę, którą córka sobie wymyśliła.

— Hmmm, myślę, że jak dorosnę, będę mamą.

— Nie możesz być mamą, bo już nią jesteś. Kim chcesz być? — zaprotestowała córka.

— No dobrze, chcę być nauczycielką — odpowiedziała mama.

— Nie, to niemożliwe. Też nią już jesteś!

— Skarbie, przykro mi. Nie wiem, co mam ci powiedzieć.

— Mamo, powiedz mi po prostu, kim chcesz zostać, jak będziesz duża. Możesz być, kim tylko zechcesz.

Mama nagle zrozumiała. Była do tego stopnia osłupiała, że nie mogła wydobyć z siebie słowa. Córka dała za wygraną i wyszła z sypialni. Ta niepozorna rozmowa głęboko poruszyła matkę. W oczach swojej córki nadal mogła zostać, kim tylko chciała. Rodzina, wykształcenie, obecna praca na pół etatu, dwójka dzieci... — nic z tych pozornie niezmiennych faktów nie miało dla niej w tym momencie znaczenia. Ponieważ w oczach swojej małej córeczki mogła jeszcze marzyć. Jej przyszłość nie była wyryta w kamieniu. W oczach swojego dziecka mogła jeszcze rosnąć i się rozwijać, i istniała cała masa rzeczy, które mogła osiągnąć.

Okoliczności, w których się właśnie znajdujesz, są sprawą drugorzędną. Jedyne istotne pytanie brzmi: Kim i czym chcesz zostać w przyszłości? Nieważne, czy ktoś Ci powiedział: „To niemożliwe". Nieważne również, czy osoby te są jeszcze w Twoim życiu obecne. Ważne jest tylko to, czy jedna osoba przyłączyła się do tej melodii: Ty sam.

Nigdy nie myśl, że Twoje życie jest już „skończone". Ponieważ tylko Ty możesz sięgać po swoje marzenia, nikt inny.

Druga pułapka nie brzmi tak spektakularnie, ale niszczy marzenia w podstępny, perfidny sposób. Chodzi o pomysł, że w tej chwili nie można jeszcze pójść za swoimi marzeniami. Że teraz nie jest jeszcze odpowiedni moment. Uświadom sobie, że nie istnieje coś takiego jak idealny moment na nowy początek.

Za każdym razem, kiedy odwlekasz rozpoczęcie nowego rozdziału w swoim życiu, w rzeczywistości oddalasz się od niego.

KATASTROFY JAKO NOWY POCZĄTEK

Nawet katastrofy nie mogą nas zniechęcić. Możliwe, że jakieś złe zdarzenie tak nas dotknie, że przyszłość wyda nam się bezsensowna. Wówczas musimy sobie uzmysłowić, że w tragedii bardzo często może kryć się dla nas szansa.

Pierwszy związek siedemnastoletniej dziewczyny rozpadł się. Chłopak z nią zerwał. Była załamana. Wtedy jej wzrok padł na zdanie, które jej matka napisała szminką na lusterku w jej sypialni: „Gdy odchodzą półbogowie, przybywają bogowie".

Chcesz swoje życie spędzić z półbogami — czy z bogami? Chcesz całe życie przeżyć, idąc na kompromis? Na pytania tego rodzaju nie da się łatwo odpowiedzieć. Być może to dobrze, że od czasu do czasu odbiera się nam możliwość podejmowania decyzji. Dzieją się bowiem rzeczy, na które nie mamy żadnego wpływu. Jednak od nas zależy, jak na nie zareagujemy.

W grudniu 1914 roku, kiedy Thomas Edison miał sześćdziesiąt siedem lat, całkowicie spłonęło jego laboratorium. Szkody wyniosły ponad 2 milionów dolarów, a on sam był ubezpieczony na niecałe 400 tysięcy dolarów. Co gorsza, wszystkie wyniki jego badań uległy zniszczeniu. Całe naukowe kompendium i wszystkie rysunki oraz wspomnienia poszły z dymem. Dzieło jego życia zostało unicestwione.

Syn szukał go i znalazł, jak z bezpiecznej odległości obserwował pożar. Edison był zupełnie spokojny i opanowany, i z uśmiechem patrzył na zniszczenia. Jedyne, co zrobił, to nalegał, aby sprowadzono do niego jego żonę. Kiedy ta wkrótce się zjawiła, powiedział: „Popatrz, nigdy więcej w naszym całym życiu nie przeżyjemy czegoś tak niezwykłego. Katastrofy mają wielką wartość. Wszystkie nasze błędy właśnie płoną. Dzięki Bogu możemy zacząć od nowa".

Jeśli przeżyłeś tragedię, to powyższe nastawienie jest z pewnością pomocne. Teraz masz szansę na nowy początek.

Oczywiście nikt nie musi czekać na katastrofę, aby zacząć od nowa. Dobra wiadomość, którą tylko ponownie musisz sobie uzmysłowić, brzmi: Możesz marzyć. Możesz zostać, czym i kim tylko zechcesz. Masz prawo do życia z pasją. I co najistotniejsze — przeszłość nie jest równa przyszłości. W każdej chwili możesz stworzyć sobie nową przyszłość.

CZY PRZESTAŁEŚ MARZYĆ?

Nie tylko przeszłość, ale również teraźniejszość może stać się pułapką. Pewien mężczyzna zgubił któregoś dnia swoje klucze od domu. Zaczął ich szukać. Obserwująca go sąsiadka zaoferowała pomoc. Podczas gdy kobieta rzeczywiście szukała i sama sprawdzała pod krzewami, zauważyła, że mężczyzna pozostawał tylko pod jedną latarnią. Tam robił zawsze kilka kroków do przodu i kilka w tył.

Zdziwiona kazała mu poszukać również gdzieś indziej. Przecież klucze mógł zgubić w wielu różnych miejscach. Na co mężczyzna odpowiedział: „Oczywiście, że mogłem zgubić klucze gdzieś indziej. Ale tu jest światło".

Zbyt wielu ludzi przypuszcza, że spełnienie ich marzeń i ich pasja kryją się w czynności, którą właśnie wykonują. W rzeczywistości pasję swojego życia możesz znaleźć w zupełnie innym miejscu. Być może klucz do niej znajduje się gdzieś w Twojej przeszłości. Dlatego wytrop swoje dawne marzenia, które kiedyś pogrzebałeś, i uwierz, że wystarczy Ci sił, aby zmienić swoją przyszłość.

Człowiek chciałby mieć dokładnie ustalony i wypełniony program na weekend, tydzień, czy miesiąc. Chce mieć program telewizyjny i program teatralny, plan podróży na urlop... Chce lepiej zarządzać czasem. Czy to jednak nie śmieszne, że szybkość staje się ważniejsza niż kierunek? Czy to nie groźne, że człowiek chce zaoszczędzić minuty, podczas gdy traci lata i być może właśnie zabija swoje marzenia? Ponieważ zbyt mało rozmyślał o kierunku, który chciałby obrać. Ponieważ nie wierzy, że jutro może się coś zmienić, i to o 180 stopni.

MOŻESZ ZACZĄĆ WSZYSTKO OD NOWA

Gilbert Kaplan w wieku dwudziestu pięciu lat założył swój pierwszy magazyn. Był typowym pracoholikiem. W ciągu piętnastu lat uczynił go jednym z wiodących czasopism o dużym nakładzie. Pracował prawie 24 godziny na dobę. Potem — w wieku czterdziestu lat — sprzedał nagle swoje przedsiębiorstwo. Co się stało?

Pewnego dnia usłyszał II Symfonię Mahlera. Jej brzmienie bezgranicznie go wzruszyło. Muzyka obudziła w nim coś, co od dawna drzemało. Ale było coś jeszcze: uważał, że utwór ten należy interpretować inaczej. Czegoś brakowało. To, co słyszał, nie sprostałoby w jego ocenie intencjom Mahlera.

Sprzedał więc swoje przedsiębiorstwo i postanowił zostać dyrygentem. Wszyscy eksperci zgadzali się co do tego, że jest to przedsięwzięcie z góry skazane na porażkę, bowiem Kaplan nigdy wcześniej nie dyrygował ani nie potrafił grać na żadnym instrumencie. Również jego przyjaciele uważali, że zwariował: „Menadżer, który nawet nie potrafi czytać nut, dyrygentem... Po prostu idiotyczne!". Kaplan pozostawał jednak niewzruszony i postawił sobie nawet wyższy cel: chciał zagrać Mahlera tak jak nikt przedtem.

Rozpoczął naukę pod okiem najlepszych dyrygentów. Został pojętnym uczniem i nieustannie pracował nad swoim marzeniem. Raptem dwa lata później stało się ono rzeczywistością. W 1996 roku Gilbert Kaplan nagrał album z muzyką klasyczną, który w USA odniósł niewyobrażalny sukces. W tym samym roku otworzył Festiwal Salzburski — jako cieszący się popularnością dyrygent.

JAK URZECZYWISTNIAMY NASZE MARZENIA

Nasze marzenia i cele stają się swoistego rodzaju magnesem, który przyciąga wszystko i wszystkich, aby zbliżyć nas do ich urzeczywistnienia. Przyznaję, niełatwo w to uwierzyć. Jednak każdy człowiek odnoszący sukcesy powie to samo.

Nie wystarczy jednak trochę pomarzyć od czasu do czasu. Musimy raczej nasze cele poukładać w układzie nerwowym. Stale musimy o nich myśleć, nie oceniając ich i nie kwestionując. Pomaga w tym pewien prosty trik: wyobraź sobie, że już osiągnąłeś swój cel. Tym sposobem mentalnie go uprzedzasz i emocjonalnie się nim rozkoszujesz.

Za każdym razem, kiedy w ten sposób koncentrujemy się na naszych marzeniach, tworzymy połączenie pomiędzy punktem, w którym się obecnie znajdujemy, a tym, który chcemy osiągnąć. Im częściej tak robimy, tym bardziej zwiększa się pewność, że nasze życzenia się spełnią. Pewność ta przekłada się na skuteczne działania, a obudzona wiara w siebie pozwala nam poszukać dróg i możliwości, aby dotrzeć do wyznaczonego celu.

IM BARDZIEJ ŻYJEMY SWOIMI MARZENIAMI, TYM JESTEŚMY SILNIEJSI

Norman Vincent Peale trafił w sedno, mówiąc: „Większość ludzi nie chce uwierzyć, że posiadają w sobie wszystko, co jest potrzebne, aby zostali tym, czym sobie życzą; a tak próbują się zadowolić rzeczami, które nie są ich warte". Benjamin Disraeli stwierdził natomiast: „Nic nie może stanąć na przekór woli człowieka, który ryzykuje nawet swoim życiem, aby osiągnąć wybrany cel".

Dlaczego jest tak, że niektórzy ludzie angażują do realizacji swoich celów innych, a inni pozwalają się angażować? Różnica tkwi w stopniu, w jakim podążamy za naszymi marzeniami. Jeśli spotyka się dwoje ludzi, jest wielce prawdopodobne, że ten, który podjął decyzję i najbardziej się angażuje, prędzej czy później zacznie wpływać na drugiego i zaprzęgnie go do pracy na rzecz swoich celów. Im bardziej żyjemy naszymi marzeniami, tym jesteśmy silniejsi. Wydaje się, jakby cały wszechświat w tajemniczy sposób pomagał ludziom świadomym swoich celów. Nic nie przynosi w życiu większego spełnienia niż podążanie za swoimi wizjami i marzeniami. Jednocześnie nie ma nic bardziej frustrującego niż zdradzenie i wyparcie swoich celów.

Od czasu do czasu zwycięzcy spoczywają na chwilę i zadają sobie pytanie: Żyję swoimi marzeniami czy żyję na pół gwizdka? Wiesz, że jako projektant swojego życia możesz stworzyć przyszłość, o której marzysz. Kreujesz rzeczywistość, na którą zasługujesz. Zwycięzcy wiedzą, że zarówno przeszłość, jak i teraźniejszość nie są równe przyszłości. W każdej chwili możemy namalować nowy obraz, nawet jeśli początkowo mamy te same farby. Sam Dante napisał: „Za małą iskrą wielki płomień bucha" .

Przeżyj życie na swój sposób. Tak, jak śpiewał Frank Sinatra: *And more, much more than this, I did it my way...* [A co więcej, co znacznie ważniejsze, zrobiłem to po swojemu...]. Ten legendarny piosenkarz tak żył i tak też umarł. Dlatego prezydent Stanów Zjednoczonych powiedział na jego pogrzebie: *He did it his way* [Zrobił to po swojemu].

Mamy wybór: albo żyjemy swoimi marzeniami, albo pomagamy innym w spełnianiu ich marzeń. Na łożu śmierci matka powiedziała do swojego syna: „Przyrzeknij mi, że BĘDZIESZ KIMŚ". Abraham Lincoln obiecał to swojej matce. Zwycięzcy wiedzą, że życie jest zbyt krótkie, aby być błahym i nic nieznaczącym.

PRAKTYKA:

Dziś będę się bardziej udzielać jako projektant mojej przyszłości i z tego względu zobowiązuję się wykonać następujące kroki:

1. Pozwolę sobie na przerwę. Usiądę albo pospaceruję w wolnym tempie. Znajdę spokój i posłucham swego wewnętrznego głosu.
2. Pomyślę, jak wiele wydarzyło się w moim życiu przez ostatnie siedem lat. Co nowego poznałem? Ile zrobiłem? Ile osiągnąłem? Ilu nowych ludzi poznałem? Jak rozwinęła się moja osobowość i co

przeżyłem? Uzmysłowię sobie, że kolejne siedem lat może być równie bogate w doświadczenia.

3. Zadam sobie pytanie: Gdym naprawdę miał wybór, co bym zrobił i kim bym był? Jakie są moje marzenia? Kim chcę być za siedem lat i co chcę robić? Zapiszę swoje przemyślenia. Przy okazji zapytam sam siebie, co tak naprawdę lubię robić i które z tych rzeczy odpowiadają moim umiejętnościom.
4. Zauważę, że rzeczywiście mam wybór. W każdej chwili mogę wykreować życie, na które zasługuję. Jestem projektantem swojego życia. Mam odwagę być szczęśliwy.

ZASADA 12

Pamiętaj o swoim ciele

Wyobraź sobie, że posiadasz konia wyścigowego wartego milion dolarów. Jak byś go traktował i karmił? Dawałbyś mu wódkę z cytryną, frytki z majonezem i mus czekoladowy na deser? Dawałbyś mu piwo zamiast wody i litr lodów z dużą porcją bitej śmietany zamiast owsa? Puszczałbyś temu szlachetnej rasy zwierzęciu muzykę house i włóczył się z nim po knajpach? Nauczyłbyś je palić papierosy i ustawiłbyś w stajni telewizor, żeby koń stał się nerwowy i źle sypiał?

Oczywiście, że nie. Więc dlaczego tak wielu ludzi czyni tak ze swoim ciałem?

ZDROWIE TO NIE TYLKO BRAK CHORÓB

Jak zdefiniowałbyś zdrowie? Większości z nas przychodzi na myśl proste stwierdzenie: „Jeśli nie jestem chory, to jestem zdrowy". Ale zdrowie to coś więcej niż tylko brak symptomów choroby. Zdrowie oznacza witalność, energię, dobrą jakość i radość z życia.

Jest możliwe i również konieczne, aby na bieżąco dbać o swoje zdrowie. Możesz poprawić stan swojego zdrowia i wzmocnić swoją witalność. Codziennie możesz mieć więcej energii.

Wielu ludzi zajmuje się swoim zdrowiem dopiero wówczas, kiedy ono zaczyna podupadać. Muszą poczuć się słabi, wykończeni i chorzy, żeby wziąć się w garść i podjąć konkretne działania. Również tutaj obowiązuje zasada: Jeśli nie troszczymy się o ważne rzeczy, to kiedyś staną się sprawami naglącymi. I wtedy już musimy się nimi zająć. W zakresie zdrowia oznacza to, że nie pozostaje nam nic innego jak zwalczanie szkód.

Być może zadajesz sobie pytanie, dlaczego książka o zwycięzcach zawiera rozdział o zdrowiu. Otóż zwycięzcy wiedzą, że ich dobre samopoczucie — również fizyczne — w znacznym stopniu decyduje o tym, jak bardzo są efektywni. Trudno jest zdobywać świat, jeśli z powodu poważnej choroby nie możemy się ruszyć z łóżka.

Twoje zdrowie w poważnym stopniu wpływa na to, jak się czujesz, jak bardzo jesteś zmotywowany, jak dużo masz entuzjazmu i charyzmy i w jakim stopniu działasz na innych pociągająco.

Powinniśmy zajmować się naszym zdrowiem i zwracać uwagę na to, co jemy, pijemy i jak często się ruszamy. O wiele łatwiej jest delektować się sukcesem, jeśli dobrze się czujemy.

UNIKAJ TEGO, CO SKRAJNE

Wiele powiedziano i napisano na temat tego, co człowiek powinien robić, a z czego zrezygnować, aby cieszyć się dobrym zdrowiem. Warto jednak pamiętać, że każde ciało reaguje inaczej. To, co jednemu służy, drugiemu wręcz szkodzi. Po pierwsze, musimy nauczyć się wsłuchiwać w swoje ciało. Po drugie, powinniśmy wiedzieć, że wszystko, co skrajne, szkodzi. Potrzebujemy zrównoważonego, rozsądnego stylu życia.

Przykładowo nie jedz dużych, monotonnych posiłków, lecz mniejsze ilości różnych potraw. Nie uzależniaj się na dłuższą metę od określonej diety. Często dopiero po latach odkrywamy efekty uboczne danego sposobu odżywiania. Nie chodzi jednak o to, aby unikać wszystkiego, co „złe". Zwracaj raczej uwagę na to, aby dostarczać organizmowi dostateczną ilość dobrego, pełnowartościowego pożywienia.

Nasze ciało daje nam wyraźne sygnały, czego potrzebuje. Dlatego czasami mamy wielką ochotę na jakąś konkretną rzecz. Takiemu wilczemu apetytowi możemy ulec bez wyrzutów sumienia. Każdy człowiek przechodzi różne fazy rozwoju i rozmaite etapy. Dlatego nie ma „dobrego" lub „złego" odżywiania. Słuchajmy własnego ciała — to ono jest specjalistą w swojej własnej dziedzinie.

ZASADY, O KTÓRYCH ŁATWO ZAPOMINAMY

Życie powinno sprawiać radość. Nie lubimy zakazów i ograniczeń. Warto jednak kierować się kilkoma podstawowymi zasadami, które w znacznym stopniu wpłyną na nasze dobre samopoczucie.

Jedz wolniej, mniej i spokojniej

Wszyscy jemy za dużo. Jedz mniej. Dotyczy to również wielu szczupłych osób. Naukowcy stale potwierdzają, że doskonale dalibyśmy sobie radę z jedną trzecią naszego codziennego pożywienia. Te pozostałe dwie trzecie pozbawiają nas raczej energii, ponieważ przeznaczamy ją na trawienie.

Dlatego jedz mniej, ale za to wolniej — dobrze przeżuwaj i delektuj się smakiem. Zawsze siedź przy stole i w razie możliwości nie czytaj podczas posiłku, a już na pewno nie prowadź samochodu. Kiedy jesz, koncentruj się tylko na tym, co robisz, i czerp z tego radość.

Spożywaj naturalne produkty

Zwracaj uwagę na to, aby możliwie jak najwięcej Twojego pożywienia (minimum 30%) składało się z naturalnych, pełnowartościowych produktów. Jedz dużo warzyw i owoców. Eksperymentuj i ustal, co najlepiej służy Twojemu organizmowi. Pij dużo wody i świeżo wyciskane soki.

Sztucznie hodowana żywność fabryczna jest dla naszego organizmu jedynie obciążeniem. Kto nie chce z niej zrezygnować, musi zrównoważyć to zdrowymi produktami spożywczymi. Unikaj nadmiernego spożywania cukru, kawy, tłuszczy i alkoholu. Codzienne pochłanianie szkodliwych substancji w dużych ilościach może prowadzić do poważnych problemów zdrowotnych.

Ale nie popadaj w skrajność. Niektórzy adwokaci zdrowego odżywiania nie wyglądają zbyt zdrowo i nie sprawiają również wrażenia szczęśliwych.

Dużo pij

Pij więcej niż do tej pory. Oczywiście nie chodzi o alkohol. Jedno piwo ma na przykład tyle samo kalorii, co dwie bułki. Czy wpadłbyś na pomysł, aby po kolacji zjeść jeszcze jedną bułkę? Mówiąc o piciu, miałem na myśli wodę. Codziennie potrzebujemy od dwóch do trzech litrów płynów. Kawa, cola, napoje alkoholowe i mleko nie podchodzą pod tę kategorię, ponieważ zabierają organizmowi więcej wody, niż dostarczają. Dlatego do każdej filiżanki kawy, którą pijemy, powinniśmy wypić dodatkowo dwie szklanki wody. Ważnym jest, aby podczas posiłku nie pić zbyt dużo, gdyż w ten sposób utrudniamy trawienie. Pij pomiędzy posiłkami.

Wielu ludzi zapomina przyjmować dostateczną ilość płynów. Byłoby dobrze, gdyby wypracowali sobie zestaw zdrowych nawyków. Mogliby przykładowo nauczyć się regularnie pić szklankę wody, kiedy wstają, idą uprawiać sport, pod koniec wysiłku fizycznego, zanim położą się spać...

Zażywaj więcej ruchu

Jeśli zależy Ci na zdrowiu, więcej się ruszaj. Nasze ciało jest aparatem ruchowym, a nie siedzącym. Jest przystosowane do tego, aby codziennie móc pokonać 50–60 kilometrów. Nasz organizm może optymalnie funkcjonować tylko wtedy, jeśli codziennie przez co najmniej 40 minut uprawiamy sport.

Zaskakująco pozytywne oddziaływanie na cały organizm mają ćwiczenia aerobowe: zwiększają ogólną wydolność organizmu, czujność i funkcjonowanie organów wewnętrznych, wspomagają trawienie i przemianę materii, wzmacniają system immunologiczny, poprawiają nastrój i witalność. Wielu ludzi twierdzi, że nie ma czasu na sport. Można to porównać do ciekawego triku, jakim jest zatrzymanie zegarka, żeby zyskać więcej czasu. Kiedy regularnie uprawiasz sport, znacząco poprawia się Twoja koncentracja i zmniejsza się podatność na rozmaite choroby. Innymi słowy, zyskujesz czas, zamiast go tracić. Zyskujesz lepszą jakość życia.

Pozwalaj sobie na regularne przerwy

Każdy z nas potrzebuje chwili spokoju. Zawsze, kiedy odczuwasz, że Twój dzień jest zbyt stresujący, medytuj lub relaksuj się przez 10 minut. Idź na kilkunastominutowy spacer. Posłuchaj odprężającej muzyki. Zamknij oczy i nie myśl o niczym. Jeśli sprawia Ci to trudność, po prostu wyobraź sobie jakąś relaksującą scenę, na przykład że jesteś na plaży czy w lesie.

Również w tym przypadku wiele osób uważa, że nie może sobie na coś takiego pozwolić. W rzeczywistości jednak nie możemy pozwolić sobie na rezygnację z tego. Kto robi częste przerwy, jest bardziej wydajny. Tak więc od czasu do czasu urozmaicaj swój dzień o momenty, w których możesz skupić się wyłącznie na sobie. W każdym tygodniu zrób sobie jeden wolny dzień i odpocznij.

STRATEGIA DŁUGOTERMINOWA

Istotna różnica pomiędzy amatorami a profesjonalistami polega na rozumieniu strategii długoterminowych. Profesjonaliści nie zagrażają swojemu długofalowemu celowi — witalności i zdrowiu — działaniami, które przynoszą krótkotrwały sukces. Dziewięćdziesięciopięciogodzinny tydzień pracy może na krótką metę przynieść pożądane rezultaty, ale już na dłuższą metę doprowadzi Cię do choroby. Pijąc dużo kawy, możesz być przez krótki czas ożywiony, ale tym samym pozbawiasz organizm spokoju, którego tak pilnie potrzebuje. Niedoleczona grypa może być dla obecnego projektu korzystna, bo przecież szybciej wróciłeś do pracy. Patrząc jednak perspektywicznie, jest to po prostu czysta głupota. Długofalowych problemów nigdy nie należy rozwiązywać za pomocą krótkotrwałych strategii.

Zwycięzcy uważają na swoje zdrowie i dbają o to, by mieć więcej energii potrzebnej do wykonania następnych zadań. Dla zawodowego kolarza każdy kilogram nadwagi oznacza, że na średniej górce będzie o minutę wolniejszy. Zwycięzca wie, że nie dbanie o zdrowie będzie go kosztowało znacznie więcej wysiłku, na co najzwyczajniej w świecie nie może sobie pozwolić.

PRAKTYKA:

Dziś będę zwracać uwagę na mój organizm, zobowiązując się do wykonania następujących kroków:

1. Będę jeść ostrożnie, a więc zjem mniej i do tego zrobię to powoli. Będę uważać na to, co jem, i będę dłużej i dokładniej żuć. Zjem również więcej owoców i warzyw. Jeśli będę mieć ochotę na przekąski, to kupię sobie orzechy.
2. Wypiję dziś kilka szklanek wody. Picie przed jedzeniem sprawi, że nie pochłonę przesadnie dużej ilości jedzenia.
3. Będę się ruszać przez co najmniej 35 minut. Kiedy pójdę biegać, to nie będę się forsować. Jak tylko bieganie stanie się dla mnie zbyt męczące, przestanę biec i kawałek się przejdę. Nikomu nie muszę nic udowadniać. W ten sposób będę się cieszyć joggingiem.
4. Dziś po każdych 90 minutach pracy zrobię sobie krótką przerwę ruchową. Wyjdę wtedy na 5 minut na świeże powietrze lub wykonam parę

ćwiczeń. W ten sposób będę mieć więcej energii i polepszę swoją koncentrację. W efekcie zrobię o wiele więcej, niż gdybym pracował bez ustanku przez wiele godzin.

5. Postanawiam dziś, że pójdę do dobrego lekarza i zrobię sobie komplet badań.

ZASADA 13

Nie pozwól, by odmowa Cię zniechęciła

Jaffet był jednym z wielu, którzy słuchali prominentnego mówcy. Był zachwycony i postanowił zmienić w swoim życiu parę rzeczy. Dokonał w końcu pewnego interesującego odkrycia: nie wszyscy słuchacze jednakowo ocenili wykład. Pewna grupa śmiała się z mówcy i go krytykowała. Inna znowu uważała, że nie jest ani szczególnie dobry, ani szczególnie zły. Jednak większość miała podobne odczucia jak Jaffet. Byli rozentuzjazmowani i palili się do tego, aby treść wykładu przełożyć na swoje życie.

Jaffet podszedł do prowadzącego, aby zapytać go, dlaczego słuchacze tak odmiennie zareagowali na tę samą przemowę. Ten odpowiedział: „Każdy mówca napotyka na takie trzy grupy ludzi. Procentowo wygląda to różnie, ale w większym tłumie słuchaczy zawsze znajdą się osoby, które szydzą i krytykują, takie, które zachowują neutralność, i takie, które są zachwycone. Na początku chciałem doprowadzić do tego, żeby wszyscy byli zachwyceni. Ale to niemożliwe, ponieważ niektórzy sensem swojego życia uczynili bycie krytycznym i negatywnie nastawionym. Otworzenie się na nowe wymaga również odwagi. A nie każdy ją ma. Zauważyłem, że łatwiej jest po prostu pogodzić się z istnieniem tych trzech grup. Koncentruję się tylko na tej grupie, która pozytywnie odbiera moje przesłanie. Od tego czasu czuję o wiele lepiej".

TRZY GRUPY

Każdy zwycięzca nauczył się radzić sobie z odmową. Wie, że zawsze istnieją trzy grupy:

- Jedna grupa odprawi Cię z kwitkiem.
- Druga grupa nie będzie mogła się zdecydować i w rezultacie nie zrobi nic.
- A trzecia grupa zaakceptuje Twój projekt/pomysł.

Obojętne, co robisz, zawsze będziesz spotykał te trzy grupy. To fundamentalna część życia i w żaden sposób nie zależy od Twojego produktu, usługi, firmy czy od Ciebie samego. Leży po prostu w naturze człowieka.

TRZY FAZY

Każdy pomysł i każdy projekt przechodzi trzy fazy:

Faza 1: Wykpiwanie. Nie jesteś brany na poważnie i wiele osób głośno się z Ciebie wyśmiewa.

Faza 2: Krytyka. Kpiny i drwiny przestały być stosowne, ponieważ osiągnąłeś sukces. Dlatego teraz pojawia się krytyka. Drugą fazę można jednak z całą pewnością postrzegać jako postęp. Na krytykę trzeba sobie bowiem zasłużyć.

Faza 3: Uznanie. Kto wytrzyma dostatecznie długo i pozostanie wierny obranemu przez siebie kierunkowi, ten przestaje być w końcu krytykowany. Wszelkie negatywne reakcje zastępuje uznanie. Wprawdzie nadal istnieją ludzie, którzy chętnie by Cię krytykowali, ale na tym etapie nie wypada już tego robić.

Na szczęście w obrębie każdej fazy istnieją opisane już trzy grupy. Tak więc nie każdy będzie kpił i nie każdy będzie krytykował. Oczywiście będą to robić również te osoby, od których oczekiwałeś raczej wsparcia, ale w każdej fazie znajdą się też ludzie, którzy będą dobrze oceniać to, co robisz.

KRYTYKA POWINNA WZMACNIAĆ, A NIE ZAŁAMYWAĆ

Od niniejszych trzech grup i trzech faz nie ma żadnego wyjątku. Pytanie tylko, jak z tym postąpimy. Często możemy zaobserwować dwie skrajne postawy. Są ludzie, którzy całkowicie zamykają się na krytykę. W ten sposób odbierają sobie szansę samokrytycznej oceny i uczenia się. Drugą skrajną postawę reprezentują osoby, które tak bardzo biorą sobie do serca każdą krytykę i każdą odmowę, że od razu wątpią w swoje działania. Często ludzie ci próbują wszystkim dogodzić, przez co nieuchronnie zdradzają własne marzenia.

Znalezienie złotego środka jest sztuką. Z jednej strony nie możemy być ślepi na uzasadnioną krytykę i musimy być na tyle rozsądni, aby poznać, kiedy coś po prostu nie wychodzi. Z drugiej strony nie możemy zapominać, że niepowodzenia są nieodłączną częścią naszego życia i że krytyki nie da się uniknąć. Należy więc traktować nieprzychylne opinie jako coś, co nas wzmacnia, a nie załamuje.

Nie ma wyraźnej granicy pomiędzy tymi dwiema skrajnymi postawami. Powinniśmy zastanowić się, czy krytyka jest konstruktywna i uzasadniona, czy też chodzi o zwykłą złośliwość. Zawsze, kiedy nie możesz tego jednoznacznie rozstrzygnąć, odrzucaj krytykę. Będziesz z pewnością odnosił większe sukcesy, jeśli wyhodujesz grubą skórę.

Zwycięzcy wykształcili swoistą odporność na negatywną krytykę. Ot, rozpoznają, że problem leży raczej po stronie samego krytykującego. Podobnie jak wiedzą, że zawsze znajdą się osoby, które będą drwiły, wyśmiewały i odrzucały ich pomysły. Nic na tym świecie nie będzie się podobać wszystkim ludziom.

TO MY DECYDUJEMY, CO NA NAS WPŁYWA

Nie jest w naszej mocy, żeby zmieniać innych. I dobrze — każdy powinien odpowiadać za siebie. W naszej mocy pozostaje jednak decydowanie, czy pozwolimy, aby inni odwiedli nas od obranej drogi. Zawsze będą istnieć ludzie, którzy nie polubią tego, co mamy do zaoferowania. Nie ma w tym nic złego. Ważne jest, żeby nie zacząć myśleć tak jak oni.

Stara mądrość mówi: „Kiedy wychodzisz z domu, otrzep swoje buty z kurzu". Logiczniejszym wydaje się otrzepać buty, zanim wejdziemy do domu. W każdym razie powyższe zdanie ma większy sens. Krytyka, z którą spotykasz się w trakcie swoich działań oraz niektóre jej argumenty mogą być tak samo uciążliwe jak ziarna piasku w sandałach. Początkowo te kilka ziarenek nie stanowi większego problemu, ale po kilku kilometrach nawet najmniejsze z nich tak boleśnie obcierają stopy, że w rezultacie trzeba przestać wędrować. Zwycięzcy wykształcili umiejętność strząsania nieuzasadnionej krytyki niczym ziarenek piasku z butów.

MUSIMY POGODZIĆ SIĘ Z ISTNIENIEM TRZECH GRUP

Dlaczego jednak istnieją te trzy grupy? Dlaczego są ludzie, którzy wszystko krytykują? Chodzi o pewne misterium, które unaocznia historia o żabie i skorpionie.

Skorpion przyszedł nad rzekę. Ponieważ nie umiał pływać, zapytał żabę, czy przeniosłaby go na drugi brzeg. Żaba odpowiedziała z dezaprobatą:

— Nie jestem taka głupia. Nie dotrzemy nawet na środek rzeki. Jak tylko wypłyniemy ukłujesz mnie tym swoim okrutnym kolcem i umrę.

— Pani Żabo, użyj swojego żabiego rozumu — odrzekł skorpion. — Jeśli cię ukłuję i utoniesz, to wtedy i ja przecież zginę.

To przekonało żabę i pozwoliła wejść skorpionowi na swój grzbiet. Nawet nie dotarli na środek rzeki, gdy skorpion wbił żabie swój jadowity kolec głęboko w grzbiet. Umierając, żaba zapytała:

— Dlaczego to zrobiłeś? Teraz oboje zginiemy.

Na co skorpion odpowiedział:

— Bo jestem skorpionem.

Są ludzie, którzy będą próbować Cię zranić. Niektórzy robią to z zazdrości, inni ponieważ sami są niezadowoleni. Oczywiście nie powiedzą: „Zazdroszczę temu człowiekowi, dlatego uprzykrzam mu życie", a raczej dadzą upust swoim frustracjom poprzez — wydawać by się mogło — poważną krytykę.

Inni znowuż uczynili bycie negatywnie nastawionym do wszystkiego sensem swojego życia. Nie powinno nam to przeszkadzać. Przecież zadaniem zrzędy jest zrzędzić. Być może zastanawiałeś się kiedyś, dlaczego ktoś ciągle kłamie. Odpowiedź jest dziecinne prosta: bo jest kłamcą. Złodziej kradnie, a kłamca kłamie. Krytykant krytykuje, a szyderca szydzi.

Istnieje tylko jedna metoda, aby uniknąć krytyki: bądź nikim i nic nie rób. Nie powinniśmy jednak organizować swojego życia na modłę zgorzknialców, którzy unieszczęśliwiając innych, próbują zamaskować swoje własne nieszczęście.

TO MY DECYDUJEMY, CZY KRYTYKA NAS DOTKNIE

I właśnie ze względu na tę niepodważalną prawdę zwycięzca nie daje się ściągnąć na ziemię. Wie, że to nie krytyka i kpiny ranią, lecz sposób, w jaki z nimi postępujemy. Jeśli ktoś posądzałby nas o bycie potajemnym hersztem armii zielonych Marsjan, uśmiechnęlibyśmy się tylko. Czujemy się dotknięci tylko wówczas, kiedy nie jesteśmy pewni naszej pozycji. Krytyce i dezaprobacie poddawani są wszyscy ludzie, różnie się tylko z nią obchodzą. A to znowuż sprowadza się do nastawienia, jakie mamy względem naszego pomysłu, naszej firmy, względem ludzi, z którymi pracujemy. Do naszego poczucia szansy i rynkowego potencjału. Ale przede wszystkim do naszego poczucia wartości. Nieuzasadniona krytyka nie może zranić. Zranić możemy tylko sami siebie.

Liczy się nie to, co robisz i mówisz, ale jak to robisz i mówisz. Decydują Twoje uczucia. Wszyscy ludzie posiadają pewną gotowość do działania, nie wystarczy jednak być tylko trochę gotowym. Jeśli nasze poczucie własnej wartości i wiara w swój cel są zbyt słabe, wówczas stajemy się podatni na krytykę i zniechęcamy się niepowodzeniami.

Zwycięzcy mają szczególną, nadzwyczajną motywację. Ich entuzjazm dla własnej sprawy jest po prostu silniejszy. Są głodniejsi, bardziej chętni do nauki, bardziej zawzięci. Są gotowi zawsze robić to, co konieczne, aby osiągnąć zamierzony cel. Kto rozwinie w sobie tego rodzaju wiarę we własne marzenie, ten nie da się tak łatwo zbić z tropu.

Tego typu przekonanie o własnej słuszności można wykształcić. Im więcej mamy powodów, dla których musimy osiągnąć nasz cel, tym mocniej w niego wierzymy. I wtedy nieważne jest, co mówią inni. Liczy się tylko Twoje marzenie.

TO MY DECYDUJEMY, NA CZYM SIĘ KONCENTRUJEMY

Wszyscy postrzegamy rzeczy selektywnie. Chcesz poznać drogę do szczęśliwego i pełnego sukcesów życia? Koncentruj się bardziej na tej grupie, która akceptuje Ciebie i Twoje pomysły. Skup się na pozytywnych wspomnieniach. Zapisuj swoje sukcesy — w ten sposób dłużej o nich pamiętasz.

Z czasem zauważysz, że człowiek tym częściej odnosi sukcesy, im mniej rozmyśla o swoich porażkach. Rozmowy ludzi, którzy odnoszą mniejsze sukcesy, dotyczą w znacznej mierze katastrof i porażek, które ponieśli, oraz niefortunnych sytuacji, w których się znajdują. W przeciwieństwie do nich zwycięzcy rozprawiają o tym, co w ostatnim czasie im się szczególnie udało.

Jedni pielęgnują negatywne myśli i porażki, podczas gdy drudzy pozytywne myśli i sukcesy. Jedni są wstrząśnięci krytyką, podczas gdy drudzy strząsają ją jak ziarna piasku z butów. Jak myślisz: Która z tych grup ma rację, a która jest w błędzie? Którzy ludzie są szczęśliwsi? Odpowiedź staje się jasna, jeśli przez dłuższy czas poobserwujesz jednych i drugich.

PRAKTYKA:

Dziś poćwiczę właściwe postępowanie z odmową i dezaprobatą, zobowiązując się do wykonania następujących kroków:

1. Zapiszę każdy sukces. Zastanowię się nie tylko nad tym, co mi się udało, lecz również dlaczego mi się to udało.
2. Każdą dezaprobatę strzepnę natychmiast jak kurz. Zaakceptuję fakt, że zawsze będzie istnieć grupa osób, która nie będzie popierać tego, co robię. Nie będę brać tego do siebie.
3. Wiem, że nie mogę zmienić innych ludzi. Skoncentruję się więc na rzeczach, nad którymi mam kontrolę: popracuję nad jakością swojego życia i nad swoim nastawieniem.
4. Dziś celowo będę rozmawiać z ludźmi, którzy dyskutują o pozytywnych rzeczach i sukcesach.

Jak tylko ktoś zacznie mówić o negatywnych doświadczeniach, pożegnam się. Sam również będę dziś mówił tylko o tym, co dobre i budujące. Wiem, że koncentrowanie się na tym, co złe i smutne, jest jak nawożenie chwastów.

ZASADA 14

Dawaj z siebie 110%

Pewien reporter zapytał bułgarskiego mistrza świata w podnoszeniu ciężarów: „Kiedy pan trenuje i dziesięć razy podnosi ciężar, które z tych dziesięciu powtórzeń jest najważniejsze?". Mistrz świata odrzekł: „Jedenaste".

Aby dać z siebie 110%, musisz najpierw zrozumieć, że to wszystko, co z siebie dajesz, jest niewystarczające.

Gdybyś teraz na moment odłożył tę książkę i zrobił kilka pompek, ilu byś się doliczył? Najpewniej dałeś z siebie wszystko. Jeśli nie robiłeś pompek przez wiele lat, to prawdopodobnie nie osiągnąłeś powalającego wyniku. Jeśli jednak zacząłbyś teraz codziennie przez 5 minut ćwiczyć pompki, ile byłbyś w stanie zrobić po trzech miesiącach?

Jeśli wcześniej nie byłeś w dobrej formie, to z pewnością poczujesz się znacznie lepiej. Właściwie jesteśmy w stanie zrobić dużo więcej, niż możemy przypuszczać po naszym obecnym stanie. Dotyczy to każdej dziedziny naszego życia. Wszyscy posiadamy w różnych dziedzinach niedostatecznie rozwinięte „mięśnie sukcesu".

DODATKOWE 10% POMNAŻA WYNIK

Wyobraź sobie teraz, że przez trzy miesiące codziennie przez 5 minut ćwiczysz pompki. Za każdym razem dajesz z siebie wszystko (100%). A kiedy absolutnie nie dajesz już rady, robisz jeszcze jedną (110%). Nie zawsze uzyskasz te 110%, czasami będzie to tylko połowa pompki. Ale każdy sportowiec wie, że w tym jednym, dodatkowym powtórzeniu, w tym, które właściwie się nie udaje, drzemie największy sukces.

Gdybyś w ten sposób trenował przez trzy miesiące, ile pompek byłbyś w stanie zrobić?

Zawsze istnieją ludzie, którzy są gotowi dać z siebie 110%. To ci, którzy w swojej dziedzinie będą należeć do wiodącej klasy. I to oni dobiegną do mety jako pierwsi. Te dodatkowe 10% wysiłku stanowi różnicę pomiędzy wielkim sukcesem a przeciętnością, pomiędzy bogactwem a egzystencjalnym minimum. W tych dodatkowych 10% kryje się dużo większa nagroda, niż można by przypuszczać. Dzięki temu nadprogramowemu wysiłkowi osiągniesz wkrótce 100% więcej sukcesu. Często będzie to nawet 1000% więcej sukcesu, ba! — 10 000%, a może i więcej.

Aby rzeczywiście przekonać się, jak daleko możesz zajść, musisz być gotowy dać z siebie 110%. Niech to będzie Twój nowy nawyk, że zawsze idziesz o kilometr dalej. Dawaj z siebie więcej, niż ktokolwiek mógłby oczekiwać.

Miliarder Sir John Templeton, jeden z najlepszych finansistów wszech czasów, bardzo rzadko udzielał wywiadów. Swój czas chciał wykorzystywać inaczej. Propozycje sesji zdjęciowych najczęściej od razu odrzucał. W końcu w drodze wyjątku zgodził się na 30-minutową sesję fotograficzną dla jednego z renomowanych magazynów. Jednak fotograf robił mu zdjęcia przez prawie siedem godzin. Kiedy spytano Sir Johna, dlaczego pozwolił się tak długo fotografować, powiedział: „To prawda, nie chciałem tracić czasu na robienie zdjęć. Ale ten mężczyzna dawał z siebie 110%. Był tak pełny pasji i tak zakochany w swojej pracy, że nie chciałem mu w tym romansie przeszkadzać".

DLACZEGO NIE WSZYSCY DAJĄ Z SIEBIE 110%?

Dlaczego niektórzy ludzie dają z siebie maksymalnie 50–80%, a inni 110? Odpowiedź jest zaskakująco prosta: robimy to, co nam sprawia radość. Rzeczywiście istnieją ludzie, którym pokonywanie własnych granic sprawia radość. Nikt z taką predyspozycją się nie urodził. Mamy skłonność do podążania po linii najmniejszego oporu. Jeśli potrzebujemy dać z siebie tylko 50%, dlaczego mielibyśmy dawać 110%?

Ponieważ tylko wówczas będziemy szanować samych siebie. Ponieważ tylko wówczas doświadczymy tego, do czego rzeczywiście jesteśmy zdolni. Ponieważ tylko wówczas będziemy żyć pełną piersią. Tylko jeśli dajemy z siebie 110%, rzeczywiście się rozwijamy.

Ludzie, którzy to zrozumieli, czerpią radość z tego dodatkowego wysiłku. Kiedy mierzą się z trudną sytuacją, ich motto brzmi: „Jeśli nie mogę, to muszę". Dla takich ludzi fakt, że nie mogą osiągnąć swoich celów, jest nie do zniesienia. Będą gardzić sami sobą, jeśli nie zrealizują swoich planów. Są gotowi wziąć na siebie wszystko, co trudne i ciężkie. Sprawia im to nawet przyjemność.

Arnold Schwarzenegger powiedział: „Ból jest dobry. Postępowanie z bólem odróżnia czempiona od zwykłego zawodnika. Lubię ból, który robi ze mnie czempiona".

WADY STRATEGII 110%

Niektórzy ludzie mówią: „Nie mogę dać z siebie więcej niż 100%. To po prostu niemożliwe". Należy im wtedy zadać pytanie: Skąd wiesz, ile to 100%? Badacze wszystkich epok zgodnie twierdzili, że nasz potencjał jest znacznie większy, niż przypuszczamy. To, co często uważamy za 100%, może stanowić w rzeczywistości tylko 70% lub mniej. Jesteśmy w stanie zrobić więcej, niż możemy sobie wyobrazić.

Jeśli chcemy dać z siebie „tylko" 100%, wówczas sztucznie wyznaczamy naszym możliwościom zbyt niską granicę.

Ludzie, którzy żyją wedle tej strategii, znaleźli w niej świetne uzasadnienie swojej wygody: podobno więcej nie potrafią. Takie osoby nie będą się rozwijać, ponieważ za górną granicę zawsze przyjmują zbyt niski poziom swoich możliwości.

Kto żyje według strategii 100%, uważa 80% za zupełnie dobry wynik. Poza tym błędnie sądzi, że znajduje się w bezpiecznym obszarze. Bezpiecznym, bo poza rejonem, gdzie mógłby sobie zrobić krzywdę — i gdzie mógłby się przemęczyć. Taki człowiek zadowala się minimum, ponieważ z reguły daje z siebie tylko 80%.

Zwycięzcy natomiast nie są zazwyczaj zadowoleni z tego, co aktualnie posiadają. Ludzie typu 110% nie akceptują żadnych granic dla swoich możliwości. Sami stawiają sobie wysokie oczekiwania. Wierzą w swój potencjał. Ich miarą nie jest to, kim są, lecz to, kim chcieliby być. Wiedzą, że 100% nie jest zadowalającym wynikiem, ponieważ poruszaliby się wówczas w obrębie samodzielnie ustanowionych granic, które nie dopuszczają żadnego rozwoju. Jeśli dajesz z siebie 110%, oznacza to, że stajesz się najlepszą możliwą wersją samego siebie.

GDYBYM PODKRĘCIŁ TEMPO, WTEDY MÓGŁBYM...

Jedną z naszych najgłupszych wymówek jest: „Gdybym naprawdę podkręcił tempo, wtedy mógłbym...". Ten, kto tak mówi, wymyśla dla siebie bezpieczną wymówkę. W rzeczywistości taki człowiek po prostu nie jest w stanie dać z siebie

110%. Strategia ta jest bowiem stylem życia, nawykiem, a nie jednorazowym osiągnięciem. To filozofia. To przede wszystkim forma funkcjonowania na co dzień, a nie teoretyczne, jednorazowe działanie. Jeśli spotkasz człowieka typu 110%, od razu go poznasz. Wyczujesz, że jesteś w towarzystwie zwycięzcy. Wszystkie wielkie dzieła i firmy tego świata zostały stworzone przez takich ludzi.

Kto nie żyje na 110%, temu wiele umyka, bowiem nigdy nie doświadczy piękna zwycięstwa. Zawodowy sukces stanowi jedną z pięciu ważnych dziedzin naszego życia i podobnie jak w przypadku pozostałych — zdrowia, związków, finansów i emocji — nie da się jej zastąpić. Wszystkie nagrody i wszystkie wspaniałości, które nasz świat ma do zaoferowania, pochodzą właśnie z tych dodatkowych 10% wysiłku. Nawyk dawania z siebie 110% czyni nasze życie arcydziełem.

PRAKTYKA:

Dziś poprawię swoją umiejętność dawania z siebie 110%, zobowiązując się do wykonania następujących kroków:

1. Przynajmniej w jednej czynności, którą wykonam, dam z siebie o 10% więcej niż zazwyczaj.
2. Nie będę dziś akceptować żadnych granic. 100% stanowi fikcyjne wyobrażenie moich możliwości,

które nie odpowiadają rzeczywistości. Chcę być najlepszą możliwą wersją samego siebie. Jeśli nie mogę, to muszę.

3. Ponieważ obraz, który mam przed oczami, nie odpowiada rzeczywistości, mogę go zastąpić obrazem, który sobie wymarzę i który nie ma żadnych granic. Dziś na kartce opiszę, jakim człowiekiem chciałbym być, a potem wyobrażę sobie, że już taki jestem. I tak też będę się zachowywać.
4. Kto żyje według zasady 110%, ten musi częściej robić przerwy. Dlatego będę dziś pracować w pełnej koncentracji i zaplanuję sobie również czas wolny i przerwy.

ZASADA 15

Ucz się na swoich problemach

Pewna dziewczynka spacerowała ze swoim przyjacielem, starym marynarzem, po nabrzeżu. Miała problemy i niepokoiła się.

— Jeśli spadłbym z tego nabrzeża do wody, to bym utonął? — zapytał ją marynarz.

Dziewczyna popatrzyła na zimne fale rozbijające się o mur nabrzeża i odrzekła:

— Oczywiście, że byś utonął.

— Jeszcze nigdy nie widziałem kogoś, kto utonął, bo wpadł do wody. Utonąłbym tylko wtedy, gdybym został w wodzie — odparł marynarz.

Mała nie była przekonana.

— Ale z pewnością doznałbyś wychłodzenia organizmu i musiałbyś jechać do szpitala.

Marynarz nie dawał jednak za wygraną.

— Tylko jeśli zbyt długo będę w wodzie. Jako marynarz często wpadałem do wody. Na początku bardzo się tego bałem. Ale potem zauważyłem, że zupełnie nic się dzieje, jeśli szybko się z niej wydostanę. Tak samo jest z twoimi problemami. Zamiast się nimi martwić, powinnaś pomyśleć, jak je rozwiązać.

Większości problemów dotyczy jedna zasada: Właściwym problemem nie jest sama kłopotliwa sytuacja, lecz sposób, w jaki ją postrzegamy. Największe niebezpieczeństwo stanowi często sama obawa wynikająca z trudności, jakie nam się przytrafiają. Problem ma mniejszą władzę nad nami, jeśli nie tkwimy w nim emocjonalnie i mentalnie.

Musimy nauczyć się rozróżniać, co dzieje się poza nami i jak na to reagujemy. Nigdy nie będziemy mieli wpływu na wszystkie wydarzenia.

Nie możemy uniknąć frustracji, ale możemy nauczyć się skracać czas, w którym jesteśmy sfrustrowani. Jeśli jakieś niepowodzenie lub osobiste rozczarowanie paraliżują i frustrują nas przykładowo przez trzy tygodnie, musimy ograniczyć ten czas do trzech dni, potem do trzech godzin i wreszcie do trzech minut. Zwycięzcy wykształcili w sobie tę umiejętność. Dotyczy ona większości problemów, za wyjątkiem kilku zrządzeń losu, jak zagrażająca życiu choroba.

Wszyscy ludzie mierzą się z jakimiś trudnościami. Podczas gdy wielu z nich pławi się w swoim nieszczęściu, zwycięzca jest krótko sfrustrowany. Ponieważ frustrację przekuwa w fascynację. Bardzo szybko jest ponownie aktywny i zajmuje się rozwiązywaniem problemu — jest zafascynowany możliwościami i szansami, które w nim odkrywa.

Dopóki pod względem emocjonalnym pozwalamy więzić się kłopotom, pozostajemy niezdolni do jakiegokolwiek ruchu. Nie wolno nam zapomnieć, że decyzja o tym leży w naszej gestii, a nie po stronie problemu. W momencie, w którym bardziej koncentrujemy się na rozwiązaniu, a nie samej trudnej sytuacji, traci ona swoją władzę nad nami. Jak przyjdzie co do czego, powinniśmy maksymalnie w 10% zajmować się problemem, a w 90% jego rozwiązaniem.

PODEJŚCIE ZWYCIĘZCÓW DO PROBLEMÓW

Dlaczego zwycięzcy inaczej postępują z trudnościami? Skąd czerpią siłę? Klucz do sukcesu leży w ich podejściu do problemów. Sposób postrzegania zwycięzcy jest zupełnie inny. Istnieją trzy podstawowe różnice:

1. Zwycięzcy nigdy nie postrzegają problemów jako czegoś ostatecznego. Uważają raczej: „To da się zmienić". W ten sposób mają siłę, żeby poszukiwać rozwiązań. Natomiast ludzie, którzy wierzą w ostateczność problemów, poddają się swojemu „losowi".

2. Zwycięzcy nie dopuszczają, żeby jakiś problem wpływał na wszystkie dziedziny ich życia. Jeśli w jakiejś dziedzinie Twojego życia występują trudności, nie oznacza to, że cała reszta jest do niczego. Ludzie, którzy przypisują problemom przesadną wagę, uważają, że nie mogą się niczym cieszyć, ponieważ całą swoją egzystencję postrzegają jako zrujnowaną. W taki sposób szybko dojdą do wniosku, że są bezwartościowi i nie panują już nad swoim życiem.
3. Zwycięzcy nie traktują problemów zbyt osobiście. Postrzegają je raczej jako wyzwanie i szansę na rozwój. Kto natomiast widzi w problemie dowód na własną niedoskonałość, czuje się bezradny. Jak więc ma szybko odmienić całe swoje życie?

Zwycięzcy postępują z problemami następująco:

- Sposób, w jaki postrzegamy problem, JEST sam w sobie problemem. Często traktujemy trudności zbyt poważnie lub zapominamy, że stanowią szansę na rozwój. W momencie, w którym zaczniemy myśleć nad rozwiązaniem, problem staje się wyzwaniem. Kłopoty i komplikacje są dla nas ważnymi doświadczeniami i czynią nas silniejszymi.
- Nie ma wyzwania, które nie niosłoby ze sobą czegoś dobrego. Nie powinniśmy uciekać od kłopotów, ponieważ potrzebujemy dobra, które z nich wynika.

- Problemy stanowią szansę, abyśmy poszerzali obszar naszych wpływów. Kiedy pojawiają się trudności, musimy opuścić naszą strefę komfortu. Powstają z tego najwspanialsze rzeczy, jakie udało nam się kiedykolwiek osiągnąć. Jeśli sensem naszego życia jest nauka i rozwój, to problemy stanowią często okazję do rozwoju.
- Jeśli chcesz być bogaty, musisz ciągle prosić życie o dłuższą listę problemów. Możemy spożytkować naszą energię na to, aby schodzić problemom z drogi — wtedy szybko stwierdzimy, że to niemożliwe, i będziemy sfrustrowani — lub możemy ją wykorzystać, aby nauczyć się żyć z problemami, odnosząc jednocześnie sukcesy.
- Nie życz sobie prostszych sytuacji, życz sobie lepszych umiejętności. Nie licz, że Twoje problemy miną, tylko naucz się odpowiednio z nimi postępować.
- Każdy idiota może poradzić sobie z sukcesem, ale tylko niektórzy są w stanie postępować z porażkami i problemami. Profesjonalistą jest ten, kto potrafi osiągać najlepsze rezultaty, nie szukając ich. Każdy sukces przynosi nagrodę, a każda porażka czyni silniejszym. Tak jak rośliny potrzebują słońca i deszczu, tak my potrzebujemy sukcesów i problemów, żeby się rozwijać.
- Problemy wydobywają z nas to, co najlepsze i nie pozwalają nam marnować naszego potencjału. Musimy być aktywni, kreatywni i twórczo działać.
- Nie istnieje żaden problem i żaden ból, za którym nie kryłaby się kopalnia złota. Wielu ludzi widzi jednak tylko

problem i tym samym nigdy nie dostrzega tego drugiego, pozytywnego dna.

- Często brakuje nam tylko umiejętności dostrzeżenia całego obrazu. Być może traktujemy coś jak katastrofę tylko dlatego, że widzimy jedynie mały fragment układanki. Później często spostrzegamy, że ta rzekoma katastrofa była najlepszym, co się nam mogło przytrafić.

MASZ WŁADZĘ NAD SWOIM ŻYCIEM

Za każdym razem, kiedy w Twoim życiu pojawi się problem, zacznij natychmiast go rozwiązywać. Nie trać czasu na złoszczenie się i ubolewanie nad samym sobą. To w niczym nie pomoże i tylko marnujesz energię. Nie postrzegaj siebie jako bezradnej ofiary. Nie szukaj też współczucia u innych, dramatycznie przedstawiając swój los. Przecież chcesz szacunku, a nie współczucia.

Pamiętaj: kogo obwiniasz, temu dajesz władzę. Nikt poza Tobą nie ma kontroli nad Twoim życiem. Być może nie jesteś odpowiedzialny za każdy problem, najczęściej jednak ponosisz choćby częściową winę. Ale jedynie w Twojej mocy pozostaje, jak postąpisz z danym dylematem.

Istnieją trzy różne rodzaje problemów:

1. Problemy, nad którymi mamy bezpośrednią kontrolę. Te rozwiązujemy, zmieniając nasze przyzwyczajenia

i nawyki. To, czy na przykład radzimy sobie finansowo, jest kwestią naszego nawyku oszczędzania lub wydawania wszystkiego, co zarobimy. A to całkowicie zależy od nas.

2. Problemy, nad którymi mamy tylko pośrednią kontrolę. Te rozwiązujemy, poszerzając zakres naszych wpływów.
3. Problemy, nad którymi nie mamy żadnej kontroli. Ale nawet w takiej sytuacji decydujemy o tym, jak się czujemy i jak reagujemy. Najlepiej uśmiechajmy się i cieszmy się mimo wszystko.

SZEŚĆ PRAKTYCZNYCH KROKÓW UMOŻLIWIAJĄCYCH ROZWIĄZANIE PROBLEMU

Jak tylko pojawi się jakaś trudność, od razu pomyśl, co możesz z nią zrobić. Przeszłości nie możesz zmienić. Ważnym jest, żeby możliwie jak najszybciej przestawić swoje myślenie na właściwe tory. Jak najszybciej postaw sobie poniższe pytania, które prowadzą do rozwiązania problemu:

1. Co jest w tym problemie dobrego?
   Jeśli nic nie przychodzi Ci do głowy, zastanów się, co w tym problemie mogłoby być dobrego… W ten sposób od razu koncentrujesz się na nauce wynikającej z niniejszej sytuacji. Każdy z nas może się czegoś nauczyć, lecz nie każdy z nas szuka takiej możliwości.

2. Co w moim życiu nie jest jeszcze na tyle idealne, że taki problem mógł powstać?
   Dzięki temu pytaniu unikniesz postrzegania siebie jako bezradnej ofiary. Być może ktoś Ci dokuczał w podły sposób. Stwierdzenie to nie posunie Cię jednak naprzód. Bardziej pomocne jest zrozumienie, że masz w garści wszystkie atuty, aby uniknąć tego problemu w przyszłości.
3. Co jestem gotowy zrobić, żeby w przyszłości nie znaleźć się w podobnej sytuacji?
   Najlepiej byłoby, gdybyś nie tylko rozwiązał problem, ale dodatkowo stworzył sytuację, w której taki problem w przyszłości nie będzie mógł zaistnieć. Niektórym kłopotom można zaradzić, zmieniając po prostu swoje zachowanie.
4. Jakie istnieją możliwe rozwiązania? Zasięgnij rady kompetentnej osoby.
   Pamiętaj jednak o tym, aby przy przedstawianiu swojego problemu ograniczyć się tylko do tego, co najistotniejsze. Chcesz porady, a nie współczucia. Mówienie o kłopotach, żeby zdobyć czyjeś „zrozumienie", jest jak dolewanie oliwy do ognia.
5. Które rozwiązanie jest najlepsze?
   Nie oglądaj się tak bardzo na przeszłość. Jej nie możesz już zmienić. Irytowanie i złoszczenie się niewiele pomaga. Patrz w przyszłość, koncentrując się na rozwiązaniach.

6. Jak mogę czerpać radość z rozwiązywania problemów? Cierpienie z powodu własnych problemów nie czyni człowieka bardziej wartościowym. Kto chce cieszyć się życiem dopiero, kiedy rozwiąże swoje wszystkie problemy, rzadko będzie chodził uśmiechnięty. Życie przeważnie stanowi cały szereg problemów. I dobrze. Być może będziesz postrzegany jako człowiek mało wrażliwy, jeśli mimo ogromnych problemów będziesz się śmiać i cieszyć. W gruncie rzeczy za takim postępowaniem kryje się zazdrość, ponieważ w przeciwieństwie do innych po mistrzowsku potrafisz postępować z wszelkimi trudnościami.

NIEKTÓRE PROBLEMY STALE SIĘ POWTARZAJĄ

Dlaczego zawsze ja? Dlaczego zawsze mi się to przytrafia? Czasami wydaje się, że życie chce mam udzielić określonych lekcji i będzie to robić, aż zrozumiemy płynący z nich morał. Możemy się przeprowadzić, zmienić pracę lub partnera. Lekcje pozostaną jednak te same. Zamiast próbować ich unikać, powinniśmy je zgłębiać. Nie możemy stale uciekać przed naszymi życiowymi obowiązkami. W końcu ten, kto się przeprowadza, zabiera siebie samego ze sobą.

Najpierw pojawiają się niewielkie sygnały. Jeśli je zignorujemy, pojawią się większe. Życie nas nie karze. Ono nas wychowuje. Wszystko ma sens, choć nie zawsze łatwo to dostrzec. Ale kiedy wyjdziemy poza określony, uwarunkowany chwilą sposób postrzegania, ujrzymy, czego nam brakuje — na przykład współczucia, ukierunkowania na naprawdę ważne rzeczy, odpowiedzialności za nasze dzieci i innych ludzi, wewnętrznego spokoju... Dopiero kiedy pojmiemy sens, nie będziemy już potrzebować pewnych doświadczeń.

Nie wszystkimi problemami obdarza nas życie, wiele z nich przysparzamy sobie sami. Chociaż nie mamy więcej pieniędzy, to jednak kupujemy sobie lepszy samochód i większy dom. To powoduje nowe komplikacje. Przyciągamy również te doświadczenia, których się obawiamy. Nasze myśli kreują okoliczności.

Oczywiście życie nie zawsze musi być bolesne — ale od czasu do czasu takim jest. Ból stanowi jednak dla większości z nas powód, aby coś w życiu zmienić. Dopóki nie poczujemy cierpienia, nie mamy dostatecznej motywacji, żeby zawalczyć o więcej. Kiedy jednak coś nas rzeczywiście zaboli, wtedy stajemy się wrażliwi i otwarci na konieczne zmiany.

Wszyscy zgadzamy się z tym, że wyzwania czynią nas silniejszym. Gdybyśmy jednak mieli możliwość ich wyboru, wybralibyśmy te łatwiejsze, które nie wymagałyby od nas przesadnego wysiłku. Najczęściej nie chcemy przeżywać tego, co musimy przeżyć, aby stać się tym, kim chcemy. Wyzwania i problemy są już z definicji niełatwe. I dobrze. Ponieważ rozwijamy się i uczymy dzięki sytuacjom, które naprawdę czegoś od nas wymagają.

Nasze życie prawdopodobnie nigdy nie będzie prostsze. Ale możemy nauczyć się lepiej sobie z nim radzić. Opisany sposób postępowania z problemami nie stanowi recepty na łatwe życie, lecz interesujące.

Większość ludzi sądzi, że mogą być szczęśliwi tylko wówczas, kiedy nie będą mieli żadnych kłopotów. Zwycięzcy wiedzą jednak, że nie da się ich uniknąć. Im większe sukcesy człowiek odnosi, tym więcej ma problemów. Dlatego zwycięzcy potrafią docenić życiowe wyzwania i trudności. Mimo problemów — a często nawet z ich powodu — są po prostu szczęśliwi. Żyją wedle zasady: „Kiedy rozwiązaliśmy jakiś problem, natychmiast szukamy nowego, większego".

PRAKTYKA:

Dziś poprawię swoją umiejętność radzenia sobie z problemami, zobowiązując się do wykonania następujących kroków:

1. Jak tylko pojawi się jakiś dylemat, od razu skoncentruję się na jego rozwiązaniu. Natychmiast przeczytam sześć kroków do rozwiązania problemu.
2. Uświadomię sobie, że prawdopodobnie nie jestem pierwszym człowiekiem, który ma taki problem. Poszukam osób, które w podobnej sytuacji słusznie postąpiły, i uczynię z nich wzór do naśladowania.

3. Postaram się zapamiętać, że prawdziwy problem stanowi mój sposób postrzegania. To tak jak z monetami — każda z nich ma dwie strony. Dlatego zastanowię się dziś, jakie są pozytywne aspekty mojego problemu?
4. Wiem, że uczę się na przebytych trudnościach. Dlatego nie będę ich unikać. Za każdym razem, kiedy poradzę sobie z jakimś problemem, poszukam kolejnego wyzwania. Rozwiązywanie problemów stanie się dla mnie pewnego rodzaju sportem.

ZASADA 16

Bądź szefem i pracownikiem w jednej osobie

Ralf był typowym pracownikiem sezonowym. Kiedy wszystko szło dobrze, to nagle stawał się naprawdę bardzo pracowity. Jednak zimą, kiedy wyniki były mizerne, czekał tylko na bardziej sprzyjające okoliczności.

Jego mentor wiedział, że w ten sposób Ralf nigdy nie osiągnie sukcesu. Bolało go patrzeć, jak jego podopieczny marnuje swój talent. Gdy spotkali się na kawie, postanowił dać mu nauczkę.

Wziął dzbanek ze świeżo zaparzonym napojem i zaczął wylewać jego zawartość na podłogę. Ralf krzyknął przerażony. Myślał, że jego mentor tak bardzo pogrążył się w myślach, że zapomniał podstawić filiżankę pod dzbanek.

Mentor niewzruszenie wylewał dalej. Kawa pryskała na wszystkie strony. Ralf z konsternacją przyglądał się powstałej na podłodze kałuży.

W końcu mentor wyjaśnił: „Kawa symbolizuje twój talent, brak filiżanki — brak twojej dyscypliny. Dopóki nie połączysz swojego talentu z dyscypliną, będziesz marnował swoje zdolności i swoje życie. Człowiek bez dyscypliny jest jak człowiek, który nie żyje naprawdę".

Niniejszy rozdział traktuje o jednym z najważniejszych wyzwań, jakim każdy człowiek musi sprostać w swoim życiu zawodowym. Prawdopodobnie jest to kluczowy warunek sukcesu. Poniżej będzie mowa o ludziach pracujących na własny rachunek, choć oczywiście to dotyczy w równej mierze ludzi na etacie. Pamiętaj, proszę, że w końcu każdy pracuje dla siebie.

DLACZEGO WIELU PRACUJĄCYCH NA WŁASNY RACHUNEK PONOSI KLĘSKĘ

Wielu zdecydowało się pracować na własny rachunek, aby spełnić swoje marzenie. Chcą być panem samych siebie. Niestety, wciąż spora część osób ponosi na tym polu klęskę. Widzimy to również w przypadku byłych pracowników, którzy jako osoby zatrudnione w firmie odnosiły spore sukcesy.

Dlaczego niektórzy ludzie, którzy przez lata dobrze i ciężko pracowali, nie potrafią odnieść sukcesu, od kiedy odważyli się pracować na własny rachunek? Dlaczego przez wiele lat potrafią wzbogacać innych, ale nie siebie?

Jest tak, ponieważ w charakterze tych ludzi brakuje czegoś, co nie było widoczne, dopóki pracowali na etacie. Z biegiem czasu wykształcili nawyki, które okazały się zgubne dopiero w chwili, kiedy postanowili pracować na własny rachunek. Tak bardzo przyzwyczaili się do bycia kontrolowanymi i osiągania celów pod presją, że nie mają pojęcia, jak powinni sobą kierować. To samo dotyczy również zatrudnionych, którzy awansowali i posiadają teraz więcej swobody.

Prawdą jest, że większość ludzi nigdy nie odważy się na całkowitą samodzielność, ponieważ potrzebują kontroli i presji, aby zarabiać na swoje utrzymanie. Łatwiej jest im pracować, kiedy ktoś patrzy im przez ramię i ich pogania.

W końcu i sukces, i porażka są zawsze bezpośrednim rezultatem naszych nawyków. Jeśli chcemy, żeby sprawy przybrały inny obrót, stare, złe przyzwyczajenia musimy zastąpić takimi nawykami, które doprowadzą nas do sukcesu. Najgorszym pracodawcą, jakiego można mieć, jest zły nawyk.

DECYDUJĄCA RÓŻNICA WYDAJE SIĘ ZUPEŁNIE BEZ ZNACZENIA

Problem stanowi to, że nie doceniamy znaczenia „drobnych różnic". Wydaje się, że nie będzie miało szczególnego znaczenia, jeśli rozminiesz się ze swoimi codziennymi, tygodniowymi, a nawet miesięcznymi celami. Wydaje się nie robić żadnej różnicy, że pracujesz 9 godzin zamiast 10. Czy coś by się stało, gdybyś zamiast zaplanowanych 3700 euro zarobił tylko 3200 euro? Przecież to też dobry wynik.

A jeśli w środku dnia zrobisz sobie godzinę wolnego? Cztery spotkania zamiast zaplanowanych pięciu też są w porządku. Albo jeśli swój dzień zaczniesz o godzinie 9:30, mimo że rozkład dnia początek przewiduje punktualnie o 9:00? Nie rozumiesz, dlaczego miałoby to bezpośrednio wpływać na Twój dochód.

Niestety będzie to miało wpływ, i to duży. Patrząc w perspektywie kolejnych lat — nawet bardzo duży. Decydującym jest, czy przy wykonywaniu następnej pracy damy z siebie 110%. Następne zadanie jest bowiem zawsze najważniejsze. Dzięki niemu albo się rozwiniemy, albo poniesiemy klęskę. Zbudujemy na nim wiarę w swoje własne siły lub ją stracimy.

W rzeczywistości Twoje zachowanie zadecyduje o tym, czy popadniesz w przeciętność, czy raczej spędzisz swoje życie w bogactwie i sławie. Tutaj tkwi różnica pomiędzy przeciętnym człowiekiem a zwycięzcą.

Początkowo odchylenie linii życia wynosi tylko parę stopni. Ale po kilku latach oddalą się one od siebie całkowicie. Podczas gdy jeden będzie odnosił coraz większe sukcesy, drugi zrezygnuje — i będzie w kółko tylko powtarzać, że sukces nie jest dla niego możliwy. Nie daj się wprowadzić w błąd: dyscyplina jest ważniejsza, niż mogłoby się wydawać.

A CO Z WŁASNĄ WOLNOŚCIĄ?

Niejeden odrzuca dyscyplinę, argumentując, że stałaby na przeszkodzie jego osobistej wolności. W ten sposób wolność jest wykorzystywana jako wymówka.

Lecz czym właściwie jest wolność? Temu słowu można nadać wiele znaczeń. Poniższa definicja może pomóc w dojściu do pewnej dyscypliny: „Wolność nie oznacza możliwości robienia lub zaniechania czegoś, co chcę robić lub zaniechać. Wolność to dyscyplina w realizowaniu rzeczy, które postanowiłem".

Jak możemy nazywać się wolnymi ludźmi, jeśli nawet nie jesteśmy w stanie zrealizować tego, co sami postanowiliśmy? Jesteśmy raczej niewolnikami naszych złych nawyków i słabości.

Taki człowiek nie może z czystym sumieniem nawet sporządzić planu. Wie, że prawdopodobnie i tak go nie zrealizuje. Poobserwuj ludzi, którzy nie potrafią wcielić swoich zamiarów w życie. Czują się żałośnie. Gardzą sobą i domyślają się, że gardzą nimi również inni. Jeśli takie osoby twierdzą, że są wolne, to po prostu same siebie oszukują.

DROGA DO BOGACTWA

Większość ludzi posiada błędne wyobrażenie o tym, co jest potrzebne, aby stać się bogatym. Przykładowo uważają, że trzeba być w tym kierunku szczególne uzdolnionym. Przy tym nie zauważają, że brak zdolności stał się dla nich idealnym usprawiedliwieniem — ponieważ nie są uzdolnieni, nie muszą się starać.

Inni z kolei chcą dać z siebie 110% dopiero wtedy, „kiedy to się naprawdę opłaca". Ale nie możemy się oszczędzać do momentu, kiedy w naszym życiu pojawią się wielkie zadania. Najpierw musimy uzyskać kwalifikacje do niniejszych zadań, dając z siebie wszystko. Jeśli odnoszący sukcesy ludzie rzeczywiście odznaczają się jakąś wspólną cechą, to jest nią umiejętność podołania kolejnemu zadaniu w sposób najlepszy z możliwych. Poza tym rzeczy, które przynoszą sukces, wcale nie są takie trudne. Prawdziwą trudność stanowią raczej codzienne rutynowe prace. Jeśli chcesz być bogaty, nie musisz wykonywać nadzwyczaj trudnych zadań, lecz zwyczajne zadania wykonywać nadzwyczaj dobrze.

Szczęście tkwi w dyscyplinie w wykonywaniu tych rzeczy, które powinniśmy. Wówczas możemy zrealizować więcej zadań, które naprawdę chcemy zrealizować. Znajdź sposób, aby zaufać samemu sobie — uwierz w to, że naprawdę jesteś w stanie wcielić swoje zamiary w życie. Ktoś, kto doznaje porażki z własnej winy, nigdy nie będzie miał wiary we własne możliwości.

JAK MOŻESZ OSIĄGNĄĆ POTRZEBNĄ DYSCYPLINĘ?

Dyscyplina nie jest tak bardzo kwestią żelaznej woli. Dużo bardziej decydujące znaczenie mają nasze cele. Kto nie ma celów, nie musi być zdyscyplinowany. Po co? Im bardziej konkretne są nasze cele, tym większy będzie miało sens, że trzymamy się naszego planu. Im dokładniejsze mamy wyobrażenie naszego celu, tym mniej dyscypliny potrzebujemy. Zastąpi ją bowiem pasja.

Co prawda koniecznym będzie wydawanie sobie samemu poleceń i kontrolowanie, czy te zostały wykonane. Pytanie tylko, jak można to osiągnąć? To proste: będąc szefem i pracownikiem w jednej osobie. Nawet jeśli pracujesz na własny rachunek, musisz każdą pracę wykonywać tak, jakbyś znajdował się w stosunku zatrudnienia i był kontrolowany przez szefa.

Jako osoba pracująca na własny rachunek musisz mentalnie przyjąć dwie role: szefa i pracownika. Jako szef musisz opracować strategię, a jako pracownik realizować ją w sposób zdyscyplinowany. W momencie, w którym wydajesz polecenie, musisz już wiedzieć, że to Ty będziesz je wykonywać.

Konieczne będzie również wykształcenie surowości w stosunku do samego siebie. Nie możesz puszczać płazem niczego, co mogłoby Ci przeszkodzić w realizacji Twojego planu. Szef w Tobie musi wykorzenić wszelkie złe nawyki, które pracownik w Tobie przejął z biegiem lat.

BĄDŹ UCZCIWY W STOSUNKU DO SAMEGO SIEBIE

Jeśli jesteś szefem i pracownikiem w jednej osobie, musisz skończyć z wyjątkowo destrukcyjnym nawykiem okłamywania samego siebie. Kto siedzi w domu, bujając w obłokach, snuje plany i opowiada historie, nie trzymając się swojego planu i nie będąc produktywny, ten sam siebie oszukuje.

Łatwo jest pomylić żwawość z postępem. Łatwo możemy sobie coś wmówić, będąc zajętymi przez cały dzień. Pytanie tylko, czym faktycznie jesteśmy zajęci?

Aby w ogóle nie dopuścić do niebezpieczeństwa, że będziesz okłamywać sam siebie, powinieneś jako szef każdego wieczoru zadawać sobie pytanie: Jaki jest dzisiaj mój produktywny wynik? Jakie czynności przynoszące dochód dziś wykonałem i jakie cele konkretnie osiągnąłem?

Przy odpowiadaniu na to pytanie nie jest ważne, co zrobiłeś wczoraj, przed sześcioma miesiącami czy przed pięcioma latami. Nie ma również znaczenia, co chcesz zrobić jutro czy za trzy tygodnie, kiedy „sytuacja ulegnie zmianie". Nieważne jest, dlaczego nie urzeczywistniłeś dziś swojego planu. Ważne jest tylko jedno: Czy trzymałeś się swojego planu? Co zrobiłeś? Tylko działania zorientowane na osiągnięcie celu mają wpływ na Twój dochód.

ZASADA ZAPISYWANIA

Musisz być uczciwy wobec siebie w odniesieniu do tego, co robisz, a czego nie. Najczęściej łamane obietnice to te, które złożyliśmy sami sobie. Jeśli Twoje planowanie i kontrola odbywają się tylko w Twojej głowie, nietrudno o wrażenie, że zrobiłeś więcej niż w rzeczywistości. Kiedy wewnętrznie spytasz siebie: „Co dziś zrobiłem?”, to Twoje sumienie nie da ci prawdziwej odpowiedzi. Zaoferuje Ci mieszankę kłamstwa i usprawiedliwienia. Taka już nasza natura.

Istnieje tylko jedna, jedyna droga, aby uniknąć samorozczarowania. Musisz prowadzić dziennik swoich działań przynoszących dochód oraz swoich wyników. W głowie możesz przeinaczyć fakty i naginać je tak, jak tego potrzebujesz. Papier natomiast jest bezlitosny: albo coś zrobiłeś, albo czegoś nie zrobiłeś. Sporządź sobie tabelkę sukcesów, do której będziesz wpisywał tylko liczby. Nie ma w niej miejsca na usprawiedliwienia. Z cyframi się nie dyskutuje. Albo zrealizowałeś swój plan, albo nie.

Zwycięzcy nie mogą pracować bez samokontroli. Jak mogą wyznaczać cele na jutro, jeśli dziś nie wiedzą, co zrobili?

Jak mogą kierować innymi ludźmi, jeśli nie potrafią kierować sobą? Jak chcą zwiększyć swoje dochody, jeśli nie znają zależności nakładu czasu, aktywności i wyników?

Nikt nie jest w stanie prowadzić interesu „z głowy”. Za dużo liczb, dat faktów, informacji i szczegółów. Nie możesz niczego pozostawiać szczęściu i z pewnością nie możesz pozwolić sobie na poleganie na własnej pamięci. Zapisywanie wszystkiego stanowi w wielu dziedzinach życia nieocenioną pomoc.

Zwycięzcy są zawsze szefem i pracownikiem w jednej osobie. W celu uniknięcia okłamywania samych siebie zapisują wszystkie rzeczy, które chcą u siebie kontrolować.

Kto zawsze jest tylko wychwalany, być może czuje się wspaniale, ale nie ma szansy na dalszy rozwój. Konstruktywna krytyka nie zawsze jest przyjemna, ale jest za to bardzo pomocna. Zwycięzcy chcą uzyskać jak najszczerszą i najuczciwszą informację zwrotną. Są uczciwi i szczerzy również w stosunku do samych siebie — nawet jeśli to boli.

Przecież wiesz, że ten, kto nie jest posłuszny samemu sobie, musi być posłuszny innym.

PRAKTYKA:

Dziś poprawię swoją umiejętność bycia szefem i pracownikiem w jednej osobie, zobowiązując się do wykonania następujących kroków:

1. Wiem, że mój sukces jako osoby pracującej na własny rachunek zależy od tego, czy będę zdyscyplinowany. Zobowiązuję się do wypracowania takiej dyscypliny. Każdy szczegół jest ważny. Dziś będę przestrzegał wszystkich moich planów co do joty.
2. Postanawiam, że będę szefem i pracownikiem w jednej osobie. Będę surowy względem samego siebie. Będę kontrolował siebie tak, jak szef sprawdzałby swoich pracowników. Nie rozumiem, dlaczego miałbym pracować ciężej dla

kogoś niż dla samego siebie. Wiem, że jeśli nie będę potrafił kontrolować samego siebie, to zrobią to inni. Albo nauczę się słuchać samego siebie, albo będę musiał słuchać innych.

3. Na koniec każdego dnia pracy w samokrytyczny sposób zweryfikuję swoje wyniki. Ponieważ również ja — jak każdy człowiek — mam tendencję do okłamywania samego siebie, zanotuję wszystkie swoje wyniki i działania przynoszące dochód.
4. Zważywszy, że żaden człowiek nie jest w stanie być zdyscyplinowany przez całe życie, co dwa tygodnie zaplanuję „dzień bumelowania". Będę wtedy robić, co chcę, będę jeść, co chcę, będę spać, ile chcę... Zrobię sobie wakacje od wszelkiej dyscypliny i nie będzie w tym nic złego, ponieważ to zaplanowałem. Podczas innych dni będę jednak całkowicie zdyscyplinowany. Jeśli pojawi się niebezpieczeństwo, że opadnę z sił, przypomnę sobie, że kolejny dzień bumelowania jest tuż, tuż. To da mi siłę, aby utrzymać dyscyplinę.

ZASADA 17

Stawiaj sobie wielkie cele

Pewien amerykański miliarder opracował dla swojego ucznia wielkie cele i imponujące plany. Ten popatrzył z niedowierzaniem na liczby, które jego mentor przelał na papier. Miliarder kontynuował niewzruszony. A ponieważ dopiero się rozkręcał, to jego wizje stawały się coraz bardziej spektakularne.

Uczeń uważał postawione cele za warte starań, ale nie mógł się z nimi identyfikować. Po prostu był zdania, że są one nierealne i nie wierzył, że można je osiągnąć.

Kiedy poinformował miliardera o swoich wątpliwościach, ten wyjaśnił: „Osiągnąłem swoje bogactwo, ponieważ wyznaczałem sobie wielkie cele. Wprawdzie były one dla mnie nierealne, ale przywykłem do nich".

Miliarder polecił swojemu uczniowi, aby poszedł z nim do ogrodu warzywnego. W rogu rosły ogromne dynie, które były do siebie bardzo podobne. Tylko jedna z nich miała osobliwy kształt i była dużo mniejsza niż pozostałe, ponieważ wrosła w butelkę.

Wtedy miliarder powiedział: „Myślę, że większość ludzi ponosi porażkę dlatego, że chcą zostać mistrzami przeciętności. Nasze cele określają nasz rozwój. Wrastamy w nie tak jak dynia w tę butelkę. Niestety większość ludzi wybiera zbyt małe cele, które w rzeczywistości ograniczają ich rozwój i ich krępują. Jeśli chcemy od życia dolara, to ukarze ono nas dokładnie jednym dolarem. Życie jest zbyt krótkie, aby nic nie znaczyć".

WSZYSCY JESTEŚMY MISTRZAMI W WYZNACZANIU CELÓW

Istnieje wiele książek traktujących o wyznaczaniu sobie celów. Właściwie to ich wcale nie potrzebujemy. Przecież wszyscy wiemy, jak należy stawiać sobie cele. Skąd bowiem miałbyś te wszystkie rzeczy, które dziś posiadasz? Twoje mieszkanie lub Twój dom z całym wyposażeniem i samochód, którym jeździsz, to wszystko są przykłady zrealizowanych ambicji. Najpierw wiedziałeś, co chcesz, a potem znalazłeś sposób, żeby to dostać. To takie proste.

Jeśli potrzeba jest dostatecznie duża, zawsze znajdziemy sposób, żeby dostać to, co chcemy mieć. Główną przyczyną, dlaczego większość ludzi nie ma nic więcej, jest to, że dążą tylko do tych rzeczy, które znajdują się w zasięgu ich możliwości, zamiast sięgać po swoje marzenia i wyższe cele. Jonathan Swift powiedział kiedyś z ironią: „Błogosławieni ci, którzy nie oczekują, bowiem nie będą rozczarowani".

Nasze oczekiwania i wynikające z nich cele określają, co w życiu osiągniemy. Jeśli czegoś sobie życzymy i dostatecznie mocno nad tym pracujemy, wówczas pożądaną przez nas rzecz dostaniemy. Musimy tylko uważać, aby cel nie był zbyt mały.

Nie możemy rezygnować z jakiegoś celu tylko dlatego, że wydaje się być nieosiągalny. Kiedy będziemy już starzy, będziemy żałować tylko jednego — rzeczy, których nie zrobiliśmy. To musi być straszne uczucie, kiedy pewnego dnia człowiek patrzy z żalem w przeszłość i zadaje sobie pytanie: Jak potoczyłoby się moje życie, gdybym wyznaczył sobie większe cele?

MAŁE ŻYCZENIA NIE SĄ PRAWDZIWYMI CELAMI

Jeśli chcesz osiągnąć określony wysoki dochód, to sprawa ta musi stać się dla Ciebie absolutnym priorytetem. Musisz identyfikować się ze swoim celem w taki sposób, że będziesz czuł fizyczny ból, jeśli go nie osiągniesz. Prawdopodobnie nie znasz nikogo, kto powiedział sobie, że „byłoby miło", gdyby osiągnął wyższy cel — i potem rzeczywiście go osiągnął.

Ludzie, którzy uczynili coś wielkiego na tym świecie, nie kierują się tym, co realne. Oni postanowili zmienić rzeczywistość. W końcu dali się tak dalece pochłonąć myśli o osiągnięciu swojego celu, że nie mogli i nie chcieli pogodzić się z obecnym stanem.

ZALETY CELÓW

Układałeś kiedyś puzzle składające się z 1000 elementów? Z pewnością pamiętasz, jak ważnym było, aby mieć wzór. Wtedy wiedziałeś, czego powinieneś szukać. Miałeś wyobrażenie, jak prawidłowo poukładać wszystkie elementy.

Puzzle naszego życia są znacznie większe. Istnieje tak wiele książek, magazynów, doradców, seminariów, okoliczności, stron internetowych... Musimy wybierać z wielkiej ilości źródeł. Dlatego potrzebujemy dokładnych celów, które są naszym „wzorem".

Z początku nie jest nawet aż tak ważne, czy osiągniemy nasze wielkie cele. Wydaje się to przeczyć temu, co zostało już wcześniej powiedziane, jednak w niniejszym rozdziale stanie się jasne, że w gruncie rzeczy chodzi o paradoks.

Dopiero kiedy dotrzemy do celu, odkrywamy, że chodzi tylko o pewien przystanek na naszej drodze. Nie żyjemy po to, aby osiągać cele. To cele są po to, żeby nadać naszemu życiu sens i kierunek. Tym samym odznaczają się one trzema zaletami:

1. Stanowią dla nas swoisty stały punkt zaczepienia, za pomocą którego możemy obrać kurs dla naszego życia.

W przeciwnym wypadku nie mielibyśmy pojęcia, w którą stronę podążać.
2. W drodze oferują nam niezbędne punkty odniesienia. Okazje dostrzegamy tylko wtedy, jeśli mają dla nas znaczenie.
3. Dają nam powód i motywację do tego, aby ruszyć z miejsca.

SENS WIELKICH CELÓW

Wielkie cele posiadają kolejne zalety. Jeśli pragniesz w swoim życiu dokonać czegoś wspaniałego, musisz postawić sobie większe wyzwania i wyznaczyć większe cele. Spektakularny rozwój rozpoczyna się od spektakularnych celów. Przy tym nie chodzi wcale o wymarzony dom lub drogi samochód, o luksus i wygodę czy o pieniądze. Chodzi o Twoją osobowość, która w trakcie tego procesu się rozwinie. To, czy w końcu osiągniemy nasze wielkie cele, czy nie, nie jest takie ważne. Liczy się tylko to, że się staramy. W ten sposób uczymy się, rozwijamy i kształtujemy nowe umiejętności. Prawdziwą wartość wielkiego celu stanowi nasz rozwój w drodze do niego. Im większe masz ambicje, tym bardziej się rozwiniesz, żeby je zrealizować.

Niektórzy ludzie wyznaczają sobie nawet cele, których nie mogą osiągnąć za życia. Wiedzą, że połowiczne starania na niewiele się tutaj zdadzą. Muszą dać z siebie 110%. W ten sposób uzyskują gwarancję, że będą się stale starać i rozwijać. Dopiero wtedy, kiedy wymagamy od życia tego, co najlepsze, dajemy z siebie wszystko i stajemy się najlepszą możliwą wersją samych siebie. Kto dąży do wielkich celów, nie musi na drodze do nich aż tak bardzo mierzyć się z drobnostkami.

Nawet jeśli miniesz się ze swoimi ambitnymi planami, to i tak dużo osiągniesz. Kto sięga gwiazd, prawdopodobnie nie zbierze ich wszystkich, ale z pewnością przemknie nad koronami drzew. Droga do wyznaczonych celów otwiera przed Tobą wiele nowych, godnych poznania i pięknych rzeczy, które już po drodze będą Ci wynagrodzone. Pod tym względem owa droga sama w sobie stanowi już cel.

Jest to też powód, dlaczego nie musimy zrealizować wszystkich naszych planów. Definiują one jednakże, jaką drogą będziemy podążać. Im większy cel, tym lepszą nasza droga do niego. Im większe nasze cele, tym my jesteśmy więksi.

RÓŻNICA POMIĘDZY KRÓTKO- I DŁUGOTERMINOWYMI CELAMI

Ten, kto zajmuje się wyznaczaniem celów, co i rusz napotyka na pozorne sprzeczności. Raz musimy uczynić z naszych celów absolutną KONIECZNOŚĆ, innym razem nie jest z kolei aż tak ważne, czy je osiągniemy. Raz mamy sobie wyznaczać możliwie jak największe cele, a innym razem planować tylko to, co osiągalne.

Chodzi o paradoksy. Krótko- i długoterminowe cele są z natury różne, ale wzajemnie się uzupełniają. Istnieją dwa zasadnicze czynniki: po pierwsze, wyznaczanie celów, po drugie, znaczenie ich rzeczywistej realizacji.

WYZNACZANIE CELÓW

O ile naszą życiową poprzeczkę zawsze możemy postawić sobie jeszcze wyżej, to w przypadku planów krótkoterminowych nie powinniśmy przeceniać naszych sił. Aby móc przeprowadzić wielkie zmiany, najpierw sami musimy się zmienić. A to wymaga czasu. Czasami dużo więcej, niż człowiek jest w stanie zaakceptować.

Większość ludzi przecenia to, co mogą osiągnąć w ciągu roku, a nie docenia tego, co mogą osiągnąć w ciągu dziesięciu lat. Mamy skłonności do tego, że tracimy motywację, jeśli nie osiągniemy naszych krótkoterminowych celów. Poza tym wpływa to ujemnie na naszą wiarę we własne możliwości. Krótkoterminowe cele powinniśmy formułować w taki sposób, żebyśmy mogli je osiągnąć. Czyli na przykład 20% wzrost w stosunku do tego, co osiągnęliśmy w ubiegłym roku.

Jeszcze raz dla przypomnienia: długoterminowe cele powinniśmy wyznaczać tak ambitne, jak to tylko możliwe, ponieważ to one określają, co zrobimy z niezliczonymi okazjami, które napotkamy na swojej drodze. Im wyżej postawiona poprzeczka, tym więcej okazji dostrzegamy i tym więcej okazji możemy wykorzystać.

Nasze długoterminowe cele weryfikują, czy rzeczywiście się rozwijamy i chcemy uczynić nasze życie najlepszym.

REALIZACJA

Oczywiście ze wszystkich sił powinniśmy starać się zrealizować również ważne cele krótkoterminowe. Wówczas przy następnych możemy przedsięwziąć o wiele więcej.

Jeśli przy krótkoterminowych celach będziemy ciągle ponosić porażki, to stracimy wiarę w to, że możemy zrealizować ambitne długoterminowe plany. Wiarę we własne możliwości musimy opierać na zrealizowanych celach krótkoterminowych. Osiągnięte cele wzbogacają nasze życie. Przede wszystkim jednak każdy cel, który osiągnęliśmy, sprawia, że się zmieniamy.

Dzięki zrealizowanym planom wpadamy w pozytywną spiralę odwagi i wiary we własne siły. Cele, z którymi się rozminęliśmy, wciągają nas natomiast w negatywną spiralę, w której coraz rzadziej się czegoś podejmujemy i w końcu pozostajemy bezczynni.

KATEGORIE CELÓW

Zwycięzcy wiedzą, jak ważne jest, aby osiągać cele krótkoterminowe. Ponieważ wiedzą też, że sztuka ta nie każdemu się w pełni udaje, rozróżniają cele A, B i C.

- Celów C nie musisz osiągać. Musisz jedynie pamiętać o nich tak długo, dopóki nie zdecydujesz, czy nadal jesteś nimi zainteresowany.
- Cele B są wprawdzie zaplanowane, ale nie stanowią absolutnej KONIECZNOŚCI. Pomyślane są raczej w charakterze orientacyjnym.
- Cele A muszą być zrealizowane. W przeciwnym razie ucierpiałaby nasza wiara we własne możliwości.

Wyrób w sobie nawyk, aby przed każdym celem od razu zapisywać odpowiednią literę. Podział ten ma tę zaletę, że nie musimy realizować wszystkich naszych planów, a nasze poczucie wartości na tym nie ucierpi.

Celami A powinniśmy gospodarować oszczędnie, ponieważ musimy je w każdym przypadku osiągnąć. Jeśli będziesz postępować w ten sposób, staniesz się pewniejszy siebie i w rezultacie będziesz tą pewnością emanować również zewnętrznie. Możesz powiedzieć: „Dotychczas osiągnąłem każdy cel, który uczyniłem absolutną KONIECZNOŚCIĄ. Tak też będzie w przyszłości".

Powinniśmy wyznaczać sobie takie krótkoterminowe cele A, które na pewno będziemy w stanie osiągnąć. Jednak czasem powinniśmy też potrenować, aby bardziej się wysilać i przechodzić samych siebie. Damy sobie ku temu okazję, jeśli od czasu do czasu również krótkoterminowe cele A wyznaczymy sobie poza naszym normalnym zasięgiem.

Długoterminowe cele A decydują o naszym życiu. Nie powinniśmy ich wyznaczać zbyt dużo, ale za to takie, które wydają się być niemożliwe do osiągnięcia. Nasz świat nigdy nie będzie większy niż nasze cele. Nie pytaj, co jest realne. Zastanów się, jak ma wyglądać Twoja rzeczywistość. Che Guevara powiedział: „Bądźmy realistami. Róbmy to, co niemożliwe".

PRAKTYKA:

Dziś jeszcze lepiej wykorzystam moc celów, zobowiązując się do wykonania następujących kroków:

1. Przemyślę moje długoterminowe cele i zastanowię się, czy nie powinienem ich wyznaczyć jeszcze wyżej. Nic nie ma większego wpływu na moje życie niż moje długoterminowe cele. Im wyżej postawiona poprzeczka, tym ciekawsze i bogatsze staje się moje życie.
2. Ludzi, którzy nie rozumieją zasady stawiania sobie wielkich celów, nie będę niczego uczył. Prowadziłbym bezużyteczne dyskusje, na które traciłbym tylko siły i które być może wzbudziłyby we mnie wątpliwości. Zastanowię się raczej, gdzie znajdę osoby, które mogą mi pomóc w zrealizowaniu moich planów.

3. Aby plany te nie były abstrakcyjne, założę album marzeń, do którego będę wklejał wszystkie swoje cele w formie obrazków (np. wycinki z magazynów, fotomontaże, rysunki...). Jeśli codziennie będę go oglądać, stanie się dla mnie absolutną koniecznością, aby je zrealizować.
4. Swoje krótkoterminowe cele podzielę na kategorie A, B i C. Krótkoterminowe cele A muszę osiągnąć. Dlatego też wyznaczę je sobie w taki sposób, aby realizować je z wysiłkiem. W ten sposób wzmocnię wiarę we własne możliwości.
5. Wsłucham się w samego siebie. Czy jestem gotowy do wyznaczenia sobie długoterminowego celu, którego nie będę w stanie osiągnąć za życia?

ZASADA 18

Dawaj innym to, czego potrzebują

Słońce i wiatr chciały ustalić, które z nich jest silniejsze i potrafi pierwsze zerwać spacerowiczowi płaszcz. Wiatr raz po raz kierował na biednego mężczyznę silne podmuchy, ale im mocniej wiał, tym bardziej spacerowicz opatulał się swoim płaszczem i kurczowo go trzymał.

Kiedy wiatr wreszcie osłabł i się poddał, słońce zaczęło świecić na mężczyznę swoimi ciepłymi promieniami. Wkrótce zrobiło mu się za ciepło i zdjął płaszcz.

Osiągniemy więcej, jeśli nasze kontakty z ludźmi oprzemy na zrozumieniu, tolerancji, pozytywnej ocenie innych, dobrej woli, uprzejmości, przychylności, zainteresowaniu i zgodności. Stosunki te powinny wiązać się ze szczerym życzeniem, aby innym wiodło się tak samo dobrze jak nam. Aby nie musieć tych wszystkich przymiotów ciągle wymieniać, pozwól, że nazwiemy je dla uproszczenia „miłością".

MIŁOŚĆ

Miłość to coś więcej niż przypadkowo rodzące się uczucie. Słowo to zdaje się być oklepanym frazesem, a niektórzy wstydzą się nawet go używać. Ale miłość i tak najlepiej trafia w sedno, kiedy pytamy, czego inni najbardziej potrzebują. Miłość upraszcza nasze relacje z innymi bardziej niż cokolwiek innego na świecie. Dzięki niej możemy również szybciej rozwiązać wszystkie problemy.

Miłość jest największą i najpotężniejszą siłą we wszechświecie. Im więcej miłości wkładamy w to, co robimy, tym szybciej osiągamy nasze cele i tym więcej energii otrzymujemy. Gdybyś miał wybór — osiągnąć swoje cele z większymi lub mniejszymi oporami, to rozsądnym by było zdecydować się na tę drugą opcję. Miłość nie powoduje oporu i dlatego najszybciej prowadzi do celu. Wszystko inne byłoby marnowaniem energii. Z ekonomicznego punktu widzenia człowiek musiałby się zawsze decydować na miłość.

Miłość to największa siła. W praktyce wielu ludzi preferuje jednak spór. Często uważamy, że walka najszybciej prowadzi do celu, ponieważ robi tyle hałasu. Konflikt wydaje się być czymś imponującym i dlatego też tak efektywnym. Pozwala nam wyglądać groźnie i potężnie. Ale w rzeczywistości walka rozwiązuje problemy w najlepszym razie na krótką metę. W perspektywie przysparza tylko kolejnych. Nie ma nic prostszego i nic skuteczniejszego niż miłość. Ponieważ jedną kroplą miodu zwabisz więcej pszczół niż garnkiem żółci.

PRAKTYKA

Lekarz, który pozwala odczuć swoim pacjentom, że leżą mu na sercu, obdarzany jest większym zaufaniem i może skuteczniej pomagać. W sprzedaży dotrzesz w ten sposób dużo szybciej do celu. Przy kierowaniu pracownikami podstawę stanowi zrozumienie. Rodzice, którzy otwarcie pokazują, że kochają swoje dzieci, mogą zapewnić im lepsze wychowanie. Tylko miłość i zrozumienie wzbudzają długotrwałe zaufanie, którego ludzie potrzebują jako fundamentu swoich działań.

Wielu ludzi ma wprawdzie dobre chęci, ale nie wie, jak mogą komunikować miłość — tak, aby została zrozumiana. Z pewnością znasz regułę: „Traktuj innych tak, jak sam chciałbyś być traktowany". Zasada ta uczyniła wiele dobrego.

Istnieje jednak druga strona medalu. Ludzie są bowiem bardzo różni. Życzenia i potrzeby innych nie pokrywają się z naszymi. Nie możemy brać za podstawę komunikacji naszych własnych pojęć i wartości. Dlatego 18 zasada brzmi: Dawaj innym to, czego potrzebują. Powinniśmy traktować innych tak, jak sami chcielibyśmy być traktowani. Nie wolno nam ranić drugiego człowieka. Dlatego konieczne jest, aby go właściwie rozumieć.

To wymaga, abyśmy znaleźli czas na uważną obserwację. Każdy człowiek stale wysyła sygnały informujące o jego potrzebach i życzeniach. Sztuką jest ich dostrzeganie i interpretowanie. Dopiero wtedy możemy traktować innych w taki sposób, jaki jest najlepszy dla nich, a nie dla nas. W optymalnym przypadku konflikty w ogóle się nie pojawią.

Wyobraźmy sobie relacje z innymi ludźmi jak konto bankowe. Jeśli limit środków został przekroczony i pojawi się jakiś niespodziewany rachunek do zapłacenia, to mamy problem. Jeśli jednak na koncie znajduje się saldo dodatnie, nieoczekiwany wydatek nie stanowi najmniejszego problemu. Dlatego powinniśmy się starać dokonywać regularnych wpłat na nasze konto relacji z innymi. Im więcej środków tego rodzaju zgromadzimy, tym bardziej harmonijne będą nasze relacje.

24 ZŁOTE ZASADY

Poniższe reguły stanowią drogowskaz, jak postępować, aby dać ludziom to, czego potrzebują. Za każdym razem, kiedy ich przestrzegamy, pomnażamy środki na naszym koncie relacji z innymi ludźmi.

1. Zachęcaj innych, kiedy tylko możesz. Chwal ich sukcesy — nawet jeśli są małe. Pochwała jest niczym promienie słońca — nie możemy się bez niej rozwijać. Nigdy za dużo szczerych komplementów.

2. Zawsze daj innym możliwość zachowania twarzy. Nikogo nie kompromituj, nikogo nie poniżaj. Nie bagatelizuj błędów.
3. Pod nieobecność jakiejś osoby mów o niej wyłącznie pozytywnie. Jeśli nie masz do powiedzenia nic pozytywnego, milcz.
4. Uważnie obserwuj innych, wtedy zauważysz, kiedy robią coś dobrego. Jeśli kogoś pochwalisz, to precyzyjnie uzasadnij swoją pochwałę, aby nie brzmiała jak pochlebstwo.
5. Zawsze apeluj do szlachetnych wartości i szlachetnych motywów innych osób. Każdy z przyjemnością uważa się za wspaniałomyślnego i bezinteresownego. Jeśli chcesz, żeby ktoś się poprawił, to postępuj tak, jakby posiadał już te cechy. Dołoży wówczas wszelkich starań, żeby Cię nie rozczarować.
6. Możliwie jak najrzadziej krytykuj i najlepiej tylko bezpośrednio. Nigdy nie odnoś się do osoby, a jedynie do czynu. Pokaż jej, że szczerze ją lubisz i chcesz jej pomóc. Nigdy nie krytykuj w formie pisemnej.
7. Daj innym możliwość, aby poczuli się wielcy. Nie chełp się, tylko przyznaj do swoich słabości. Zniż się. Jeśli chcesz zdobyć wrogów, to prześcigaj innych. Jeśli chcesz zdobyć przyjaciół, daj się prześcignąć.
8. Jeśli popełniłeś błąd, przeproś. Jeśli oczekiwałeś nagany, uprzedź innych i najlepiej sam sobie takowej szybko udziel.

9. Czyń propozycje, zamiast wydawać polecenia. W ten sposób wspierasz współpracę, a nie prowokujesz opór.
10. Reaguj ze zrozumieniem na irytację innych. Złość jest często wołaniem o atencję. Okazuj innym ludziom współczucie i uwagę — potrzebują ich.
11. Sam mów tak mało, na ile jest to możliwe. Daj innym szansę na wypowiedzenie się i bądź dobrym słuchaczem.
12. Pozwól sądzić innym, że pomysł pochodzi od nich. Dobremu pomysłowi jest obojętne, kto go wymyślił, a każdy chętnie uważa, że działał według własnych pomysłów. Morza są królami wszystkich potoków, ponieważ tak dobrze potrafią się trzymać poniżej nich.
13. Nie przerywaj drugiej osobie. Również wtedy, kiedy uważasz, że nie ma racji. Nie będzie Cię słuchać, dopóki będzie jej jeszcze coś leżeć na sercu.
14. Spróbuj postrzegać rzeczy z punktu widzenia innych. Indianie mawiają: „Przejdź najpierw milę w mokasynach innego". Zawsze zadawaj sobie pytanie: Co jest powodem postępowania tego człowieka? Zrozumieć wszystko to wybaczyć wszystko.
15. Nigdy nie staraj się mieć racji. Bądź mądrzejszy, ale nie mów tego innym. Przyznaj, że czasem się mylisz — to uniemożliwi każdy spór.
16. Często dawaj coś w prezencie — również bez okazji. Poszukaj kreatywnych sposobów sprawiania radości.

Bogactwo pomysłów dotyczących podarunków świadczy o tym, jak dużo myślałeś o innych.

17. W przypadku sprzeciwu, opanuj się. Najpierw szczerze posłuchaj. Poszukaj zgodności. Bądź krytyczny w stosunku do samego siebie. Obiecaj, że się nad tym zastanowisz i podziękuj za inicjatywę i sugestię.
18. Szczerze interesuj się drugą osobą. Uczyń swoim mottem okazywanie zainteresowania innymi, a nie bycie interesującym. Pokaż, że myślisz o tym, jak możesz innym pomóc.
19. Uśmiechaj się. Nikt nie potrzebuje uśmiechu bardziej niż ten, kto nie ma go dla innych.
20. Zwracaj się do innych osób zawsze pełnym imieniem. To świadczy o szacunku. Każdy chętnie słyszy swoje imię — dużo chętniej niż jakiś zamiennik. W tym celu musisz oczywiście poćwiczyć pamięć.
21. Naucz się postrzegać rzeczy z punktu widzenia drugiej osoby. Zadaj sobie pytanie: Czego naprawdę potrzebuje? Jak mogę zapewnić jej przewagę?
22. Zadbaj o to, aby podczas każdej rozmowy — również telefonicznej — druga strona była łaskawsza po pierwsze dla samej siebie, po drugie dla Twojej firmy i po trzecie dla Ciebie.
23. Przebaczaj szybko. Nie bądź pamiętliwy.
24. Życz innym po cichu wszystkiego, co najlepsze, kiedy o nich myślisz.

Oczywiście nie od razu perfekcyjnie opanujemy wszystkie te zasady. Prawdopodobnie nie urodził się taki człowiek, który zawsze będzie ich przestrzegać. Ale dobrze jest możliwie jak najbardziej zbliżyć się do tego ideału.

Niniejsze 24 zasady nie wymagają, abyśmy darzyli kogoś miłością. Chodzi tutaj o działania, które wzmacniają istniejące uczucie, a może dopiero je budzą. Nieodzowną podstawę tych 24 złotych zasad stanowi tolerancja. Im bardziej interesujemy się drugim człowiekiem i im bardziej staramy się go zrozumieć, tym większą wykazujemy się tolerancją.

Niektórzy ludzie stosują niniejsze reguły do osiągnięcia swoich celów, pomijając przy tym istotę tych zasad. I dlatego ani dla siebie, ani dla innych nie robią na dłuższą metę nic dobrego. Nie chodzi tu o stworzenie krótkotrwałej fasady. Kiedy rośliny zwiędną, nie maluje się ich na zielono, żeby lepiej wyglądały. Pielęgnuje się je i podlewa. Niniejsze 24 zasady mają pomóc w dawaniu innym tego, czego potrzebują.

Nie widzimy świata takim, jakim jest, lecz takim, jakimi my jesteśmy

Kiedy stale pomstujemy na innych i czujemy, iż otaczają nas źli ludzie, to istnieje spore prawdopodobieństwo, że wina leży w nas samych. Obiektywna rzeczywistość nie istnieje. Zawsze rzutujemy na innych. Widzimy w innych ludziach to, co mamy we własnym sercu.

Istnieją trzy sposoby, aby postrzegać innych ludzi z miłością i tolerancją:

- Po pierwsze, musimy najpierw dojść do ładu sami ze sobą. Dopiero kiedy lubimy samych siebie, możemy lubić też innych.
- Po drugie, nie możemy za bardzo analizować innych. Kto rozłoży kwiat na czynniki pierwsze, zniszczy jego piękno.
- Po trzecie, powinniśmy koncentrować się na tym, co piękne i dobre. Wielu ludzi chętnie obmawia innych, umniejszając w ten sposób ich wartość. Ale robią sobie w ten sposób przysłowiową niedźwiedzią przysługę. Kto obmawia innych, koncentruje się na błędach i słabościach. Tym samym świat staje się dla niego miejscem pełnym błędów i niedociągnięć. Jeśli natomiast szukamy w innych dobra, znajdziemy je i będziemy patrzeć na świat bardziej przyjaznym okiem. Stare przysłowie mówi: „Jesteś tym, co widzisz w drugim człowieku. Światłem, jeśli widzisz światło; smutkiem, jeśli widzisz smutek".

CO POWINNIŚMY ROBIĆ, KIEDY JESTEŚMY OBRAŻANI?

Pewien stary mistrz zdecydował się więcej nie walczyć. Mimo to został wyzwany przez młodego wojownika. Mistrz tylko siedział i nie reagował. W skutek tego wojownik próbował go sprowokować. Strasznie go obrażał, nie szczędząc również jego przodków. Mistrz cierpliwie znosił wszystkie wyzwiska i zniewagi. Wreszcie młody wojownik odszedł sfrustrowany. Uczniowie mistrza nie mogli zrozumieć, dlaczego się nie bronił. Nawet się go wstydzili. Wobec tego mistrz zapytał:

— Jeśli ktoś chce wam sprawić prezent, ale go nie przyjmujecie, to do kogo on należy?

— Oczywiście, że nadal do tego, który chciał go dać — odpowiedzieli uczniowie.

— Tak jest także z zazdrością, złością i nienawiścią. Jeśli ich nie przyjmiemy, pozostaną u tego drugiego.

Związek będzie tylko wówczas trwały i owocny, jeśli obie strony będą trzymać się zasady realizowania potrzeb partnera. Istnieją jednak ludzie, którzy nie są na to gotowi. W takim przypadku wskazanym jest, aby usunąć ich ze swojego życia, choć dopiero w ostateczności. Zasada ta nie twierdzi, że musisz się bezsensownie poświęcać, jednak lepiej jest trochę dłużej próbować, niż zbyt wcześnie się poddać.

Czasami obserwujemy, że członkowie rodziny i partnerzy nie są traktowani z takim samym szacunkiem i uwagą jak obcy ludzie. Z pewnością na to nie zasłużyli. Nie zapominajmy: Powinniśmy dawać wszystkim ludziom to, czego potrzebują. Dotyczy to szczególnie tych, którzy są nam najbliżsi.

PRAKTYKA:

Dziś chcę poprawić umiejętność dawania innym tego, co potrzebują, więc zobowiązuję się do wykonania następujących kroków:

1. Ponownie sobie uświadomię, że miłość jest najrozsądniejszym i najbardziej energooszczędnym sposobem na życie. Dlatego postanowię dziś, że będę dawać ludziom to, czego potrzebują.
2. Sprawdzę, jak miewają się moje „konta relacji z innymi" w przypadku pięciu najważniejszych osób w moim życiu. Zastanowię się, co mogę dziś zrobić, żeby dokonywać „wpłat".
3. Dziś ponownie będę żyć według 24 złotych zasad. Wiem, że jeśli chcę uczynić je stałą częścią mojego życia, muszę czytać je tak często, jak to tylko możliwe. Dlatego spiszę listę na osobnej kartce i wywieszę na korkowej tablicy lub będę zawsze nosić ją przy sobie. Dziś przeczytam owe zasady przed każdą ważną rozmową.
4. Sporządzę krótką notatkę dotyczącą mojego nastawienia do określonej osoby. Jeśli będę powtarzać to ćwiczenie, będę mógł porównywać swoje notatki. Kto przez dłuższy czas żyje według 24 złotych zasad, ten zauważy u siebie zmiany. Człowiek zaczyna szczerze lubić ludzi.

Złote zasady stały się celem samym w sobie oraz wewnętrzną potrzebą.

5. Jeśli żyję w związku, to spędzę dzisiejszy wieczór z moim partnerem poza domem. Przy tym będę się zachowywać tak uważnie, uprzejmie i szarmancko, jak gdyby to była nasza pierwsza randka. Wykreuję magiczny moment, którego oboje nigdy nie zapomnimy.

ZASADA 19

Nie pozwól się rozpraszać

Tom i Sam w tym samym czasie rozpoczęli pracę w nowej firmie, wykonując ją poza jej siedzibą. Tom był aktywnym mężczyzną, który miał po prostu częściej pecha. Raz jego stary samochód nie odpalił, innym razem zgubił swój dowód i szybko musiał wyrobić nowy. Kiedy indziej w piwnicy pękła rura — i musiał ratować z niej wszystko, co było do uratowania. Sam natomiast był naprawdę flegmatyczny. Kochał swoje telewizyjne seriale. Świadomie umawiał się na mniej spotkań, niż mógłby zmieścić w grafiku, ponieważ nie chciał przegapić kolejnego odcinka swojego ulubionego serialu.

Dyrektor Działu Kadr firmy zwolnił Sama po kilku miesiącach, co ten bez oporu zaakceptował. Ale zwolnił też Toma, a ten gwałtownie się bronił:

— Nie może mnie pan przecież wrzucać do jednego worka z Samem, tym wałkoniem. Przecież jestem gotowy, aby ciężko pracować. Po prostu padłem ofiarą niesprzyjających okoliczności.

Dyrektor Działu Kadr odpowiedział:

— Jestem odpowiedzialny za dobro tej firmy. Jeśli nie osiągamy naszych celów, zagrażamy całej firmie i tym samym wszystkim pracownikom. Z tego punktu widzenia obojętnym jest, dlaczego nie osiągnęliśmy naszych celów. Ostatecznie istnieje tylko jedno kryterium, które się liczy, a mianowicie wynik.

Aby rzeczywiście osiągać sukcesy, musimy zogniskować naszą energię i całą uwagę poświęcić tylko jednej, jedynej czynności. Taka koncentracja wielu przychodzi z trudem, ponieważ ciągle pozwalają się rozpraszać. Wszystko może stanowić czynnik rozpraszający: jakieś wydarzenie sportowe, aktualne problemy, określone życiowe okoliczności, kłótnia z partnerem, a nawet pogoda. Niektórzy ludzie nie potrafią pracować efektywnie, jeśli na zewnątrz pada — ponieważ „zła pogoda działa deprymująco". Z drugiej strony osoby te oczekują zrozumienia, że dopiero przy ładnej pogodzie będą mogli się naprawdę skoncentrować na swojej pracy.

Możemy dać się rozpraszać również poprzez nasze nastawienie i sposób myślenia. Jeśli już w południe przestaniesz pracować, ponieważ właśnie sfinalizowałeś dużą transakcję, to dałeś się rozproszyć tak samo, jakbyś zrobił to w wyniku rozczarowania.

IM DRAMATYCZNIEJSZA WYMÓWKA, TYM WIĘKSZE ROZCZULANIE SIĘ NAD SOBĄ

Największe niebezpieczeństwo roztargnienia polega na tym, że tak chętnie używamy go jako dogodnej wymówki dla braku sukcesów i braku starań. Niektórzy ludzie marnują nieprawdopodobnie dużo energii na wymyślanie „genialnych" wymówek. Chcą, aby dobrze im się wiodło, nie osiągnąwszy zaplanowanego wyniku. Zwycięzcy natomiast wykorzystują swoją energię do rozwiązywania problemów. Chcą dobrze wyglądać, ponieważ osiągają konkretne rezultaty. Liczy się tylko wynik — nie wymówka. Zwycięzcy osiągają sukces pomimo czynników rozpraszających.

Stosując dramatyczne wymówki, czujemy się lepiej. Obojętnie, czy nie wykonujesz swojej pracy, ponieważ na zewnątrz szaleje śnieżyca, czy dlatego, że po prostu chcesz pooglądać telewizję — wynik jest taki sam. Im bardziej spektakularny czynnik rozpraszający, tym bardziej czujemy się uprawnieni do tego, aby użyć go przed samym sobą i przed innymi jako usprawiedliwienia. Niezależnie, czy nie pracujesz dlatego, że najpierw napotkałeś swoim samochodem huragan, a potem musiałeś jeszcze jechać przez obszar sejsmiczny, by na końcu znaleźć na ulicy martwą owcę, którą musiałeś pogrzebać, a ostatecznie utknąłeś oponami w świeżo wysmołowanej nawierzchni i silnik Twojego samochodu odmówił posłuszeństwa... — czy też zostałeś w domu tylko dlatego, że po prostu nie miałeś ochoty pracować. WYNIK jest taki sam.

Wszystkie czynniki rozpraszające są jednakowe. W równym stopniu uniemożliwiają zaistnienie określonego rezultatu. Szczególny problem polega na tym, że zaczynamy się nad sobą rozczulać.

Oczywiście jako wymówkę preferujemy śnieżycę i zepsuty silnik. Celem wymówki jest odwrócenie uwagi od nas i skierowanie jej na coś lub kogoś innego. Stajemy się ofiarą okoliczności. Oddajemy władzę. Szukamy współczucia i zrozumienia, zamiast szacunku i uznania.

Jesteśmy władni, aby zdecydować: albo pozwolimy się rozpraszać, albo osiągniemy nasze cele. Co będziesz sądził o osobie, która na pytanie: „Co robiłeś przez ostatnie pięć lat?", odpowiada: „Zajmowałem się wszystkimi możliwymi czynnikami rozpraszającymi"?

Kto poświęca swój czas głównie na to, aby pozwalać się rozpraszać, ten realizuje życie. Nigdy nie ma nad nim kontroli. Kto natomiast obiera kurs na cel i nie pozwala się rozpraszać, ten jest kreatorem swojego życia.

To, na czym koncentrujemy się w naszym życiu, będzie procentować. Kiedy osiągniemy nasze cele, to fakt ten nas zmieni. Jeśli pozwolimy się ciągle rozpraszać, to fakt ten też nas zmieni. Kto poświęca zbyt wiele czasu i uwagi nieprzewidzianym okolicznościom, ten nie powinien się dziwić, kiedy staną się jego największymi wrogami. Życie niektórych ludzi wydaje się być jedną, wielką wymówką.

PRAKTYCZNE POSTĘPOWANIE Z CZYNNIKAMI ROZPRASZAJĄCYMI

Goethe mówił: „Jednego możesz się zawsze spodziewać — niespodziewanego". Czynniki rozpraszające zawsze będą istnieć, musimy więc nauczyć się z nimi postępować. Większość z nich wydaje się na pierwszy rzut oka bardziej znacząca niż w rzeczywistości. Wiele z nich możemy po prostu zignorować.

Niektóre możemy zignorować przynajmniej w tym momencie. Innymi słowy, o te rzeczy możemy się z pewnością pomartwić później — po pracy. Inne jednak wymagają naszej natychmiastowej uwagi i czasu. Ponieważ zawsze musisz liczyć się z nagłymi czynnikami rozpraszającymi, już teraz powinieneś zadbać o zabezpieczenie przed nimi.

Co sądzisz o taksówkarzu, który każdej zimy kilkakrotnie nie może użyć swojego samochodu, ponieważ jeździ jeszcze na letnich oponach? Z pewnością powiesz: „Powinien był to zaplanować". Podobnie istnieje pewna liczba czynników rozpraszających, które nie powstałyby, gdybyśmy podjęli odpowiednie działania prewencyjne.

Jednak nie każda niespodzianka da się przewidzieć. Życie nie jest automatycznym odbiciem perfekcyjnego planu. Czasami staje w płomieniach i musimy natychmiast działać. Prawdopodobieństwo, że do takich rzeczy będzie dochodzić co tydzień, lub nawet codziennie, jest bardzo duże. Na czym więc polega trik? Na tym, aby planując, wziąć pod uwagę takie czynniki, zamiast pozwolić im rujnować cały plan. Możesz zarządzać czynnikami rozpraszającymi lub czynniki te mogą zarządzać Tobą.

Najlepiej od razu przeznacz w swoim terminarzu stałe godziny dedykowane tym czynnikom. Powinieneś zaplanować co najmniej dwie godziny dziennie. Kiedy czynniki te pojawią się to praktycznie zrealizowałeś swój plan. Jeśli się nie pojawią, masz trochę dodatkowego czasu. W żadnym wypadku nie wolno Ci dopuścić, aby czynniki rozpraszające odwiodły Cię od zaplanowanych wyników.

W taki sam sposób możesz co 14 dni zarezerwować jeden cały dzień, 3–5 dni co 6 miesięcy. A jeśli możesz sobie na to pozwolić, zatrudnij kogoś, komu będziesz mógł przekazać część Twoich czynników rozpraszających.

DO CZEGO MOGĄ PRZYDAĆ SIĘ CZYNNIKI ROZPRASZAJĄCE

Czy znasz taką sytuację: jesteś zajęty i ktoś nagle wpada do Twojego pokoju? Prawdopodobnie denerwowałeś się już z tego powodu. Ale czy rzeczywiście powinniśmy degradować ludzi do przerw? Czy człowiek nie liczy się bardziej niż skoncentrowana praca? Jeśli ktoś zagląda z nudów i chce tylko pogawędzić, to jest złodziejem czasu. Ale jeśli Twoja mała córeczka przychodzi z ważnym dla niej problemem, wówczas ma pierwszeństwo.

Jeśli mądrze planowałeś, możesz przez jakiś czas zająć się córką bez obawy, że nie osiągniesz swojego celu. Z takiego „czynnika rozpraszającego" czerpiesz nawet siłę do dalszych działań. Potem ponownie zasiadasz na krześle i myślisz o tym, co robiłeś, zanim Twoja córka weszła do pokoju. Czynniki rozpraszające mogą zwracać uwagę na to, że właśnie jesteśmy rozpraszani.

Nigdy nie będziemy mogli i nie będziemy chcieli ich całkowicie uniknąć. Ale możemy je wykorzystać. Mogą stać się dla nas znakiem, który mówi: „Czas na krótką weryfikację, czy pracuję tak wydajnie, jak powinienem". Możesz zadać sobie następujące pytania:

1. Czy wykorzystuję swój czas optymalnie?
2. Zarządzam problemami czy pracuję nad długofalowymi rozwiązaniami?
3. Czy mogę lepiej wykorzystać swój czas w kontekście sensu mojego życia?

Czynniki rozpraszające mają swoje znaczenie w życiu zwycięzców. Ci mądrze z nimi postępują i planują dla nich czas, ale nie dają się nakłonić do tego, aby nadużywać ich jako wymówek.

Osiągają swoje cele pomimo wszystkich czynników rozpraszających.

PRAKTYKA:

Dziś poprawię swoją umiejętność postępowania z czynnikami rozpraszającymi, zobowiązując się do wykonania następujących kroków:

1. Nie użyję żadnej wymówki. Te tylko mnie rozpraszają. Chcę mieć władzę nad swoim życiem, a nie być ofiarą nieprzewidzianych okoliczności. Stosowanie wymówek oznacza, że władzę nad swoim życiem oddaję ślepemu losowi lub innym ludziom. Chcę spożytkować swoją energię na osiągnięcie celu, a nie wynajdywanie wymówek.
2. Nie dam się nakłonić przez czynniki rozpraszającego do tego, żeby zrezygnować z moich celów. Dziś wykonam wszystko, co zaplanowałem.
3. Ponieważ zawsze muszę liczyć się z nieprzewidzianymi czynnikami rozpraszającymi, przeznaczę dziś na nie pewien okres czasu. Tym sposobem czynniki rozpraszające będą musiały podporządkować się mnie, a nie ja im.
4. Jeśli pojawi się jakiś nieprzewidziany czynnik rozpraszający, wykorzystam go jako okazję do krótkiej weryfikacji swojej pracy. Zadam sobie pytanie, czy optymalnie wykorzystuję swój czas.

ZASADA 20

Bądź wzorem produktywności

Pewna kobieta przyszła do Gandhiego i poprosiła go, aby przekonał jej małego synka, żeby nie jadł tyle słodyczy. Uważała, że słowa wielkiego człowieka mają większe znaczenie niż jej własne. Gandhi odpowiedział, że musi przygotować się do tego zadania przez trzy miesiące.

Kiedy po tym czasie kobieta ponownie przyszła do Gandhiego ze swoim synem, ten w prostych słowach wyjaśnił dziecku, że nie powinien jeść tyle słodyczy. Cukier nie jest dobry dla zdrowia. Z pewnością będzie silniejszy i większy, jeśli częściej będzie z niego rezygnować. Chłopiec od razu się zgodził.

Kobieta odciągnęła Gandhiego na bok, żeby się dowiedzieć, dlaczego do tak prostego wyjaśnienia musiał się przygotowywać aż trzy miesiące. Gandhi odpowiedział: „Żeby być przekonującym, sam musiałem na trzy miesiące zrezygnować z cukru. Tylko w ten sposób mogłem przekonać twojego syna, żeby zrobił to samo".

Wszystko, co mówimy, ma dużo większe znaczenie, jeśli żyjemy według własnych rad. Co nasze słowa znaczą dla innych, możemy poznać po oddźwięku, który nimi wywołamy. Abraham Lincoln powiedział: „To, co robisz, mówi tak głośno, że nie mogę usłyszeć twoich słów". Jeśli większość ludzi nie wierzy temu, co mówimy, to przyczyna pewnie nie leży po stronie innych, lecz po naszej. Być może wpadliśmy w jedną z następujących pułapek:

PUŁAPKA 1: ZARZĄDZAMY, NIE BĘDĄC WYDAJNYM

Każdy pracujący na własny rachunek i każda osoba z kadry kierowniczej znajduje się w jednej z czterech faz zarządzania:

Faza wydajności: Początkowo wielu ludzi jest wydajnych w najprawdziwszym tego słowa znaczeniu. Swój czas poświęcają głównie tym czynnościom, które przynoszą obrót. Dopóki pozostajemy w fazie wydajności, zarabiamy pieniądze. Tylko póki sami jesteśmy wydajni, możemy wiarygodnie mówić o naszych przyszłych celach.

Faza zarządzania: Kiedy osoby pracujące na własny rachunek spostrzegą, że samodzielnie nie mogą podołać swoim zadaniom, szukają partnerów i pracowników. Większą część swojego czasu poświęcają więc teraz na motywowanie innych i pomaganie im. Zamiast sami być produktywni, motywują innych, aby byli wydajni. Wejście w fazę zarządzania nie stanowi problemu. Problemem jest opuszczenie przy tym fazy wydajności. Kto jest tylko ważny, ale sam nic nie produkuje, wkrótce nie będzie traktowany poważnie.

Faza nadzorcy: Stajemy się nadzorcą menadżerów, a odbywa się to w następujący sposób: pracownicy i osoby zatrudnione podążają najczęściej za przykładem swojego szefa. Po zatrudnieniu nowych osób, stara kadra uważa za swój obowiązek wdrożenie „świeżaków" i ich motywowanie. I dobrze — dopóki nie zaniedbują własnej wydajności. Pomimo to stale tak się dzieje, ponieważ każdy czuje się przez to ważny: dawny menadżer musi nadzorować menadżerów, którzy ze swojej strony nadzorują aktywnych producentów. Produkcja ulega jedynie przesunięciu, nie wzrasta proporcjonalnie do zatrudnienia.

Faza nadzorcy nadzorców: Zatrudnieni zostają nowi pracownicy. Osoby jeszcze przed chwilą produktywne stają się menadżerami innych. Menadżerowie stają się nadzorcami — a nadzorcy nadzorcami nadzorców. Osiągnęli ostatni szczebel drabiny zarządzania i teraz są niesamowicie ważni. Myślą, że muszą tylko oceniać i popychać.

Nie uwierzysz, jak szybko przedsiębiorstwa wpadają w tę pułapkę — dzieje się tak każdego dnia. A powód jest zawsze ten sam: ludzie skłaniają się do tego, aby swoje znaczenie wywodzić ze swojej pozycji, a nie z wydajności. Jednak wiarygodność wynika z działania, a nie z pozycji.

Musimy palić się do naszych zadań, jeśli chcemy rozpalić innych. Jeśli chcemy pozostać wiarygodni, musimy pozostać wydajni.

PUŁAPKA 2: „CZŁOWIEKU, KIEDYŚ TO BYŁEM"

Niektórzy ludzie żyją już tylko z tego, że „zarządzają" swoimi dawnymi sukcesami. Są raptem cieniem swojej przeszłości. Powinniśmy wystrzegać się ludzi typu „kiedyś to byłem" lub uważać, abyśmy nie stali się jednym z nich.

Jakikolwiek zawód wykonujemy, musimy być wydajni i osiągać wyniki w regularnych odstępach, jeśli chcemy, aby traktowano nas poważnie. Każda praca rządzi się swoimi prawami i swoimi cyklami, określającymi, z jaką częstotliwością ma się to odbywać. Ale niezależnie od tego, jak takowy cykl wygląda, musimy go przestrzegać.

Być może artysta musi tylko co dwa lata tworzyć nowe dzieło. Być może chirurg może na rok wycofać się z zawodu. Ale potem znów musi operować. W większości branż cykle sprzedawców są dość krótkie. Na sprzedawcę, który przed kilkoma laty osiągał duże sukcesy, ale od miesięcy nic nie sprzedał, powinieneś spojrzeć krytycznie. Uzależniony od prowizji, jest z reguły tak dobry, jak jego ostatnie rozliczenie.

PUŁAPKA 3: „CZŁOWIEKU, KIEDYŚ TO BĘDĘ"

Należy zachować sceptycyzm, kiedy ktoś wyniośle opowiada o swoich przyszłych planach i sprawia przy tym wrażenie, jakby te już były wprowadzone w czyn. Niektórzy „żonglerzy" niezwykle zręcznie mieszają rzeczy, które dopiero chcą zrobić, z tak niewieloma rzeczami, które rzeczywiście zrobili. Wydaje się więc, że stoimy naprzeciwko zwycięzcy, w rzeczywistości jednak chodzi o zwykłego gadułę.

Sława zawsze opiera się na dokonanych osiągnięciach i szacunku dla obecnych działań. Oczywiście dobra kadra zarządzająca jest zawsze wizjonerem. Podczas gdy większość ludzi postrzega rzeczy takimi, jakimi są w danej chwili, kadra kierownicza potrafi również zobaczyć, jak rzeczy te będą wyglądać w przyszłości. Ale musi być w stanie zarazić swoim entuzjazmem innych, by pozyskać ich do realizacji tego celu.

Dlatego ludzie ci muszą być zgodni. Mówca musi być wiarygodny, kiedy obserwujemy go przy pracy. Kluczem do sukcesu jest wykreowanie wrażenia, że sposób, w jaki ten bierze się za sprawę, musi przynieść spektakularne rezultaty. Jeśli wizjoner już jakiś czas pracuje nad projektem, to pierwsze sukcesy powinny być już widoczne. Wielkie słowa nigdy nie zajmą miejsca ciężkiej pracy i wynikających z niej rezultatów.

PUŁAPKA 4: BRAK WZORU

Wielu ludzi chce być częścią wizji, która jest większa od nich samych. Jeśli masz innowacyjny pomysł i potrafisz go przystępnie i zgodnie przedstawić, łatwo znajdziesz pracowników. A jednak wielu przychodzi to z trudem. „Ciężko jest znaleźć dobrych ludzi" — to stały tekst w takiej sytuacji. W rzeczywistości zawsze znajdziemy chętnych do inspirującego projektu, jeśli sami oddziałujemy zachęcająco. Nikt nie idzie przecież za przykładem niegodnym naśladowania.

Zapytaj krytycznie samego siebie: Czy poszedłbym za takim człowiekiem jak ja? Co zrobiłeś w ostatnich trzech miesiącach? Pomyśl o swojej dyscyplinie i metodyce pracy. Jak bardzo byłeś wytrwały? Na ile skutecznie zrealizowałeś swoje cele? Co wyszło z Twoich przeszłych obietnic?

Jeśli chcesz zmotywować ludzi wokół siebie, aby więcej robili, to sam musisz więcej robić. Nie możesz siedzieć wygodnie w domu i „zdalnie sterować" innymi. Nigdy nie osiągniesz długotrwałego sukcesu, jeśli przestaniesz być wydajnym.

ZASKOCZ INNYCH SWOJĄ WYDAJNOŚCIĄ

Nie chodzi o to, żeby czymś się po prostu zająć — musimy wykonywać więcej czynności przynoszących dochód. Jeśli będziesz skuteczniejszy, zakres Twoich zadań przesunie się i zmieni.

Jednak stale musisz dowodzić, że potrafisz uzyskiwać konkretne wyniki. Zadbaj również o to, abyś od czasu do czasu uzyskiwał rezultaty w taki sam sposób jak Twoi pracownicy. Pokaż im, że metody, którymi pracujesz, są skuteczne. Ciągle zaskakuj swoich ludzi nowymi pomysłami i osiągnięciami. Wtedy będą wierzyć Twoim słowom i zmotywowani podążać Twoim śladem.

Twój przykład — dobry czy zły — zawsze będzie miał wpływ na to, co robią inni. Jeśli pozwalasz się rozpraszać, to pozwolą na to również Twoi pracownicy. Jeśli jesteś zdyscyplinowany i zorientowany na cel, to również Twoi pracownicy będą zdyscyplinowani i zorientowani na cel. Jeśli pracujesz z zapałem, to również Twoi pracownicy będą tak pracować. Nidy sobie nie wmawiaj, że możesz oszukać swoich pracowników co do tego, jak pracowity jesteś w rzeczywistości.

REGUŁA TRZECH DNI

Niewiele jeszcze wiemy o sposobie funkcjonowania naszego mózgu czy naszej podświadomości. Z tego powodu na przykład nie potrafimy wyjaśnić, dlaczego nasz zachwyt i nasza motywacja tak szybko słabną. Na szczęście wiemy jednak, jak możemy temu przeciwdziałać. Istnieje prosty trik, aby utrzymać nasz zachwyt na wysokim poziomie — tak zwana reguła trzech dni.

Reguła ta mówi, że co trzy dni potrzebujemy jakiegoś konkretnego wyniku. Czegoś, co stanowi wymierny sukces.

W ramach projektów długoterminowych może to być cel danego etapu lub częściowy sukces. Większość ludzi rozmienia się na drobne do tego stopnia, że zabijają się o każde zadanie przynoszące wynik. Zamiast robić po trochu to tu, to tam, powinniśmy pracować nad jednym projektem tak długo, aż uzyskamy przynajmniej częściowy wynik.

Jeśli w ciągu trzech dni nie uzyskamy żadnego rezultatu, nasza motywacja często spada do zera. Wówczas znów musimy podjąć ogromny wysiłek, aby ponownie ruszyć z miejsca. Przypomnij sobie obraz wielkiego pociągu. Kiedy pędzi na pełnych obrotach, zmiata ze swojej drogi wszelkie przeszkody. Jeśli co trzy dni odnotujesz przynajmniej jeden sukces, pozostajesz zmotywowany — a wtedy pracujesz najefektywniej. Jesteś tak pełny entuzjazmu, że automatycznie stajesz się wzorem.

REGUŁA TRZECH DNI DLA TWOICH PRACOWNIKÓW

Aby utrzymać motywację i pęd, również każdy z Twoich pracowników potrzebuje uzyskać co trzy dni jakiś wynik. Objaśnij im te mechanizmy. Ponadto tak podziel obowiązki w pracy, aby powyższy mechanizm był wykonalny.

Dodatkowo co trzy dni (co najmniej!) pracownicy potrzebują Twojego wsparcia. Może przy tym chodzić o jakąkolwiek zachętę, jakąkolwiek formę motywacji, coś, co pokaże im, że nie są sami i że im pomożesz.

Nowy pracownik, który dopiero się wdraża, być może sam nie osiągnie co trzy dni sukcesu. Co trzy dni musi jednak otrzymywać zachętę i wsparcie. Masz różne możliwości: krótkie, osobiste spotkanie, wspólna aktywność, telefon, przekazana mu przez Ciebie książka czy kaseta audio. Istnieje wiele form zachęty.

Aby pomagać i motywować w ten sposób co trzy dni, sam musisz tryskać entuzjazmem. Sam potrzebujesz motywacji i zachwytu. A nic tak dobrze nie utrzyma Cię w pędzie, jak własny wynik osiągany co trzy dni.

Jeśli chcemy, aby nasi pracownicy robili większe kroki, najpierw sami musimy czynić większe postępy.

NIE POZWÓL WPROWADZIĆ SIĘ SWOIM WYNIKOM W BŁĄD

Z jednej strony, co trzy dni potrzebujesz przynajmniej jednego wyniku. Z drugiej jednak — wyniki niekoniecznie oznaczają, że faktycznie ciężko pracujesz. Może w tej chwili zbierasz żniwo tego, co zasiałeś już przed tygodniami?

To, co robisz w tym tygodniu, będzie miało efekty dopiero w następnym. To, co robisz w tym miesiącu, będzie jasne dopiero w następnym. To, co robisz w tym półroczu, przyniesie żniwo dopiero w następnym. To, co robisz w okresie zimowym, opłaci się dopiero w sezonie letnim.

Wyniki, które dziś osiągasz, niewiele mają wspólnego z wysiłkiem, który dziś podejmujesz. Są one rezultatem Twoich działań w przeszłości. Dziś starania te po prostu się opłacają. Twój tegoroczny dochód jest skumulowanym rezultatem Twojej działalności w ostatnich latach.

Nie pozwól wprowadzić się swoim wynikom w błąd. Przyjrzyj się swoim działaniom i pozostań wydajny.

Zwycięzcy nigdy nie wychodzą z fazy wydajności. Zawsze pamiętają, że swoimi dzisiejszymi działaniami budują — w najprawdziwszym znaczeniu tego słowa — swoją przyszłość. Żyją swoimi słowami: są produktywni i dlatego stanowią dobry wzór do naśladowania.

PRAKTYKA:

Dziś poćwiczę umiejętność bycia wzorem produktywności, zobowiązując się do wykonania następujących kroków:

1. Zadbam o to, aby pozostać w fazie wydajności.
2. Sporządzę plan, który pomoże mi osiągać co trzy dni co najmniej jeden konkretny wynik. Od dzisiaj będę przestrzegać tej reguły.
3. Żeby wspierać moich nowych pracowników w optymalny sposób, przynajmniej co trzy dni będę ich zachęcać do pracy i kontaktować się z nimi. Pracownicy potrzebują takiego wsparcia, aż sami będą potrafili trzymać się reguły trzech

dni. Ale również później może się przydać, jeśli najpóźniej co trzy dni odezwę się do nich w jakiejkolwiek formie.

4. Do moich najważniejszych kierowniczych zadań należy kierowanie poprzez przykład. Zadam sobie dziś pytanie: Czy sam chciałbym mieć siebie za szefa?
5. Przeprowadzę dziś krytyczną ocenę samego siebie: Pławię się w swoich minionych sukcesach czy chowam się za wizjami? Wizje są dobre, ale muszą bazować na czynach.

ZASADA 21

Wszystko, co ważne, zaczynaj jak najszybciej

Pewien mężczyzna poszedł do lekarza. Czuł się wykończony i zmęczony. Waga jego zadań dosłownie go przytłaczała. W głowie ciągle kłębiły mu się sprawy, które jeszcze musiał załatwić. Wydawało się to nie mieć końca. Szczególnie przygnębiał go fakt, że pozornie nigdy nie miał czasu na rzeczy naprawdę w życiu ważne. Jakiś czas temu nabawił się zgagi. Nocą cierpiał z powodu zaburzeń snu, w dzień z powodu zmęczenia. Jego wiara we własne siły była słaba i coraz częściej miewał stany depresyjne.

Mądry lekarz od razu poznał, że przyczyna dolegliwości mężczyzny tkwiła w tym, jak zarządzał swoim życiem. Szczególnie uciążliwe były trzy nawyki, które wpędziły pacjenta w chorobę: mylił sprawy naglące z ważnymi, stosował prokrastynację i do tego był perfekcjonistą.

NAGLĄCE I WAŻNE

Istnieje różnica pomiędzy sprawami, które są ważne, a sprawami, które są pilne. Im dłużej odkładamy na później ważne spawy, tym stają się pilniejsze. Jednocześnie czujemy się coraz gorzej. Dotyczy to nie tylko spraw faktycznie ważnych, ale również stosunkowo nieważnych. Nawet zadania drugorzędne urastają z czasem do monstrualnych rozmiarów.

Tajemnica zwycięzców polega na tym, że ważne sprawy życiowe czynią niesamowicie naglącymi. Wszystko załatwiają najszybciej, jak to tylko możliwe.

Im dłużej odsuwamy od siebie ważne — ale również nieważne — sprawy, tym pilniejszymi i bardziej czasochłonnymi się stają. I od tego zaczyna się błędne koło. Ktoś, kto ciągle musi się martwić o naglące sprawy, nie jest w stanie dostatecznie zadbać o sprawy ważne. Im więcej naglących spraw określa nasze życie, tym mniej jest ono definiowane przez sprawy ważne. Ceną, którą płacimy za tę pilność, jest utrata tego, co w życiu ważne. Ważnym rzeczom w naszym życiu nie powinno wieść się źle dlatego, że musimy martwić się o sprawy, które stały się naglące.

Wyobraź sobie, że przed wyjazdem na urlop pakujesz bagaże do bagażnika. Załóżmy, że najpierw wkładasz mniejsze torby, worki, kurtki i inne drobiazgi. Kiedy jednak chcesz zapakować duże walizki, stwierdzasz, że nie ma już dla nich miejsca. Właściwe postępowanie powinno być inne: najpierw pakujesz największe walizki, a potem w pozostałe wolne miejsca układasz mniejsze torby i worki. Metaforycznie oznacza to, że najpierw należy zaplanować i umieścić w planie tygodnia sprawy ważne w życiu. Wokół nich możemy później „poukładać" mniejsze — nieważne — zadania.

REGUŁA 72 GODZIN

Czy zdarzyło Ci się już kiedyś, że coś sobie zaplanowałeś i mimo to tego nie zrealizowałeś? Prawdopodobnie. Być może stwierdziłeś wówczas z frustracją, że nie jesteś człowiekiem szczególnie zdyscyplinowanym.

W rzeczywistości jednak nie przestrzegałeś po prostu reguły 72 godzin. Reguła ta mówi, że w tym czasie musisz rozpocząć jakieś konkretne działanie zmierzające do realizacji Twoich zamiarów. Jeśli tego nie zrobisz, to szansa, że w ogóle wcielisz swój zamiar w życie, wynosi jedynie 1 do 99. To tak, jakbyśmy nie mogli uwiarygodnić naszemu mózgowi, że naprawdę chcemy coś zrobić, jeśli nawet nie zaczniemy tego najszybciej jak to tylko możliwe. A tego, w co nasz mózg nie wierzy, nie bierze na poważnie i zapomina.

Aby Twoja podświadomość poważnie potraktowała zamiar i o nim pamiętała, musisz zadbać, aby ten trafił do twojego centralnego układu nerwowego. Twój zamiar trafi tam jednak tylko wtedy, kiedy wydasz konkretne polecenie do działania. Motywacja słabnie z każdą godziną, w której zwlekasz z wydaniem decydującego pierwszego impulsu do działania.

RÓŻNICA POMIĘDZY „NATYCHMIAST" I „Z POŚPIECHEM"

Reguła 72 godzin i zasada zaczynania najszybciej, jak to możliwe nie oznaczają, że należy zwiększać szybkość. Przeciwnie, zbytni pospiech powoduje stres i może wpędzić w chorobę. Często wskazana jest powolność, która ma wręcz działanie lecznicze. Człowiek nie jest stworzony do tego, aby wyłącznie pędzić od jednego projektu do następnego.

Pewien przedsiębiorca chciał robić interesy w dżungli i zwerbował afrykańskich tragarzy, aby transportowali jego towary. Pomimo tego, że ciągle skłaniał ich do pośpiechu, trzeciego dnia po prostu usiedli i nic nie było w stanie zmotywować ich do dalszej wędrówki. Wzburzony przedsiębiorca zażądał wyjaśnień. Jeden z Afrykańczyków powiedział: „Szliśmy tak szybko; nasze ciała są wprawdzie tutaj, ale musimy poczekać, aż nasze dusze je dogonią".

Potrzebujemy spokoju i ciszy, aby wsłuchać się w samych siebie, aby porozmyślać, snuć refleksje i planować. Aby określić rzeczy ważne w naszym życiu. Ale istnieje różnica pomiędzy „wielkim pośpiechem" a „natychmiast". Ważne rzeczy powinniśmy rozpoczynać natychmiast, ale nie przeprowadzać ich za wszelką cenę z zawrotną prędkością.

Nie musisz wszystkiego robić na raz i nie musisz zwiększać swojej prędkości. Ale musisz zacząć. I to najszybciej, jak to tylko możliwe.

Rozpoczynanie wszystkiego, co ważne, najszybciej jak to tylko możliwe, uczyń sprawą niesamowicie naglącą.

„ZWLEKANIE"

Reguła zaczynania najszybciej, jak to tylko możliwe dotyczy również czynności, które nie sprawiają Ci aż tyle radości. Celem jest ich jak najszybsze zakończenie. Jednak często w przypadku tych czynności popadamy w „zwlekanie", w ogóle ich nie rozpoczynając.

Z pewnością spotkałeś się z sytuacją, że nie zarezerwowałeś na czas hotelu. Musisz więc obdzwaniać ich wiele, ponieważ wszystkie lepsze nie mają już wolnych miejsc. Gdybyś zrobił to w odpowiednim czasie, wykonałbyś tylko jeden telefon; ale w zaistniałych okolicznościach musisz dzwonić przez godzinę. Nieprzyjemne sprawy stają się z każdą godziną, z którą je od siebie odsuwamy, jeszcze bardziej nieprzyjemne. Dzieje się dokładnie to, czego chciałeś uniknąć: sprawy te zaczynają Cię dręczyć. Nad naszym dniem stale wiszą czarne chmury. Kiedy jednak nieprzyjemne zadanie wykonaliśmy jako pierwsze, dzień staje się piękniejszy, ponieważ czekają na nas już tylko same przyjemne sprawy. Te trudne ciążą dopóty, dopóki ich nie wykonamy.

PERFEKCJONIZM

Istnieje jeszcze jeden ważny aspekt reguły rozpoczynania najszybciej, jak to tylko możliwe. Tak jak ważne jest, aby natychmiast zacząć, tak samo ważne jest, aby skończyć. Nie powinniśmy pozwolić, aby przesadzony perfekcjonizm powstrzymał nas od zakończenia projektu, ponieważ perfekcja oznacza paraliż. Perfekcjonista poświęca około 80% swojego czasu na to, aby doszlifować ostatnie 3% swojego produktu. A 99% ludzi i tak nigdy nie dostrzeże różnicy.

Faktem jest, że nie istnieje doskonałość stworzona przez człowieka.

Pierre Bonnard opowiada, że pewnego razu, uzbrojony w pędzel i małą paletę, udał się do Luwru i zaczął przemalowywać jeden ze swoich obrazów. Strażnicy natychmiast go zatrzymali. Bonnard bronił się: „To mój obraz — nie jest jeszcze gotowy". Jeden z pilnujących odrzekł: „Obraz jest gotowy, inaczej nie wisiałby w Luwrze".

Problemem perfekcjonizmu jest często kryjący się za nim strach przed błędami. Zgodnie z mottem: dopóki projekt nie jest skończony, nikt go nie widzi i nie można znaleźć żadnych błędów.

Większości obszarów dotyczy jednak następującego: sukcesy odnosi nie ten, który nie robi błędów, lecz ten, kto czegoś dokonuje. Kto jednak chce czegoś dokonać i coś stworzyć, będzie je popełniać. Nie możemy mierzyć naszych dokonań miarą tego, jak mało pomyłek popełniliśmy. Wprawdzie w wielu szkołach wystawiane są oceny, musimy jednak mieć swobodę w popełnianiu błędów. Na nich się bowiem uczymy. Jednemu z pracowników Toma Watsona, założyciela IBM, przytrafił się kiedyś błąd, który kosztował firmę 10 milionów dolarów. Kiedy wezwano mężczyznę do biura Watsona, był on pewien, że zostanie zwolniony. Ku jego zdumieniu szef powiedział:

— Pan zwolniony? Nie po tym, jak zainwestowałem dziesięć milionów dolarów w Pana wykształcenie.

Musimy uczyć się na naszych pomyłkach. Wtedy będziemy silniejsi i miejmy nadzieję, że mądrzejsi. Uważa się, że lepiej jest zaczynać z błędami, niż perfekcyjnie zwlekać. Na ogół lepiej jest skończyć projekt z niewielkimi błędami, niż perfekcyjnie go odwlekać.

PRAKTYKA:

Dziś poprawię swoją umiejętność rozpoczynania wszystkiego, co ważne najszybciej, jak to tylko możliwe, zobowiązując się do wykonania następujących kroków:

1. Rano zadam sobie pytanie: „Czego niezbyt lubię?". Sprawy te załatwię jako pierwsze. W taki sposób nieprzyjemne kwestie nie nabiorą niepotrzebnej

wagi. Im wcześniej je załatwię, tym piękniejszy będzie mój dzień, ponieważ będę miał przed sobą już tylko same przyjemności.

2. Następnie zastanowię się: „Co jest dziś moim najważniejszym zadaniem?". Natychmiast rozpocznę jego realizację i nie pozwolę rozproszyć się aż do jego zakończenia. Nawet jeśli tego dnia nic więcej już nie zrobię, to wiem, że załatwiłem to, co najważniejsze.
3. Zadam sobie pytanie: „Co mogę zmienić w swoim życiu, żeby mieć więcej czasu na sprawy ważne, zamiast musieć się martwić o te, które stały się naglące?".
4. Niezależnie, co zaplanuję, rozpocznę to realizować w ciągu 72 godzin. Zrobię przynajmniej pierwszy krok. Zaskakiwanie wszystkich swoją szybkością uczynię sportem. Dziś będę postępować zgodnie z zasadą „najszybciej, jak to tylko możliwe".
5. Sprawdzę, czy wpadłem w pułapkę perfekcjonizmu. Gdzie mógłbym i powinienem zakończyć projekt?

ZASADA 22

Przejmij pełną odpowiedzialność

Pewien mistrz wysłał swojego ucznia do miasta, aby sprzedał pomarańcze. Ten wrócił wieczorem i zaczął się użalać:

— Źle mnie traktowano. Ludzie w mieście mówili, że owoce są przesadnie drogie. W tych okolicznościach nie mogłem nic sprzedać.

Mistrz odparł:

— Niestety, nie jesteś tak bystry i mądry jak pomarańcze.

Uczeń zacisnął usta. Wtedy jego nauczyciel wziął do ręki pomarańczę i zapytał:

— Jeśli wycisnę tę pomarańczę, to co wyjdzie?

— Oczywiście, że sok pomarańczowy — odpowiedział.

— Zgadza się — kontynuował mentor. — Jeśli jednak uderzę w nią młotkiem, co wyjdzie wówczas?

— Również sok pomarańczowy — mruknął młodzieniec.

— A jeśli nadepnie na nią twój muł, co wyjdzie wtedy? — zapytał ponownie mistrz.

— Zawsze będzie wychodził sok pomarańczowy — odrzekł zniecierpliwiony już uczeń.

Na to mistrz odrzekł:

— Pomarańcza zawsze odpowiada tym, co ma w sobie, obojętnie, co jej się przytrafi. Uczy nas, że to od nas zależy, jak zareagujemy na daną sytuację. Ty jednak przypisałeś winę innym i tym samym oddałeś im władzę.

Jeśli sprawy przyjmują zły obrót, wtedy przeważnie szukamy okoliczności lub osób, które moglibyśmy uczynić odpowiedzialnymi za nasze nienajlepsze rezultaty. Winę przypisujemy sytuacji gospodarczej i okolicznościom, w których się znaleźliśmy, naszym rodzicom, życiowemu partnerowi, firmie, zdrowiu, produktom, szefowi...

Czy nie słyszałeś już kiedyś któregoś z poniższych zdań:

„Gdyby to się nie stało, to mógłbym...".

„Gdybym miał więcej czasu / więcej pieniędzy, to wtedy...".

„Byłem w dobrym humorze, dopóki nie zrobiłeś tego...".

Wszystkie one mają jedną wspólną cechę: wypowiadający je ludzie szukają winy poza własną osobą. Kto jednak przypisuje winę innym, ten oddaje im również władzę.

NIE CHODZI O OKOLICZNOŚCI, LECZ O TO, CO Z NIMI ZROBIMY

Możesz żyć jako zwycięzca dopiero wtedy, kiedy przejmiesz pełną odpowiedzialność za swoje życie. Nie możesz być oczywiście odpowiedzialny za wszystkie okoliczności, w jakich się znajdujesz. Ale jedynie Ty jesteś odpowiedzialny za to, jak na te okoliczności zareagujesz i jak je zinterpretujesz. Być może nie odpowiadasz za sytuację gospodarczą, w której się w tym momencie znajdujesz, jesteś jednakże odpowiedzialny za to, co z nią poczniesz.

Złą sytuację możesz wykorzystać jako wymówkę: „...teraz muszę uważać dwa razy mocniej...", lub możesz postrzegać ją jako możliwość: „...co mam do stracenia — nie mogę spaść poniżej dna...".

W odpowiedzialności kryje się słowo „odpowiedzi". Odpowiedzialność oznacza znajdowanie dobrych odpowiedzi mimo wszystkich korzystnych lub niekorzystnych okoliczności. Odpowiadasz dobrze, jeśli koncentrujesz się na swoim celu i niczemu ani nikomu nie pozwalasz, aby odwiódł Cię od podążania obraną przez Ciebie drogą.

George Bernard Shaw ujął to trafnie i zwięźle: „Winę za to, co się posiada, zawsze przypisuje się sytuacjom. Nie wierzę w sytuacje. Ci, którzy na tym świecie czynią postępy, idą i szukają sytuacji, których chcą. A jeśli nie mogą ich znaleźć, to sami je tworzą".

KTO ODRZUCA ODPOWIEDZIALNOŚĆ, JEST WIĘŹNIEM — KTO JĄ PRZYJMUJE, JEST WOLNY

Jednym z najwybitniejszych psychologów tego stulecia był Victor Frankl. Przez wiele lat był więźniem obozu koncentracyjnego. Całą jego rodzinę stopniowo wymordowano. On sam był torturowany i bliski śmierci.

Nagle doznał oświecenia: „Nikt poza mną nie ma władzy nad moim wewnętrznym nastawieniem. Mogą mnie bić i stracić moją rodzinę, ale moje myśli należą do mnie. Ja mam władzę, aby decydować, jak chcę ocenić całą sytuację".

I powiedział sobie: „Jeśli ja potrafię w tych ekstremalnych warunkach zachować swoją tożsamość i swój charakter, to potrafią to też wszyscy ludzie".

Victor Frankl podsumował swoje spostrzeżenia w jednym zdaniu: „Ostatnią z wolności człowieka jest możliwość samodzielnego decydowania o swoim podejściu do każdej zaistniałej sytuacji".

We wszystkich okresach były rzesze ludzi, których uczyniono niewolnikami lub więźniami. Czegóż by nie zrobili, żeby być wolnymi — tak wolnymi, jak my. Musimy sobie uświadomić, jak naprawdę jesteśmy niezależni. A przede wszystkim codzienne powinniśmy zadawać sobie pytanie: Co robimy z tą nieograniczoną swobodą?

CODZIENNIE MAMY WYBÓR

Wielu mędrców mówiło o tym, że każdy nowy dzień jest jak narodziny. Dlaczego? Ponieważ każdego dnia ponownie mamy wybór, żeby zdecydować się na nowe życie. Każdy dzień obdarza nas drogocennym prezentem: daje nam w darze chwilę, w której można zmienić wszystko, co nas unieszczęśliwia.

Skłaniamy się jednak ku temu, aby prezentów tych nie dostrzegać. Ponieważ jeśli byśmy przyznali, że mamy wybór, to nie mielibyśmy już żadnego usprawiedliwienia. Wtedy wszystko zależałoby już tylko i wyłącznie od nas. Tak więc okolicznościom, które nie są od nas zależne, dajemy dużo więcej władzy, niż się im należy. Wynik nie jest pozytywny — nie żyjemy tak, jak chcemy. W ten sposób sami siebie niszczymy.

Jest wiele sposobów, żeby zniszczyć samego siebie. Możemy uśmiercić nasze ciało, miłość i marzenia. Inni być może nawet nie usłyszą, co robimy. Wielu sądzi, że nie są dostatecznie silni, aby doprowadzić do zmian, które uczynią ich wolnymi. Zamiast tego podejmują niewiarygodny wysiłek, aby utrzymać swoje własne zniewolenie.

Wielu ludziom trudno zaakceptować, że ponoszą pełną odpowiedzialność. Kto ją odrzuca, jest podobny do młodego Wolfganga. Ten spędzał swoje przerwy obiadowe z kolegami z pracy i za każdym razem uskarżał się na przyniesione kanapki: „Coś ohydnego, znowu ser z pomidorami — nienawidzę kanapek z serem i pomidorami". Dzień w dzień to samo. W końcu jeden z kolegów miał już dość i powiedział:

— Jeśli nie lubisz kanapek z serem i pomidorami, to powiedz swojej żonie, żeby zrobiła ci coś innego.

— Rany boskie — odrzekł Wolfgang. — Nie jestem żonaty, sam sobie robię kanapki.

Również w życiu każdy sam robi sobie kanapki. To my wybieramy.

PRZEJMOWANIE ODPOWIEDZIALNOŚCI ZA SUKCES ZAWODOWY

To, czy w swojej działalności uzyskujesz przeciętne wyniki, czy też czerpiesz ponadprzeciętną nagrodę, to wyłącznie Twoja sprawa. Do zadań Twojej firmy nie należy zagwarantowanie Ci fantastycznego dochodu. Nie jest zadaniem Twojego szefa, aby podstawiać Ci drabinę do sukcesu. Nie jest rolą Twojego małżonka/Twojej małżonki, żeby wyłączać telewizor, przynosić Ci kurtkę i wysyłać Cię do pracy.

Oczywiście nie wszystko zawsze przebiega idealnie. Ale od Ciebie zależy, jak zareagujesz. Możesz odpowiedzieć niesprzyjającym okolicznościom, pozwalając, aby Cię hamowały albo nastawieniem, że mimo wszystko osiągniesz swoje cele.

Tak więc na przykład tylko Ty sam jesteś odpowiedzialny za to, ile zarabiasz. Podwyżki się nie „dostaje", tylko ją sobie wypracowuje. Biada temu, kto stale marnuje swoje szanse. Kiedyś będziemy się tłumaczyć przed nami samymi: Co zrobiliśmy z naszymi umiejętnościami? Nie możemy uciekać przed decyzjami, które czynią nas wolnymi. Zrezygnowalibyśmy — w przeświadczeniu, że zmarnowaliśmy nasze życie.

PRZEJMOWANIE ODPOWIEDZIALNOŚCI ZA NASZ STOSUNEK DO INNYCH

Ciężko jest przyznać, że zawsze mamy władzę nad własnymi reakcjami. Szczególnie, kiedy własna, wybrana reakcja była zła. Kłócić się tylko dlatego, że ten drugi zaczął, nie ma sensu. Możemy odpowiedzieć czymś innym niż kłótnią i wojną. Pogoń za jadowitym wężem, który nas ukąsił, tylko przyspiesza rozprzestrzenianie się jadu po organizmie. Lepiej od razu podjąć działania zmierzające do neutralizacji trucizny.

Zamiast wszczynać kłótnię, powinniśmy pamiętać, że mamy władzę nad naszymi reakcjami. Pod tym względem pomocne mogą się okazać następujące przemyślenia:

- Często byliśmy bodźcem wyzwalającym nieprzyjazne zachowania drugiej osoby. Kiedy sobie to uświadomimy, stajemy się sprawcą — i mamy władzę, aby coś naprawić.
- Za gniewem innej osoby często kryje się strach. Tak więc za jakimś wybuchem złości może stać strach, że nie jest się dla innych dostatecznie dobrym.

- Łatwiej jest zmienić swoje własne zasady niż innych ludzi. Wielokrotnie ustalaliśmy reguły dla innych do tego stopnia, że nigdy nie będą mogli nas zadowolić.

Wtedy przyczyna naszego rozczarowania leży w zbyt wygórowanych regułach i oczekiwaniach — a nie w innych.

Jeśli ktoś zachowuje się w stosunku do nas niestosownie, to od razu powinniśmy przypomnieć sobie, że mamy wolność do zadecydowania, jak chcemy na to odpowiedzieć. Najlepiej jeśli odłożymy naszą „spontaniczną reakcję" na parę sekund i zastanowimy się:

1. Czy jego działanie było może tylko reakcją na moje wcześniejsze złe zachowanie?
2. Czy za tą złością mogę dostrzec strach i dzięki temu lepiej zrozumieć tę drugą osobę i jej pomóc?
3. Dlaczego właściwie się denerwuję? Czy przyczyna tkwi w tej drugiej osobie, czy w moich wygórowanych zasadach lub w mojej niepewności?

ZAAKCEPTUJ TO, ŻE MASZ WŁADZĘ

Zaakceptuj, że Twoje życie jest obecnie takie, jakie jest, ponieważ w przeszłości wytyczyłeś takie kierunki działania. Dopiero wówczas możesz podjąć decyzję o wyznaczeniu kierunków zmierzających do lepszej przyszłości. Dopiero wówczas masz władzę nad swoim życiem.

Pewien mistrz znał odpowiedź na każde pytanie. Dwóch uczniów tak bardzo to złościło, że postanowili go nabrać. Chcieli trzymać za swoimi plecami małego ptaszka i zapytać go, czy zwierzątko jest żywe, czy martwe. Jeśli mistrz odpowiedziałby: „Ptak żyje", chcieli szybko ścisnąć mu gardło. Natomiast jeśli odpowiedź brzmiałaby: „Jest nieżywy", to po prostu wypuściliby ptaka. Również w tym przypadku mistrz byłby w błędzie.

Tak więc stanęli przed mistrzem i spytali:

— Powiedz nam, czy ten mały ptaszek za naszymi plecami żyje, czy jest martwy? — Mistrz przez chwilę patrzył na nich ze spokojem i odpowiedział:

— Co bym nie powiedział, to leży w waszych rękach.

Możesz wszystko zmienić: od swoich relacji po konto bankowe — i to od dnia, w którym zdecydowałeś się zacząć działać. Jesteś bowiem odpowiedzialny nie tylko za to, co robisz, ale i za to, co zaniedbujesz.

Stara piosenka opowiada o pewnym mężczyźnie, który idzie, żeby kupić papierosy. Nagle przychodzi mu do głowy zwariowana myśl: „Co by było, gdybym teraz tak po prostu spontanicznie pojechał do Nowego Jorku?". Ma przy sobie swój paszport i dostateczną ilość pieniędzy. Przez całe życie o tym marzył. Wyobraża sobie, jak pięknie by było — chociaż raz zrobić coś szalonego. A potem kupuje papierosy i wraca do domu...

Od Ciebie zależy, czy będziesz żył swoimi marzeniami. Jeśli zaczniesz już teraz — w tym momencie — wtedy możesz zrobić prawie wszystko, co zechcesz. Masz władzę. Ale uwaga: Kto zbyt długo rezygnuje ze swojej władzy, ten ją traci.

Zwycięzcy zawsze przejmują pełną odpowiedzialność i nigdy nikomu ani niczemu nie oddają władzy nad swoim życiem. Wiedzą, że niemal na wszystko, co się dzieje w ich życiu, mogą mieć wpływ. Ale zawsze mogą zdecydować, jakie znaczenie chcą nadać tym wydarzeniom i jak na nie zareagują.

Wiedzą, że wszystkie negatywne emocje tracą swoją moc w momencie, w którym to oni przejmują odpowiedzialność.

PRAKTYKA:

Dziś poćwiczę przejmowanie odpowiedzialności za swoje życie, zobowiązując się do wykonania następujących kroków:

1. Nie będę dziś przypisywać winy żadnej osobie i żadnym okolicznościom. Ponieważ temu, kogo obwiniam, oddaję władzę. A chcę być panem swojego życia.
2. Kiedy narażę się na pokusę postrzegania jakiejś sytuacji za zbyt trudną, zamknę oczy i wyobrażę sobie osobę, która jest szczególnie silna. Zadam sobie pytanie: Co ona sądziłaby o takiej sytuacji i jak by postąpiła?

3. Jeśli nie osiągnę dziś celu, to przejmę za to odpowiedzialność. Tak samo przejmę odpowiedzialność, jeśli coś mi się uda. Nie będę czynić za to odpowiedzialnymi losu lub osób, które mi pomogły. Będę raczej odczuwać dumę i radość z mojego sukcesu. W ten sposób aktywnie będę dalej wzmacniać swoją wiarę we własne możliwości.
4. Jeśli ktoś zachowa się w stosunku do mnie agresywnie, zastanowię się, czy nie zrobiłem czegoś, co go zdenerwowało lub przestraszyło. Sprawdzę czy moje oczekiwania nie są wygórowane.

ZASADA 23

Naucz się obchodzić ze strachem

Podczas spaceru po lesie dziecko trafiło na polanę z dwoma ogrodami, w których każdorazowo pracował jeden ogrodnik. Ogrody bardzo różniły się od siebie. Jeden był pełen chwastów, a znajdujący się w nim pracownik ustawicznie klął.

Drugi był okazały i harmonijny, a przebywający w nim ogrodnik gwizdał z zadowoleniem jakąś piosenkę. Wydawało się, że wszystko robi bez trudu. Dziecko bardziej chciało poznać tego odprężonego człowieka i spytało go, dlaczego potrafi pielęgnować swój ogród tak łatwo i bez wysiłku, podczas gdy drugi ogrodnik bez przerwy pracuje, a i tak nie ma ładnego ogródka.

Mężczyzna odpowiedział: „Wcześniej próbowałem tego samego, co mój kolega. Ale w ten sposób nie mogłem się pozbyć chwastów. Zawsze, kiedy je wyrywałem, w ziemi pozostawały korzenie i chwasty odrastały. Odrastały szybciej, niż byłem w stanie je wyrywać.

Wtedy zrobiłem inaczej. Poszukałem kwiatów, które rosły szybciej niż chwasty. Kwiaty te wkrótce przykryły wszystkie chwasty i mój ogród sam z siebie utrzymuje czystość".

Zanim dziecko poszło dalej, na skraju lasu odkryło jeszcze jeden, trzeci ogród pełen trujących roślin. Uprzejmy ogrodnik wyjaśnił mu, jaka jest tego przyczyna: „Człowiek, który zasadził te rośliny, jest wspaniałym lekarzem. Jest z nas najmądrzejszy. Z trujących roślin robi lekarstwa".

Każdy człowiek ma obawy — również ten, który dokonuje czegoś wielkiego. Odważnym nie jest ten, który się nie boi, lecz ten, który pomimo strachu podejmuje kroki, żeby go przezwyciężyć.

Strach jest wyobrażeniem tego, co nie powinno nastąpić. Im wyraźniej kreślimy sobie to wyobrażenie — im częściej to robimy — tym silniejszy i bardziej paraliżujący jest strach. Nie jesteśmy w stanie ochronić się przed bodźcem go wywołującym. Możemy jednak uczynić strach przyjacielem lub go przyćmić.

Ale przede wszystkim nie pozostajemy bezbronni wobec stałej obawy. Możemy zapobiec temu, że lęk stanie się w naszym życiu zjawą.

STRACH MOŻEMY PRZYĆMIĆ WDZIĘCZNOŚCIĄ

Nie możemy wyrwać naszego strachu tak łatwo jak chwastów. Wyobraź sobie, że wyłączasz światło i w pokoju jest ciemno, choć oko wykol. Co możesz począć w obliczu ciemności? Walczyć z nią, czy przepędzić — jedno i drugie nie miałoby sensu. Możesz jedynie ją przyćmić, włączając światło.

Strach jest jak ciemność — nie można go przepędzić. Im bardziej próbujemy, tym silniejszy się staje. Im większą presję wywieramy, tym silniejszy stawia opór. Ale możemy przyćmić strach, tak jak światło ciemność.

Wyjaśnienie tego jest proste: Nasz mózg może przetwarzać tylko jedną myśl na raz. Jeśli będziemy się zajmować przeciwieństwem strachu, nie będziemy mogli go jednocześnie odczuwać. Przeciwieństwem lęku nie jest odwaga. Ponieważ również odważny się boi — ale podejmuje działania mimo strachu. Właśnie dlatego nazywamy go „odważnym".

Przeciwieństwem strachu jest wdzięczność. Zauważysz, że nie potrafisz odczuwać strachu, kiedy jesteś wdzięczny. Jeśli przyjdzie Ci do głowy pięć rzeczy, za które możesz być wdzięczny, lęk minie, jak ręką odjął. Mogą to być „proste" rzeczy, jak Twoja zdolność chodzenia, widzenia, mówienia, czytania, Twój samochód, mieszkanie, ludzie, których kochasz i przez których jesteś kochany...

Nazbyt często postrzegamy wszystko jako coś oczywistego — do momentu, kiedy tego zabraknie. W chwili, w której nie możemy już chodzić, odkrywamy, jaki to dar.

Powinniśmy pamiętać o tych rzeczach, wtedy wzbogacimy tą świadomością nasze życie.

WIELKIE CELE PRZYĆMIEWAJĄ STRACH

Innym sposobem przyćmienia lęku jest skoncentrowanie się na swoim celu. Strach może nas obezwładnić tylko wtedy, kiedy odwrócimy wzrok od naszego celu. Co tydzień zawsze zapisuj swoje najważniejsze cele. Poza tym codziennie wizualizuj sobie, jak będziesz cieszyć się życiem, kiedy już je osiągniesz.

Zauważysz, że nie odczuwasz żadnego strachu, dopóki marzysz o swoich celach. Co prawda kosztuje to codziennie parę minut, ale to nic w porównaniu z czasem, który by kosztowało nieruchome siedzenie spowodowane ogromnym niepokojem.

Wprawdzie strach powraca po pewnym czasie od wizualizacji — ale możesz mu się przeciwstawić ze spokojem. I możesz wykorzystać go jako sygnał: teraz jest czas, żeby znów pomyśleć o celach.

DZIESIĘĆ PRAKTYCZNYCH PORAD

Jeśli się boisz, przeczytaj te 10 punktów:

1. Zadaj sobie pytanie: Co stało się z moimi obawami z przeszłości? Wówczas uświadomisz sobie, że tylko maksymalnie 5% wszystkich obaw kiedykolwiek staje się rzeczywistością. Zastanów się, czy Twoje lęki rzeczywiście są uzasadnione — czy może tylko „kłopoczesz" się czymś, co właściwie nie istnieje.
2. Zapisz pięć rzeczy, za które jesteś wdzięczny. Powiedz sobie: Dotychczas wszystko szło dobrze — z tym zadaniem również sobie poradzę.
3. Większość rzeczy, których się obawiamy, pojawi się — jeśli w ogóle — dopiero w przyszłości. Na dzień dzisiejszy w większości nie mają żadnego wpływu. Dlaczego więc już teraz miałbyś cierpieć?
4. Uświadom sobie, że możesz doskonale poradzić sobie z tym dniem; i z jeszcze jednym. Życie składa się z szeregu kolejnych dni.
5. Jeśli ma Cię ogarnąć strach, najszybciej jak to możliwe porozmawiaj z jakimś zwycięzcą. W jego obecności trudno o strach. Zastanów się, jak postąpiłaby teraz pewna określona osoba.
6. Działaj. Wprawdzie wykonanie czegoś, gdy przepełnia Cię strach, może być trudne, ale właśnie teraz to jest

najważniejsze. Ponieważ: Kajdany strachu cisną najmocniej, kiedy bezczynnie siedzimy.

7. Nigdy się nie pytaj, czy potrafisz wykonać zadanie. Pytaj tylko: Jak je wykonam? Nieważne, co się stanie — zawsze znajdziesz jakieś rozwiązanie.
8. „Hoduj" pozytywne wyobrażenia. Śnij swój własny film fabularny z happy endem.
9. Słuchaj inspirującej muzyki. Przyćmisz wówczas strach niczym ciemność światłem.
10. Zajrzyj do swojego dziennika sukcesów. Szybko dostrzeżesz, jak dobry jesteś i że nie musisz się niepotrzebnie „martwić".

STRACH MOŻE BYĆ TRUCIZNĄ LUB LEKARSTWEM

Zastosowanie niewielkiej dawki strachu jako bodźca nie jest ostatecznie wcale takie złe. Z lękiem jest jak z trucizną — zbyt wiele paraliżuje i zabija, ale odrobina może podziałać jak lekarstwo. Dlatego impuls wywołujący strach jest mile widziany przez zwycięzców. Nie dopuszczają oni jednak do tego, żeby ich paraliżował.

Zwycięzcy odkryli, że odrobina strachu jest dobrym bodźcem. Droga, którą podążamy, może najwięcej nauczyć i najbardziej rozwinąć, lecz jest często drogą związaną ze strachem. Zwycięzcy mawiają: „Jeśli przed postawieniem nowego kroku nie odczuwam strachu, to znak, że krok, który właśnie chcę uczynić, jest dla mnie o numer za mały".

Zwycięzcy postrzegają swój strach jako uspakajającą oznakę tego, że znajdują się na właściwej drodze. Zaprzyjaźniają się z nim, traktują go jak możliwą pobudkę swojego osobistego rozwoju.

KATASTROFY

Zwycięzcy nie obawiają się również katastrof. Wiedzą, że w ich życiu te nastąpią, tak jak i chwile wielkiego smutku. Nikomu nie jest to oszczędzone.

- Ale po pierwsze, stratą czasu i energii byłoby cierpienie, mimo że nic strasznego się nie wydarzyło.
- Po drugie, zwycięzcy wiedzą, że znajdą wystarczająco dużo siły i mądrości, aby poradzić sobie również z mrocznymi czasami.
- Po trzecie, zawsze istnieje nowy początek.
- Po czwarte, katastrofy często stanowią później — nawet jeśli nie wyszukaliśmy ich dobrowolnie — ważny element naszego życia. Richard Bach mówi: „To, co dla gąsienicy wydaje się być końcem świata, jest dla Stwórcy narodzinami motyla".

POMOCNE NASTAWIENIE ZASADNICZE

Zwycięzcy często są w swojej wierze zupełnie naiwni. Wierzą na przykład, że w ich życiu istnieje pewnego rodzaju kierownictwo i wszystko ma jakiś sens. Nie zawsze można go od razu dostrzec, często trzeba poszukać.

Niejeden może zbyć takie nastawienie jako naiwność. Ale jaka jest alternatywa? Wierzyć w szczęście i pecha, które bez ładu i składu zostały rozdzielone pomiędzy ludzi. Kto nie widzi siebie jako ofiary przypadkowych zdarzeń, tylko we wszystkim upatruje nauki i przestrogi, może być spokojny.

Podczas gdy zwycięzcy z jednej strony poszukują głębszego sensu, z drugiej strony postrzegają siebie w ogólnym obrazie kosmosu. Przy tym uzmysławiają sobie, że ziemia nie kręci się tylko wokół nich. Wszystkie ich życzenia, obawy i katastrofy nie są niczym więcej, jak tylko niewielkim powiewem wiatru w przestrzeni czasu. Życie postrzegają jak grę. Błędy nie są w niej aż tak poważne. Nawet jeśli przegrają, w każdej chwili mogą rozpocząć ją od nowa.

To, co wydaje się być sprzecznością, jest w rzeczywistości paradoksem. Postrzeganie życia jako gry i jednoczesne poszukiwanie sensu oznacza jedno i drugie: Z jednej strony pewną lekkość i zdrowy dystans. To pomaga nam, nie brać zbyt poważnie nas samych i naszych raczej nieważnych obaw.

Z drugiej jednak strony wiara w sens budzi zaufanie. Pytanie o znaczenie i poszukiwanie głębszej wiedzy zapobiegają powierzchowności.

Jedno bez drugiego nie byłoby kompletne. Szczerość i kokieteryjny dystans doskonale się uzupełniają. Kto postrzega życie jako grę i poszukuje wiedzy, nie będzie nadmiernie cierpiał z powodu obaw.

PRAKTYKA:

Dziś poprawię swoją umiejętność postępowania ze strachem, zobowiązując się do wykonania następujących kroków:

1. Jak tylko „dopadnie" mnie strach, natychmiast przeczytam 10 punktów dotyczących postępowania z nim.
2. Zapiszę dziś co najmniej pięć rzeczy, za które jestem wdzięczny. Rozumiem, że chroniczny strach nie jest czymś przypadkowym i że ja decyduję, co z nim zrobię. Mogę go przyćmić wdzięcznością, kiedy tylko zechcę.
3. Dziś chcę przyjąć inny sposób postrzegania strachu. Będę postrzegać lęk jako pożyteczny bodziec do osiągnięcia sukcesu. Niewielka jego dawka świadczy o tym, że się staram i rozwijam. Gdym nie bał się następnego kroku, to krok ten byłby dla mnie o numer za mały.
4. Dziś nie będę brać zbyt poważnie moich życzeń i obaw. Jestem tylko częścią całości.

ZASADA 24

Skoncentruj się na swoich mocnych stronach

Pewne drzewo bardzo cierpiało z tego powodu, że było małe, pochyłe i zrośnięte. Wszystkie inne drzewa były w porównaniu z nim dużo większe i ładniejsze. Z całej duszy pragnęło być takie, jak one i elegancko kołysać koroną na wietrze.

Ale małe drzewo rosło na skalnej ścianie. Swoje korzenie wczepiło w niewielką ilość ziemi, która osadziła się w szczelinie. Jego gałęzie ciągle smagał lodowaty wiatr. Słońce drzewo widziało tylko przez pół dnia, ponieważ w południe znikało za skałą, żeby opromieniać te wszystkie rośliny rosnące na zboczu góry. Dlatego też nie urosło większe — i narzekało na swój los.

Kiedy pewnego poranka patrzyło na dolinę i błogo rozkoszowało się pierwszymi promieniami słońca, nagle pojęło coś, co uczyniło je szczęśliwym: Żadne inne drzewo nie mogło choćby o jedną dziesiątą patrzeć tak daleko jak ono. Skalna ściana chroniła je przed lodem i śniegiem. Jego zrośnięty krzywy pień, sękate, ale silne konary dokładnie pasowały do miejsca, w którym stało. Inne drzewa, tam na zboczu, też miały swój styl i swoje miejsce. Ale ono było jedyne w swoim rodzaju; miało wiele, wiele zalet.

Każdy człowiek musi nauczyć się żyć z tymi talentami, które posiada. Musimy koncentrować się na rzeczach, które potrafimy, mamy i rozumiemy. Często jednak ludzie skłaniają się ku temu, aby większą uwagę zwracać na to, czego nie potrafimy, nie mamy i nie rozumiemy.

BEZSENSOWNE ŻYCZENIA

Wielu myśli, że życie byłoby prostsze, gdybyśmy zostali obdarzeni większymi zdolnościami, talentami i inną naturą. I tak na przykład, chorowita osoba może myśleć, że byłoby łatwiej, gdyby miała dobre zdrowie — ale go nie ma.

Samotna matka może sobie mówić, że z pewnością lepiej by było spędzać więcej czasu z dziećmi i nie musieć tak ciężko pracować — ale musi.

Gdybyś potrafił fantastycznie śpiewać lub był w jakiś inny sposób genialnie uzdolniony — czyż wszystko nie byłoby dużo prostsze? Odpowiedź: Prostsze prawdopodobnie by nie było.

Za każdy sukces płacimy bowiem cenę. Ale najważniejsze: Mamy tylko te talenty, które mamy.

A gdybyś teraz miał więcej pieniędzy, lepsze zdrowie, bardziej kochającego partnera... to wtedy wszystko byłoby łatwiejsze? Odpowiedź: Miałbyś wtedy inne problemy.

WAŻNE JEST, CO ZROBIMY Z TYM, CO ISTNIEJE

Czymkolwiek obdarzyło Cię życie: tak już jest. Nic i nikt tego nie zmieni. Zawsze będziesz uważał, że niektórzy ludzie mają więcej talentów niż inni.

Pytanie o „sprawiedliwość" wcale nam nie pomaga. Po pierwsze, nie wiemy dokładnie, jaką cenę płacą inni. Po drugie, posiadamy talenty, których inni nie mają. Decydujące znaczenie ma jednak fakt, że nie chodzi aż tak bardzo o uzdolnienia. Dużo ważniejsze jest, co zrobimy z tym, co mamy.

Możesz siedzieć w domu i życzyć sobie innych uzdolnień — ale to nie zmieni przyszłości. To tak, jak z partią pokera. Gracz z najlepszymi kartami — który ma szczęście — odnotuje jedynie krótkotrwałe sukcesy. Ostatecznie zawsze wygra najlepszy, czyli ten, który najlepiej zna grę i najlepiej w nią gra.

Jeśli nie posiadasz tych samych talentów co Twoi bliźni, to może musisz podążać innymi drogami.

Był raz uczeń, który nie dawał sobie rady z językiem angielskim. Sposób, w jaki szkoła uczyła języka obcego, po prostu mu nie leżał. Był najgorszy w swojej klasie. Często życzył sobie mieć więcej „wyczucia dla języków obcych". Uczeń ten mieszkał później przez jakiś czas w USA. Dziś zna angielski o wiele lepiej niż wszyscy jego szkolni koledzy.

Nigdy nie decyduje samo uzdolnienie. Ważniejsze jest, co zrobimy z naszym życiem.

WYTRWAŁOŚĆ PRZEWYŻSZA UZDOLNIENIA

Powinniśmy wystrzegać się gloryfikowania uzdolnień innych ludzi. Najczęściej bowiem nie wiemy dokładnie, na ile sukces ten opiera się na uzdolnieniu, a na ile na ciężkim treningu.

Zwycięzcy są w każdym razie zgodni co do tego, że nadzwyczajne osiągnięcia wywodzą się przede wszystkim z treningu. Wiele osób nie chce tego przyjąć do wiadomości, gdyż zostaliby pozbawieni swojego „najlepszego" usprawiedliwienia: braku konieczności zdyscyplinowanego treningu ze względu na brak talentu.

Niezależnie od posiadanych kart, każdy może wygrać grę. Być może potrwa to trochę dłużej i będzie musiał trochę ciężej nad tym popracować. Ale z odpowiednim zdecydowaniem i odpowiednią wytrwałością zawsze znajdzie sposób, aby dotrzeć do celu. Jeśli na drodze pojawią się przeszkody, to je obejdzie, przeczołga się pod nimi lub będzie się na nie wspinał. Ktoś, kto polega tylko na swoich dobrych kartach, stanie przed problemem zrezygnowany i będzie sobie życzył lepszych kart.

Rozpocznij od miejsca, w którym właśnie się znajdujesz; niezależnie od tego, jak wygląda Twoja sytuacja. I zadbaj o to, abyś robił to lepiej — każdego dnia po trochu. Krok po kroku. Nie czekaj na lepsze okoliczności — sam je twórz, takie, jakie chcesz.

MOCNE I SŁABE STRONY

Każdy z nas ma mocne i słabe strony. Wielu koncentruje się na słabościach i uważa, że w nich znalazło przyczynę, dlaczego nie mogą osiągnąć sukcesu. Dobra wiadomość brzmi: Dla naszego sukcesu większość słabych stron jest zupełnie bez znaczenia. Najlepszy krzew różany to nie ten z małą ilością kolców, lecz ten z najwspanialszymi kwiatami. Nikt nie stał się bogaty tylko dlatego, że pozbył się swoich słabych stron. To nie słabe strony, które zwalczyłeś, uczynią Cię bogatym, tylko Twoje zalety.

Jeśli zwalczyłeś u siebie jakąś słabą stronę — to co tym osiągnąłeś? Nic, poza tym, że już tej słabej strony nie masz. Nie masz dzięki temu ani więcej pieniędzy, ani sukcesów. Jesteś średnią, dopóki nie rozwiniesz swoich mocnych stron. Powinniśmy je rozwijać, co nas uczyni bogatymi.

Nie narzekaj na swoje słabe strony. Istnieje liczna grupa ludzi, którzy wiedli szczęśliwe życie dokładnie z taką samą słabostką — z brakiem pewności. Oczywiście nie możesz też ich ignorować, w przeciwnym razie zniszczą Twoje sukcesy.

Ale możesz znaleźć rozwiązanie. Jeśli nie jesteś dobrym księgowym, to zatrudnij księgowego. Najlepiej postrzegaj swoje słabe strony jako szanse na podążanie nowymi drogami i współpracę z ludźmi, którzy dokładnie tam posiadają mocne strony.

Skoncentruj się na swoich mocnych stronach i je rozwijaj. Poszukaj ludzi, których możesz trenować w ich obszarze. Połącz się z nimi i pozwól się inspirować.

NASZE CZYNY NAS PRZEŚLADUJĄ

Oczywiście zauważysz, że za większość okoliczności Ty sam ponosisz odpowiedzialność. Dotyczy to zarówno tych korzystnych, jak i mniej pożądanych. Ważny jest przy tym związek i perspektywa. Być może również błędy i porażki mogą mieć w przyszłości jakiś sens. To jak przy grze w karty. Jedna karta sama w sobie nie jest ani dobra, ani zła. Dopiero cała talia decyduje o tym, jak poszczególne karty do siebie pasują.

Trochę możesz w swoim życiu zmienić — więc zrób to. Niektórych rzeczy nie będziesz mógł lub nie będziesz chciał zastąpić tak szybko lub w ogóle — zaakceptuj to. I naucz się odróżniać jedno od drugiego. Naucz się przy tym dostrzegać zalety, które częstokroć kryją się za „wadami". Coś, z czego przez dłuższy się podśmiewano i drwiono, może stać się pewnego dnia twoim znakiem firmowym.

FATALNE PORÓWNANIE Z INNYMI

Porównujemy się z innymi z nadzieją, że dobrze przy tym wypadniemy. W rzeczywistości jednak często stwierdzamy, że albo innych przewyższamy, albo im nie dorównujemy. Jedno i drugie jest mało pomocne.

Jeśli stwierdzimy, że przewyższamy innych, to uważamy, że odnieśliśmy sukces. Przy czym miara, którą się mierzymy, jest wątpliwa. Być może to inni przestali się dalej rozwijać. W takim przypadku chowalibyśmy się za porażkami innych.

Jeśli w porównaniu okaże się, że nie dorównujemy innym, też to niewiele pomoże. Zawsze możemy znaleźć osoby, które w określonych dziedzinach nas przewyższają. W takim przypadku tracimy prawdopodobnie odwagę i wiarę we własne możliwości. Kto jednak skoncentruje się na sobie, odkryje, że jest jedyny w swoim rodzaju. Dlatego porównanie ani nie ma sensu, ani nie jest możliwe. Możemy mierzyć się tylko naszą własną miarą. Powinniśmy porównywać się z osobą, którą moglibyśmy być.

WYJĄTKOWOŚĆ

Nikt nie jest taki jak Ty. Nikt nie potrafi — i nie będzie potrafił — wykonać dokładnie tych zadań, które tylko Ty możesz wykonać na swój własny sposób. Ważne są tutaj osobiste doświadczenia i mieszanka Twoich umiejętności.

Być może uczynisz zarzut: „Ale to, co dotychczas zrobiłem, mogliby zrobić też inni". Zasadniczo jest to mało prawdopodobne. Ale ważniejsze jest coś innego: Ty to zrobiłeś! Ty i nikt inny. I tak też będzie w przyszłości.

Żaden inny człowiek nie może zająć Twojego miejsca. Im mniej porównujesz się z innymi, a koncentrujesz na sobie, tym bardziej dostrzegasz swoją wyjątkowość i swoje zalety. Nigdy nie pragnij mocnych stron innych ludzi, tylko rozwijaj swoje własne.

Poza tym porównania z innymi często wywołują zazdrość i zawiść.

ZAWIŚĆ

Zawiść zawsze wynika z poczucia, że nie dorównujemy innym. Przesłankę do tego stanowi zatem brak wiary we własne możliwości. Osoba rzekomo innym niedorównująca szuka więc sposobów komunikowania się z takimi ludźmi, którzy w jej oczach znajdują się na wyższym poziomie. Zazdroszcząc im, tworzy z nimi powiązania.

Kto czuje, że nie dorównuje innym, ma tylko dwie możliwości, aby związać się z osobą go przewyższającą: albo do niej dorównuje, albo ciągnie ją w dół do swojego poziomu. Istnieją dwie możliwości, aby dotrzeć do najwyższego budynku w mieście. Zburzymy wszystkie inne budynki lub popracujmy nad naszym własnym. Ludzie, którzy nie mają odwagi, aby wspiąć się na wyższy poziom, starają się sprowadzić innych do swojego. Przy tym insynuują im wiele złych rzeczy, ponieważ okradanie dobrego człowieka przychodzi raczej z trudem.

Najgorsze w zawiści nie jest poniżanie osób odnoszących sukces. Raczej to, że osoba zawistna pozbawia się możliwości poprawy samej siebie. Zamiast opuścić swój poziom, wykorzystuje energię, aby innych do niego ściągnąć.

ZAZDROŚĆ

Przesadna zazdrość jest pewną formą braku wiary we własne możliwości oraz strachu, że nie jest się dość dobrym. To uczucie powstaje również, jeśli nadmiernie porównujemy się z innymi. W wielu związkach dochodzi do okropnych scen zazdrości. To, co w tym najtragiczniejsze: zamiast spożytkować swoją energię na bycie dla tej drugiej osoby bardziej interesującym, zazdrośnik krępuje i ogranicza. Prędzej czy później inni zaczną poczytywać to za słabość. Tym samym zazdrość powoduje ciągle to, czemu stara się zapobiec: odsuwa partnerów od siebie.

Panuje mylne przeświadczenie, że zazdrość jest nieomylną oznaką prawdziwej miłości. Błąd: Tam, gdzie rządzi strach i uzależnienie, miłość nie może rozkwitać. Miłość wspiera i daje wolność, zazdrość chce tylko zakuć w łańcuchy, sparaliżować i zdusić.

Zazdrośnik chce umocować swoją pewność siebie na swoim partnerze. W tym celu degraduje innych ludzi do roli kuli, przy której pomocy może poniekąd dobrze chodzić. Niektórzy tkwią niegodnie w takiej sytuacji przez długi czas ze strachu, że drugi raz nie znajdą tej „właściwej" osoby. W rzeczywistości jednak chodzi o strach, że dla tej właściwej osoby samemu nie jest się dostatecznie dobrym.

Kto w głębi swego serca czuje się mało warty i gardzi samym sobą, będzie te pogardę przenosił na innych. Poszukujący poszukują. Żądni zazdrości szukają powodu, żeby się zdenerwować. Tak, jak zawistny człowiek chce zniszczyć bogatego, tak zazdrośnik niszczy swe szczęście i szczęście rzekomo kochanej osoby.

Oczywiście istnieją osoby, które wykorzystują zaufanie innych. Ale zakuwanie się w kajdany nie stanowi żadnej alternatywy. Jeśli do siebie nie pasujemy lub nie możemy spełnić potrzeb drugiej osoby, lepiej się rozstać. Dlaczego ktoś miałby się aż tak poniżać i próbować związać się z człowiekiem, który nie dostrzega lub nie docenia jego wartości?

Nie ma sensu okazywać zazdrośnikowi zrozumienia czy przystawać na jego żądania. Uleczenie się z zazdrości nie zależy bowiem od innych ludzi, lecz od niego samego. Zazdrośnik musi się nauczyć koncentrować na samym sobie i swoich mocnych stronach.

Jeśli dostrzeżemy, jak wiele piękna i potencjału w nas tkwi, będziemy odczuwać wdzięczność, szczęście i spokój. Na zazdrość i zawiść nie wystarczy już miejsca.

Prawdopodobnie nie zmienisz całej swojej sytuacji za jednym zamachem. Ale nie marnuj czasu i energii na życzenie sobie innej, tylko zacznij po prostu działać. Są rzeczy, których nie możesz zmienić, ponieważ nie leży to w Twojej mocy. Skoncentruj się na tych kwestiach, które możesz zmienić.

Zwycięzcy malują obraz swojego życia farbami, które posiadają. Ale malują dobrze.

PRAKTYKA:

Dziś poćwiczę swoją umiejętność koncentrowania się na moich mocnych stronach, zobowiązując się do wykonania następujących kroków:

1. Uświadomię sobie, że mój sukces nie zależy tak bardzo od moich talentów, lecz od tego, co z nimi zrobię. Nie będę narzekać na swój los.
2. Sporządzę listę wszystkich moich mocnych i słabych stron. Dla tych słabych znajdę jakieś rozwiązanie. Skoncentruję się na rozwijaniu mocnych, otaczając się ludźmi, którzy mogą mnie wesprzeć.
3. Rozważę swoją całą sytuację życiową i zastanowię się, co mogę zmienić. Potem opracuję plan. Tego, co może zostać zrobione, nie będę odsuwał, tylko wykonam to od razu.

4. Zaakceptuję rzeczy, których nie mogę zmienić. Będę się dziś uśmiechać również wtedy, kiedy będzie padać, ponieważ wiem, że jeśli nawet nie będę się uśmiechać, to i tak będzie padać.
5. Zastanowię się, czy nie jestem zawistny lub zazdrosny. Uczuć tych nie da się wyprzeć, ale można je przyćmić, koncentrując się na własnej wyjątkowości i potencjale. Dziś pisemnie odpowiem sobie na pytanie: „Skąd wiem, że jestem jedyny w swoim rodzaju?”.

ZASADA 25

Dawaj i wybaczaj

Od wielu lat pewna mądra kobieta mieszkała sama w górach. Pewnego ranka wśród znajdujących się w potoku otoczaków znalazła nadzwyczaj cenny kamień. Trochę później napotkała głodnego wędrowca. Kiedy otworzyła swój plecak, żeby wyjąć kilka kanapek, wzrok wędrowca padł na kamień. Jeszcze nigdy nie widział czegoś tak cudownego. Nie mógł w ogóle oderwać wzroku. Kobieta spontanicznie postanowiła mu go podarować.

Uszczęśliwiony wędrowiec wyruszył w swoją dalszą drogę. Sprzedając ten prezent, zarobiłby tyle pieniędzy, że do końca swojego życia nie musiałby już pracować.

Jednak po kilku dniach powrócił i tak długo szukał mądrej kobiety, aż ją znalazł. Zwrócił jej klejnot i wyjaśnił: „Dużo myślałem. Wiem, jak niesamowicie cenny jest ten dar. Ale zwracam ci go z nadzieją, że dostanę od ciebie coś o wiele cenniejszego. Chciałbym mieć to, co ty nasz w sobie. To, co ci umożliwiło podarować mi ten kamień".

Powszechnym celem jest żyć w zbytku. Ale właściwe znaczenie słowa „zbytek" umyka wielu osobom: oznacza ono bowiem, że nie wszystko zachowujemy dla siebie, lecz pozwalamy pewnej części odpłynąć.

WSZYSTKO JEST ENERGIĄ, A ENERGIA MUSI PŁYNĄĆ

Nic nie jest statyczne. Nasze ciało, świat i cały wszechświat podlegają dynamicznej i ustawicznej wymianie. Jeśli obieg ten zostanie przerwany, życie staje się niemożliwe. Życie to przepływ. Stale coś nam wpływa i stale coś odpływa. Dawanie i branie stanowią tym samym centralny temat naszego życia. Dawanie i branie to jedno i to samo, ponieważ jedynie tworzą inne aspekty przepływu energii we wszechświecie.

Życie może istnieć tylko dopóty, dopóki płynie energia. Kto przerywa przepływ, uniemożliwia zbytek i zakłóca inteligencję natury. Im więcej dajemy, tym żywotniejsi jesteśmy.

Każdy związek jest również ciągłym dawaniem i braniem. Również tutaj ważne jest, aby obieg energii utrzymywać na możliwie jak najwyższym poziomie. Im więcej dajemy, tym więcej otrzymamy. Ponieważ kolejną zasadą życia jest, że wszystko, co zostanie dane, pomnaża się. Im częściej i więcej praktykujemy dawanie i branie, tym lepszy jest związek.

Zasada dawania jest prosta: Jeśli chcesz otrzymywać radość, powinieneś najpierw przysporzyć jej innym. Jeśli pragniesz miłości, naucz się ją dawać. Jeśli chcesz zachować uwagę, sam ją poświęcaj innym. Jeśli chcesz osiągnąć materialny zbytek, pomóż innym osiągnąć dobrobyt. Najprostsza droga, żeby być bogatym, to pomóc innym uzyskać to, czego pragną.

BŁOGOSŁAW INNYCH

Jeśli zostałeś pobłogosławiony przez życie dobrymi rzeczami, naucz się po ciuchu błogosławić innych. Błogosławienie jest wywodzącym się ze starożytności zwyczajem, który dalece został zapomniany. Błogosławiono podróżnych. Błogosławiono potrawy. Błogosławiono rodzinę i przyjaciół. Błogosławieństwo ojca i matki było w niektórych kulturach ważniejsze niż spadek.

Pomysł ten wydaje się być staromodnym i przypomina coś duchowego. Ale ma sens. Jeśli wszystko składa się z energii, to dotyczy to również naszych błogosławieństw. Każde życzenie ma tendencję do nabierania kształtów. Wszystkim ludziom, których spotykasz, życz po prostu wszystkiego, co najlepsze. Życz im po cichu radości, szczęścia, dobrobytu i zdrowia. Życz im wielu wesołych dni.

Zobaczysz, że swoją pozytywną energią naprawdę wywierasz wpływ i zmieniasz coś na lepsze. Twoja obecność będzie bardziej doceniana i w pobliżu Ciebie człowiek będzie się lepiej czuł. Inni poczują, że im sprzyjasz. A w zamian otrzymasz więcej dobrego samopoczucia i więcej szczęścia.

PIĘKNY NAWYK DAWANIA

Może chcesz uczynić swoim nawykiem darowanie czegoś komuś, kogo odwiedzasz, lub komuś, kto Ciebie odwiedza. Może to być drobiazg. Jakiś kwiatek lub kartka. Fotokopia zdania o głębokiej treści lub jakiś wiersz. Może to być też jakaś książka. Lub jakiś kontakt z adresem, który może danej osobie pomóc.

Czyż nie byłoby świetnym pomysłem wprowadzenie zasady, że nie przychodzimy do czyjegoś domu nic nie przynosząc? Przynajmniej komplementu lub błogosławieństwa. Tak łatwo okazać, że myśleliśmy o dobru innego człowieka. Najlepsze rozmowy często zaczynają się od tego, że rozmówca mówi: „Myślałem o tobie. Sądzę, że to może ci się spodobać lub pomóc...".

Podejmij decyzję, że dasz coś każdemu, z kim nawiążesz kontakt. Dopóki dajesz, będziesz otrzymywał. A im więcej otrzymujesz, tym większa Twoja umiejętność dawania.

PRZEBACZANIE

Przebaczanie jest wyższą sztuką dawania. To klucz do wyższych poziomów naszego umysłowego i duchowego rozwoju.

W rzeczywistości nic tak nie blokuje naszej energii i uniemożliwia zbytek, jak nieustająca nienawiść i uraza w stosunku do drugiej osoby.

Takie negatywne emocje okradają nas ze szczęścia i spokoju i są główną przyczyną chorób psychosomatycznych. Również negatywne uczucia mają tendencję do materializowania się. W pierwszym rzędzie zwracają się przeciwko nam samym, wpędzają w chorobę i skracają życie.

Wybaczanie nie zawsze przychodzi łatwo. Jednak czyż nie jest ważniejsze, aby ze swojego życia uczynić arcydzieło, niż poddawać się urazom i nienawiści? Powinniśmy wybaczać wszystkim: nam samym, naszym rodzicom, partnerowi i wszystkim pozostałym ludziom.

WYBACZMY SOBIE SAMYM

Powinniśmy sami sobie wybaczyć wszystkie błędy i głupoty. Pamiętajmy, że nie jesteśmy idealni i nigdy tacy nie będziemy. Zawsze będziemy popełniać błędy. I dobrze. Jeśli sami nie żywimy urazy, będziemy się na nich uczyć i rozwijać. Błędy mogą nas zablokować, jeśli sobie nie wybaczamy. Wielu ludzi może się przez to psychicznie rozsypać.

Chroniczne żale i ubolewania nad własnymi pomyłkami są oznaką słabego charakteru. Ponieważ żal zbyt łatwo stosowany jest jako usprawiedliwienie tego, że nie postępujemy naprzód. Zgodnie z mottem: „Z powodu moich błędów nie mogłem co prawda odnieść żadnych sukcesów — ale należycie się przecież użalam, a to czyni mnie wartościowym".

Bycie pamiętliwym wobec samego siebie nie stanowi zamiennika szczęśliwego życia. Minionym błędom nie powinniśmy dawać władzy nad naszym obecnym życiem. Powinniśmy sobie wybaczyć i widzieć błędy jako to, czym są: ważnymi elementami w procesie naszego dojrzewania. Bez nich nie bylibyśmy tą osobą, którą dziś jesteśmy.

WYBACZMY NASZYM RODZICOM

Wielu ludzi nie wybaczyło swoim rodzicom. I tak jeszcze po latach cierpią z powodu niesprawiedliwości, nieuprzejmości i okrucieństwa, które ci im wyrządzili. Dozgonna uraza jest zbyt straszną ceną za coś, czego i tak nie możemy już zmienić.

Do tego dochodzi jeszcze coś bardzo ważnego: Dopiero kiedy wybaczymy swoim rodzicom, stajemy się naprawdę dorośli. Do tego momentu pozostajemy dzieckiem, ponieważ emocjonalnie uzależnieni jesteśmy jeszcze od naszych rodziców i od tego, co nam wyrządzili. Wybaczając im, wyzwalamy samych siebie. Dopiero teraz naprawdę dorośliśmy. Musimy wznieść się ponad ewentualne cierpienia z dzieciństwa i o nich zapomnieć. Uda nam się to najwcześniej wtedy, gdy uprzytomnimy sobie, że nasi rodzice robili wszystko, co możliwe — dostępnymi dla nich środkami.

WYBACZMY NASZEMU PARTNEROWI — NAJSZYBCIEJ, JAK TO MOŻLIWE

Dopóki negatywnym myślom i urazom pozostawiamy w naszej głowie niepotrzebną przestrzeń, nadal będziemy żyć w przeszłości. Nie będziemy potrafili dostrzec piękna chwili. Miłość nie może zaistnieć, dopóki panuje uraza.

Wielką głupotą jest na przykład, jeśli nie wybaczamy naszemu partnerowi najszybciej, jak to możliwe. Miłość zostaje poniekąd odsunięta na pewien czas. Dlaczego? Często nie od razu chcemy wybaczyć, ponieważ ten drugi „nie dostanie nauczki" i „być może wkrótce ponownie zrobi coś podobnego". Na zewnątrz sprawiamy wrażenie, że wybaczenie jest jeszcze niemożliwe. Wszystko jest jeszcze „zbyt świeże"... Powinniśmy jednak sobie uświadomić, że to my mamy władzę — a nie miniony czyn.

Uważa się, że szybkie wybaczanie szkodzi własnej władzy. Ale karanie pozbawieniem miłości to fałszywa władza. Na tej podstawie nie może rozwijać się żadna relacja miłosna. W rzeczywistości jest wręcz przeciwnie. Im wcześniej wybaczamy, tym wcześniej ponownie będziemy się cieszyć — chwilą i miłością.

Pewna mądra kobieta powiedziała: „Kiedyś mu przecież wybaczę. Ale mogę to zrobić również od razu". Pomocnym jest pod tym względem skoncentrowanie się na dobrych stronach partnera. Jeśli przywołasz w pamięci dziesięć rzeczy, które kochasz w swoim partnerze, uraza staje się dużo mniejsza.

Oczywiście, może wydarzyć się coś, co powoduje, że dalsze bycie razem nie wydaje się wskazane. Ale nawet jeśli się rozstajemy, to powinniśmy wybaczyć najszybciej, jak to tylko możliwe.

WYBACZ RÓWNIEŻ WSZYSTKIM POZOSTAŁYM LUDZIOM

Udziel swego przebaczenia bez wyjątku wszystkim, którzy kiedykolwiek uczynili Ci coś złego, strasznego i głupiego. Prawdziwe przebaczenie — ten wzniosły akt dawania — jest w swojej naturze najpierw egoistycznym aktem. W pierwszym rzędzie nie chodzi bowiem wcale o osobę, której wybaczasz, lecz o Ciebie samego. Chodzi o Twoje szczęście, Twój sukces, spokój duszy i wreszcie o Twoje życie i Twoją przyszłość.

Nie ma nic głupszego, niż dąsać się na kogoś, komu jesteś całkowicie obojętny. Tym niszczysz jakość chwili w swoim życiu — a ten drugi nawet nic o tym nie wie.

Kto długo żywi urazę lub nawet nienawiść, osłabia się. Dzieje się tak szczególnie wtedy, kiedy kiełkuje myśl, że z powodu tej konkretnej osoby nie możemy osiągnąć sukcesu. Temu, komu przypisujemy winę, dajemy też władzę. Dopóki innych czynimy odpowiedzialnymi za naszą sytuację, dopóty blokujemy swoje własne siły i uniemożliwiamy sobie osiągnięcie sukcesu.

PRAKTYKA

Wybacz najpierw w swoim sercu. Nauczyć się błogosławić i życzyć szczęścia szczególnie tym, którzy Cię zranili. Przebaczaj wewnętrznie za każdym razem, kiedy wspomnienie o tych czynach powraca. Zobaczysz, że wspomnienia te wkrótce stracą nad Tobą władzę. Ponad to możesz zadzwonić do tej osoby lub odbyć z nią osobistą rozmowę. Unikaj jednak dyskusji i nie pozwól, aby ten drugi się tłumaczył. Po prostu powiedz, że dzwonisz, aby wiedział, że mu wybaczasz.

Ostatnia możliwość to napisanie listu. Przejmij w nim pełną odpowiedzialność. Co prawda ta druga osoba być może coś Ci zrobiła, ale tylko od Ciebie zależało — i nadal zależy — jak to zdarzenie zinterpretujesz i jak na nie zareagujesz. Wyjaśnij, że nie szukasz usprawiedliwienia dla swojej obecnej sytuacji. Nie przepraszaj za swój udział w tym, co się stało. Przede wszystkim poinformuj, że wybaczasz wszystko, co druga osoba Ci wyrządziła. I życz mu albo jej wszystkiego dobrego.

Zwycięzcy ćwiczą się w sztuce dawania. I praktykują wybaczanie. Jedno i drugie ich uszlachetnia i czyni ich milszymi, bardziej współczującymi i ujmującymi ludźmi.

PRAKTYKA:

Dziś będę się ćwiczyć w sztuce dawania i wybaczania, zobowiązując się do wykonania następujących kroków:

1. Każdego, kogo dziś spotkam, z kim będę rozmawiał przez telefon lub o kim pomyślę, pobłogosławię i będę mu lub jej życzyć radości, szczęścia, sukcesu zdrowia i zadowolenia. Wyślę mu pozytywną energię.
2. Każdemu człowiekowi, którego dziś odwiedzę, przyniosę prezent. Przyniosę mu coś materialnego lub dobre życzenia, dobrze przemyślane komplementy czy dobry pomysł. To wszystko pokaże drugiemu, że poważnie jestem zainteresowany nim lub jego dobrem. Będę praktykować i demonstrować zbytek.
3. Najukochańszą osobę obdarzę dziś wyjątkowo przemyślanym prezentem. Zrobię to, ponieważ jej/jego radość sprawi mi po prostu przyjemność.
4. Dziś będę obdarowywać przebaczeniem. Taki prezent sprawię przede wszystkim samemu sobie. Zastanowię się, do kogo żywię urazę. Wybaczę tej osobie w swoim sercu. Potem do niej zadzwonię lub napiszę do niej list — najlepiej od razu. Dziś do nikogo nie będę żywić negatywnych uczuć. Dzięki temu sam się wyzwolę.

ZASADA 26

Postępuj mądrze ze swoimi pieniędzmi

Pewnego dnia biedny farmer znalazł w gnieździe swojej kury złote jajko. Od razu pomyślał, że ktoś chciał mu zrobić kawał. Dla pewności jednak zaniósł jajko do złotnika. Okazało się, że rzeczywiście było z czystego złota.

Rolnik sprzedał jajko i dostał za nie dużo pieniędzy. Wieczorem wydał wielką ucztę. Rodzina wstała o świcie, żeby zobaczyć, czy kura może zniosła kolejne jajko. I rzeczywiście, w gnieździe ponownie leżało złote jajko. Sytuacja ta powtarzała się przez kilka dni.

Początkowo właściciel kury nie mógł uwierzyć w swoje szczęście. Ale był chciwym człowiekiem. Wkrótce nie chciał się zadowolić tylko jednym jajkiem dziennie. Pobiegł do kurnika i zarżnął kurę, aby wyciągnąć wszystkie jajka na raz. Jednak wszystko, co znalazł, to dopiero co rozwijające się jajko.

A morał z tej historii? Nie zabijaj swojej kury znoszącej złote jajka.

Dobrobyt jest naszym prawem z urodzenia. Nigdy nie było tak łatwo osiągnąć dobrobytu jak dziś. „Ale dlaczego więc nie wszyscy ludzie są bogaci?", mógłbyś zapytać. Odpowiedź: „Ponieważ większość ludzi zarzyna swoje kury".

Kura z powyższej bajki symbolizuje kapitał, a złote jajka odsetki. Bez kapitału nie ma odsetek. Większość ludzi wydaje wszystkie swoje pieniądze. Wielu nawet więcej — i zaciągają długi. W ten sposób nigdy nie wyhodujesz kury. Zabijesz już małą, młodą, zanim ta zacznie znosić złote jajka.

Szukamy skomplikowanych strategii, zamiast pamiętać o prostych i od dawna wypróbowanych prawdach

Zasady budowania dobrobytu są łatwe do zrozumienia. Musimy po prostu wydawać mniej, niż zarabiamy. Pieniądze, których niekoniecznie potrzebujemy do życia, możemy wydać na dobra konsumpcyjne albo możemy zaoszczędzić, żeby hodować kurę.

Musimy zaakceptować, że tak naprawdę nie potrzebujemy wszystkiego, co chcemy mieć. Wymaga to też, abyśmy byli szczerzy sami wobec siebie: Czego rzeczywiście potrzebujemy? Większości z nas zostaje jeszcze trochę pieniędzy. Pytanie tylko, co z nimi zrobimy. Wydamy te pieniądze na meble, samochody, podróże, rozrywkę, czy je zainwestujemy?

Albo oszczędzasz, albo wszystko wydajesz. To takie proste. Załóżmy, że za siedem lat dokonasz bilansu. Jak będzie wyglądać Twoja sytuacja finansowa? Wyhodowałeś kurę czy ją zarżnąłeś?

Stworzyłeś trwały majątek czy wydałeś swoje pieniądze na wiele rzeczy, które później są bez wartości?

W TEN SPOSÓB OSZCZĘDZANIE JEST PRZYJEMNE

Zadbaj o to, abyś płacił samemu sobie. Kiedy kupujemy bułki, płacimy piekarzowi. Kiedy kupujemy owoce, sprzedawcy owoców. Kiedy jednak płacimy sami sobie? Odpowiedź: Kiedy oszczędzamy. Wielu ludzi nie jest jednak po prostu na tyle zdyscyplinowanych, aby regularnie oszczędzać. Pomocnym okazuje się prosty system.

Otwórz „kurze" konto. Złóż stałe zlecenie przelewu z rachunku oszczędnościowo-rozliczeniowego na niniejsze konto oszczędnościowe. W ten sposób regularnie na początku każdego miesiąca będziesz przelewał co najmniej 10%. Te pieniądze inwestujesz i nigdy nie naruszasz.

Nie powinieneś źle wyjść na tej zabawie. Dlatego załóż również konto „rozrywkowe". Również na nie regularnie przelewaj określoną kwotę, np. 5–10%. I wydawaj te pieniądze bez żadnych wyrzutów sumienia. W ten sposób zadbałeś o jedno i drugie: dobrze żyjesz i inwestujesz w przyszłość.

OSZCZĘDZAJ Z KAŻDEJ PODWYŻKI PŁACY

Czy zauważyłeś, że standard naszego życia wzrasta równolegle z naszymi dochodami? Niezadowalające jest jednakże, jeśli zarabiasz coraz więcej, ale Twój majątek nie wzrasta w sposób godny wzmianki. W tym przypadku również można posłużyć się prostym trikiem.

Z każdej podwyżki wynagrodzenia 50% procent powinieneś przelewać na konto oszczędnościowe. Ponieważ jesteś jeszcze przyzwyczajony do swoich obecnych dochodów, nie oznacza to żadnej rezygnacji. Przyzwyczajasz się tylko do „połowicznej podwyżki wynagrodzenia". Krzywa Twoich oszczędności wzrasta w ten sposób dynamicznie wraz z każdą podwyżką wynagrodzenia — bez zaciskania przez Ciebie pasa.

JEŚLI PRACUJESZ NA WŁASNY RACHUNEK

Pracujący na własny rachunek, a przede wszystkim wykonujący wolny zawód, uważają, że nie są w stanie zaoszczędzić określonej sumy, ponieważ ich dochody zbyt mocno się wahają. Stwierdzenie takie jest nie tylko błędne, ale nawet niebezpieczne, ponieważ ujawnia, że najważniejsza zasada finansowa każdego pracującego na własny rachunek nie jest stosowana.

Musisz być jednocześnie firmą i zatrudnionym. Tego rozgraniczenia musisz dokonać teoretycznie, ale też pod względem księgowym. Potrzebujesz do tego celu co najmniej dwóch rachunków oszczędnościowo-rozliczeniowych: jeden firmowy i jeden prywatny. Przede wszystkim jednak musisz być zdyscyplinowany, kiedy postrzegasz się jak zwyczajnego pracownika.

Kiedy Twoja firma przynosi zyski, to nie należą one do Ciebie jako do prywatnej osoby, lecz do firmy. Powinieneś — tak jak „zwyczajny" pracownik — utrzymywać się ze stałego miesięcznego „wynagrodzenia". Na koniec każdego miesiąca przelewaj ze swojego konta firmowego na konto prywatne określoną niezmienną sumę pieniędzy. W ten sposób wahania w zakresie dochodów firmy nie będą zagrażać ani Twojemu prywatnemu majątkowi, ani planowi finansowemu firmy.

Twoje „wynagrodzenie" nie powinno być zbyt wysokie. Powinno wynosić maksymalnie 45% zysku z ubiegłego roku. Przecież musisz płacić podatki, przeprowadzać inwestycje i tworzyć rezerwy. O tym myśl raczej jak przedsiębiorca niż jak zatrudniony. Nie pozwól, aby Twoje prywatne potrzeby wpływały ujemnie na kondycję Twojej firmy.

TO SIĘ OPŁACA

Jeśli nie utworzysz opisanego systemu kont, wówczas w postępowaniu z pieniędzmi możesz mieć wyrzuty sumienia. Jeśli wydasz jedno euro, nie będziesz prawdopodobnie tak naprawdę cieszył się, ponieważ mógłbyś je równie dobrze zaoszczędzić. Zaoszczędzisz, to wiesz również, że mogłeś je wydać.

Powyższy model kont oferuje Ci możliwość rozsądnego planowania Twoich finansów. Teraz regularne oszczędzanie nie zależy już tylko od Twojej dyscypliny. Model przejmuje to za Ciebie. Nie możesz zrobić tylko jednego: Nigdy, nigdy, nigdy, przenigdy nie możesz naruszyć tych pieniędzy. Najlepiej wyobraź sobie, że nie należą już do Ciebie, tylko do twojej kury. Jeśli poczujesz pokusę, przypomnij sobie niemądrego farmera... Nikt nie jest aż tak głupi, nieprawdaż? Jak myślisz?

Wszystko, co dotyczy tworzenia dobrobytu, wynika z powyżej powiedzianego. Najpierw musisz oszczędzać. Być może będziesz więcej zarabiał. Być może będziesz osiągał większe zyski. Podstawowa sprawa pozostaje jednak niezmienna — oszczędzać.

Potem inwestuj. Rozejrzyj się za lokatami, które długofalowo przyniosą Ci 12% zysku. Wtedy będziesz nagrodzony. Załóżmy, że zaoszczędziłeś w sumie 50 000 euro. Z 12% lokatą daje to po 24 latach około 0,8 miliona euro.

Byłyby to (przy 12% rocznego zysku) złote jaja (odsetki) w wysokości 8000 euro miesięcznie. Bez naruszania własnego kapitału. I nie zapomnij: wszystko zaczęło się od tego, że zaoszczędziłeś 50 000 euro — nawet, jeśli później nie odłożyłbyś choćby centa.

PIENIĄDZE SĄ WAŻNE

Pieniądze to nie wszystko. Ale wiesz może, kiedy stają się zbyt ważne? Jeśli nie mamy ich dość. Kiedy finansowe zmartwienia ciągle zaprzątają nasze myśli. Z drugiej strony, dzięki pieniądzom zdobywamy wiele możliwości. Pomyśl, co zmieniłoby się w Twoim życiu, jeśli miałbyś 5 milionów więcej. Co byłoby inaczej?

Istnieje pięć dużych dziedzin życia: zdrowie, związki i relacje, finanse, emocje (sfera duchowa) i zawód (sens życia). Każda dziedzina jest ważna. Jeśli robimy postępy w którejś z nich, to niechybnie rzutuje to na pozostałe. Jeśli radzimy sobie z finansami, to wznosimy całe nasze życie na wyższy poziom. Mamy nieporównywalnie więcej możliwości.

Nasze mądre działania towarzyszą nam przez całe nasze życie, aby nas cieszyć i nam pomagać. Tak samo prześladować nas będą nasze błędne działania, żeby nas dręczyć i męczyć. Decyzja należy do nas. Z pieniędzmi jest jak ze wszystkim, mogą pracować dla nas lub przeciwko nam.

Wielu mądrych ludzi nigdy właściwie nie dbało o swoje pieniądze. Stosownie do tego ich sytuacja finansowa to istny chaos. Musimy wykształcić inteligencję finansową. Pieniądze nie mogą oznaczać w naszym życiu dołka finansowego. Muszą być siłą pozytywną.

ZBYTECZNE MYŚLENIE

Im bogatsi jesteśmy, tym większa nasza odpowiedzialność za innych. „Nasze" pieniądze nigdy nie należą wyłącznie do nas. Nigdy nie będziemy mogli być szczęśliwi, jeśli zamkniemy się na potrzeby naszych bliźnich. Jesteśmy częścią całości. Dużo zawdzięczamy innym ludziom i powinniśmy im za to podziękować, dając.

Wielu mówi: „Jeśli będę kiedyś bogaty i szczęśliwy, to wtedy będę dawał". Najpierw chcesz pomóc samemu sobie. To jednak tak nie działa. Nie można zbierać złotych jajek, dopóki nie ma się kury. I nie można być tak naprawdę szczęśliwym, dopóki myśli się tylko o sobie. Nie można zbierać plonów, dopóki się nie zasieje.

Abstrahując od tego: Obojętne, w jakiej sytuacji się znajdujesz, dla znakomitej części naszego świata jesteś bogaty. Dwie trzecie ludności na świecie natychmiast by się z Tobą zamieniło miejscami. Zastanów się, jak wielką wagę mają Twoje pieniądze dla naprawdę biednych ludzi. Czy wiedziałeś, że za mniej niż 8 euro możesz w najbiedniejszych krajach świata umożliwić ludziom operację oczu, która znów pozwoli im widzieć?

Kiedy dajemy, sygnalizujemy światu: „Dziękuję, mam więcej, niż potrzebuję. Mogę oddać". W ten sposób nadajemy pieniądzom naturalną otoczkę. Bardziej możemy się z nich cieszyć, ponieważ z jednej strony nie bierzemy ich zbyt poważnie, a z drugiej strony dostrzegamy, jaką wartość przedstawiają dla biedniejszych ludzi. Ofiarowywanie pieniędzy jest dowodem Twojej wiary w siebie i w przepływ energii we wszechświecie. Oczekujesz bogactwa. A nasze oczekiwania definiują, co rzeczywiście otrzymujemy.

SOBIE I INNYM WINIEN JESTEŚ FINANSOWĄ WOLNOŚĆ

Prędzej czy później chcesz również pod kątem finansowym zobaczyć, po co tak bardzo starałeś się przez te wszystkie lata. Kiedyś każdy dochodzi do przekonania, że wysokie dochody same w sobie nie gwarantują bezpieczeństwa. Każdy chce kiedyś osiągnąć wyżyny finansowej wolności: żyć z odsetek.

Zwycięzca wie, że same pieniądze nie uczynią go szczęśliwym, tylko mądre i rozsądne postępowanie z nimi. Pieniądze przychodzą do tego, kto się do nich nadaje.

PRAKTYKA:

Dziś chcę poprawić swoje postępowanie z pieniędzmi, zobowiązując się do wykonania następujących kroków:

1. Od dziś będę oszczędzał co najmniej 10% mojego dochodu netto. Ponieważ wiem, że tylko te pieniądze czynią mnie zamożnym, które zatrzymuję. Z pracy na własny rachunek co miesiąc odłożę określoną sumę na podatki.
2. Utworzę system kont, który automatycznie będzie dla mnie oszczędzał. Jako pracujący na własny rachunek oddzielę dodatkowo moje koszty

firmowe od kosztów prywatnych, zakładając dwa oddzielne konta. Będę wypłacać sobie stałą pensję, którą będę przelewać z mojego konta firmowego na konto prywatne. Nauczę się żyć z maksymalnie 45% mojego zysku.

3. Dziś będę oszczędny. Przy każdym wydatku zastanowię się, czy jest on rzeczywiście niezbędny.
4. Zastanowię się, komu mógłbym dziś pomóc swoją darowizną.

ZASADA 27

Cierpliwie wznoś swoje fundamenty

Zasadzenie bambusa wymaga długofalowego myślenia i zaufania. Rolnik zakopuje pędy w ziemi. Potem wierzchnią warstwę gleby przykrywa jeszcze dodatkowo sianem.

Każdego ranka podlewa pędy, których nawet nie widzi. Wyrywa chwasty i spulchnia ziemię. A podlewać musi każdego ranka — przez cztery lata. Przez cztery długie lata, w których pędów nie widzi i nie wie, czy jego wysiłek się opłaca. Nie wie nawet, czy pędy te jeszcze żyją.

Wreszcie, pod koniec czwartego roku, pędy przebijają się przez powierzchnię. A potem w ciągu tylko 90 dni rosną całe dwadzieścia metrów w górę.

Wielu ludzi zmienia swój zawód, ponieważ są niezadowoleni. Są niezadowoleni z możliwości awansu, ze swoich dochodów, z codziennej rutyny albo odczuwają brak osobistych wyzwań i radości z wykonywania zawodu. Wielu brakuje również poczucia, że robią coś sensownego, że mogą się uczyć i rozwijać, czy że są odpowiednio doceniani. Jeden lub kilka z tych problemów urosło do rozmiarów ciągłego niezadowolenia. Zmieniając zawód, mają nadzieję, że te problemy rozwiążą.

W rzeczywistości jednak w nowej pracy nie tylko większość zmartwień pojawia się ponownie w podobnej formie, ale dochodzą do tego dodatkowo nowe problemy i wyzwania. W tych okolicznościach wymaga się od nich więcej obowiązków, więcej odpowiedzialności, więcej aktywności, więcej energii i więcej koncentracji.

DŁUGIE OKRESY SĄ JAK ZESPÓŁ NAGŁEJ ZMIANY STREFY CZASOWEJ

Kiedy wysiadasz z samolotu po dwunastogodzinnym locie, czujesz się zmęczony i musisz odzyskać orientację. Do wielu rzeczy nie przywykłeś. Musisz przywyknąć do zmiany czasu. To zmęczenie utrzymuje się przez jakiś czas. Właśnie w tym okresie wielu ludzi rezygnuje z nowo pozyskanej pracy. Tym samym tracą być może szansę swojego życia.

Zawsze, kiedy zaczynamy coś nowego, powinniśmy uzmysłowić sobie dwie ważne rzeczy, aby nie stać się ofiarą zespołu nagłej zmiany strefy czasowej:

1. Nie możemy mieć błędnych oczekiwań. Powinniśmy widzieć, jak jest naprawdę. Nowa praca nie jest równoznaczna z wygraną na loterii, gdzie w ciągu jednej nocy dochodzi się do wielkich pieniędzy. Decydujące znaczenie mają raczej ciężka praca, cierpliwość i wytrwałość. Tak więc przykładowo praca na własny rachunek otwiera przed ludźmi wielką szansę. Ale szansę tę trzeba sobie wypracować.
2. Zwycięzca nie może koncentrować się na technikach, które możliwie jak najszybciej mają mu przynieść dużo pieniędzy. Najpierw musi poznać koncepcję sukcesu — zasady zwycięzców. Musi np. wiedzieć, że będzie doznawał porażek i musi nauczyć się z nimi postępować. Musi przejąć zasady zwycięzców. Musi urosnąć jako człowiek, żeby być „dostatecznie dużym" na swoje marzenia i plany.

IM WIĘKSZY MA BYĆ SUKCES, TYM STABILNIEJSZYM MUSI BYĆ FUNDAMENT

Fascynującym przeżyciem jest obserwowanie placu budowy, na którym ma powstać wieżowiec. Przez długi czas wszystko wygląda tak, jakby nic się nie działo. Wprawdzie widać wielu robotników, którzy zdają się być zajęci, i słychać hałas dużych maszyn budowlanych.

Potem, nagle wyrasta rusztowanie, które ustawiono w nocy. Zaraz po tym zamienia się ono w ścianę ze szkła i kamienia.

Później wieżowiec przykrywany jest dachem i zakłada się również ogród. Zanim człowiek to wszystko pojmie, pusta działka staje się okazałym budynkiem.

Nawet jeśli czasami odnosi się wrażenie, jakby budynek wystrzelił do nieba w ciągu jednej nocy, to w rzeczywistości jego powstanie wymagało wielomiesięcznego intensywnego planowania i ciężkiej pracy. Tak samo dzieje się w przypadku tworzenia nowej firmy czy podejmowania nowej pracy.

Długotrwałego sukcesu nie odniesiemy w ciągu kilku dni. Dom buduje się, kładąc jeden kamień na drugim. Sukces „budujesz", rozpoczynając pewnego dnia pracę według zasad zwycięzców, rozsądnie... W ten sposób budujesz fundamenty, filary, ściany i okna swojego sukcesu.

A to nie wydarzy się w ciągu jednej nocy. Nic wartościowego nie powstało kiedykolwiek w ciągu kilku dni, tygodni ani nawet miesięcy. Kto stał się bogaty w ciągu jednej nocy, ten uprzednio ciężko pracował za dnia. Wielu ludzi nie chce się zdobyć na taką wytrwałość i cierpliwość. Stawiają na małe wygrane, zamiast na wielkie zwycięstwa.

Wspaniałe wyniki nie przychodzą natychmiast. Ale jeśli będziesz ciągle i wytrwale pracować nad tym, żeby kłaść jeden kamień na drugim, to pewnego poranka obudzisz się i zobaczysz, że stworzyłeś coś, z czego naprawdę możesz być dumny.

WYTRWAŁOŚĆ POMAGA PRZEZ DŁUGI CZAS

Mamy skłonność, żeby przed rozpoczęciem nowej pracy, postrzegać wszystko w lepszym świetle niż w rzeczywistości. Potem przychodzi otrzeźwienie. Szef nie jest tak wyrozumiały, jak wydawało się na początku, klientów nie tak łatwo przekonać, koledzy z pracy to też tylko ludzie. Są to normalne etapy, które zawsze przechodzimy, kiedy rozpoczynamy coś nowego. Żadna nowa praca nie jest tak wspaniała, jak chce się ją początkowo postrzegać. Nie jest znów aż tak beznadziejna, jak wydaje się po pewnym czasie. Prawda — jak to często bywa — leży gdzieś po środku. Jeśli chcemy się dowiedzieć, jaką praca jest rzeczywiście, nie możemy rezygnować na etapie, na którym wszystko wygląda beznadziejnie. Może i tak, ale powinniśmy pamiętać, że to, co wydaje się beznadziejne, niekoniecznie takie jest. To zależy wyłącznie od naszego postrzegania.

Trzy żaby podeszły pewnego razu do dzbanka pełnego śmietany. Nie zastanawiając się zbyt długo, zachwycone wskoczyły do dzbanka, który wydawał się dla nich rajem. Pływały w nim i mlaskając, napychały sobie brzuchy.

Kiedy najadły się do syta, chciały z niego wyjść. Wtedy z przerażeniem stwierdziły, że ścianki są za wysokie i zbyt gładkie. Kiedy zrozumiały, że znajdują się w beznadziejnej sytuacji, dwie żaby opadły zrezygnowane na dno i utonęły.

Trzecia jednak wykształciła w sobie nawyk, żeby się nigdy nie poddawać. Z całych sił wierzgała i poruszała nogami. Wydawało się, że na próżno. Powoli jej siły słabły. Wtedy jeszcze raz się zbuntowała, zebrała swoje wszystkie siły i podwoiła wysiłek. Jeszcze mocniej wierzgała nogami. Nagle śmietana zamieniła się w masło i żaba mogła wyskoczyć z dzbanka.

KOLEJNY POWÓD, ŻEBY SIĘ NIE PODDAWAĆ: ROBISZ TO DLA SIEBIE

Obojętne, co się dzieje w Twojej firmie lub w Twojej pracy: nigdy nie możesz poddawać się, dopóki nie poznasz również tej pozytywnej strony. Ponieważ inwestujesz nie tylko w swoją pracę, lecz przede wszystkim w rozwój swojej osobowości. Co by nie wydarzyło się podczas tworzenia Twojej firmy lub w czasie Twojej kariery — z pewnością zyskasz nową wiedzę i rozwiniesz nowe umiejętności, które pozostaną z Tobą przez całe życie.

Nieprzewidziane okoliczności mogą Ci odebrać to, co zbudowałeś. Okoliczności, na które nie masz wpływu, mogą zniszczyć Twój budynek do tego stopnia, że pozostaną po nim tylko zgliszcza. Ale nic i nikt nie może odebrać Ci tego, czego się nauczyłeś i kim się poprzez to stałeś.

Jeszcze ważniejszym niż posiadanie milionów jest być milionerem.

Jeśli zdobyłeś umiejętność zarabiania milionów i mądrego z nimi postępowania, nic nie może Ci się stać. Nawet jeśli wszystko byś stracił, w krótkim czasie odnotowałbyś nowe sukcesy. Prawdziwy dobrobyt znajduje się w tym, kim jesteśmy.

NIEJEDEN, KTÓRY CZUJE SIĘ ROZCZAROWANY, CHCIAŁ SIĘ ROZCZAROWAĆ

Święty Piotr zapytał nowo przybyłego, czy chciałby mieszkać w niebie, czy raczej w piekle. Mężczyzna był mile zaskoczony, że mógł wybrać, i powiedział: „Zanim podejmę decyzję, chętnie zobaczyłbym najpierw niebo, a potem piekło".

Tak więc Święty Piotr zaprowadził mężczyznę najpierw do nieba. Tam wszyscy śpiewali wesołe piosenki, podczas obsadzania winnic. Później obejrzeli sobie piekło, gdzie właśnie obchodzono jakieś ekscytujące święto. Ucztowano i bawiono się. Atmosfera była wspaniała. Spontanicznie mężczyzna zdecydował się na piekło.

Ale jak tylko się wprowadził, został natychmiast przykuty do gorącego pieca i przez cały dzień musiał łopatą przerzucać węgiel. Wściekły napisał do Świętego Piotra zażalenie. Jego odpowiedź: „To, co widziałeś, to była prezentacja firmy".

Jak to jest, kiedy nasza praca zostanie nam przedstawiona bardziej atrakcyjnie, niż jest nią w rzeczywistości? Czy ktoś zamydlił nam oczy, czy sami sobie coś wmówiliśmy? Czy może być tak, że usprawiedliwiamy naszą rezygnację, mówiąc:

„Zostałem wprowadzony w błąd?". Czy może tak być, że w rzeczywistości nie chcemy się zmienić i zapłacić cenę sukcesu? Czasami trudno jest odróżnić jedno od drugiego. Pamiętaj: nie poddawaj się w chwili zmęczenia; nie chodzi tylko o pracę, lecz przede wszystkim o rozwój Twojej osobowości.

Zbudowanie fundamentów pod skuteczną zmianę wymaga czasu. Zaczyna się od tego, że musimy zmienić nasz sposób myślenia. Musimy nauczyć się zasad zwycięzców. Nauka nie oznacza zapamiętania czegoś. Nauka oznacza, że nie jesteśmy w stanie czegoś zapomnieć. Jeśli położymy te fundamenty, to nic nas nie zatrzyma.

Zwycięzcy nie pozwalają, aby faza zmęczenia ich zniechęciła. Są na nią przygotowani i nie przeceniają wyników pierwszego roku. Mają natomiast ogromne oczekiwania względem następnego dziesięciolecia. Wiedzą, że później otrzymają nagrodę za to, że przetrwali ten etap.

PRAKTYKA:

Dziś rozpocznę wznosić cierpliwie moje fundamenty, zobowiązując się do wykonania następujących kroków:

1. Rozumiem, że żaden budynek nie powinien zostać zbudowany bez solidnych fundamentów. Dlatego jestem bardzo aktywny, jeśli chodzi

o mój pęd, i trzymam się swojej metody w codziennej pracy. W odniesieniu do moich wyników jestem cierpliwy. Wiem, że każdy duży budynek jest wznoszony kamień po kamieniu.

2. Obojętnie, co się stanie: dziś się nie poddam. Wiem, że za każdym razem, kiedy nie zrealizuję swojego zamiaru, poddałem się. Dziś zrealizuję wszystko, co zamierzyłem. Dziś wytrwam.
3. Postawię na wielkie zwycięstwa, zamiast na małe wygrane. Na następny rok nie wyznaczę sobie wygórowanych celów – ale dam z siebie 110%. W następnym roku nie będę znał żadnych granic. Zastanowię się dziś, czy cel, który chcę osiągnąć za dziesięć lat, mogę sobie wyznaczyć wyżej.
4. Faza zmęczenia istnieje nie tylko w pracy, ale przykładowo również w sporcie czy w związku – również tutaj niejeden uważa, że dał się nabrać na „prezentację". Zastanowię się, czy nie poddaję się w jakiejś dziedzinie swojego życia, ponieważ nie doceniłem tej fazy.

ZASADA 28

Otaczaj się autorytetami

Załóżmy, że chcesz upiec ciasto, które powinno być tak samo dobre, jak wyrób utytułowanego mistrza cukiernictwa. Potrzebujesz przepisu i być może musisz parę razy poćwiczyć, zanim Ci się uda. Jeśli jednak będziesz przestrzegał każdego szczegółu przepisu i dokładnie według niego postępował, osiągniesz równie dobry rezultat jak mistrz cukiernictwa — nawet jeśli wcześniej nigdy nie upiekłeś żadnego ciasta.

Cukiernik być może przez lata próbował i kombinował, aż wreszcie opanował przepis. Możesz oszczędzić sobie tą wieloletnią pracę, postępując po prostu według przepisu.

NIGDY NIE POZOSTAJEMY „BEZ WPŁYWU"

W starożytnej Grecji ludzie nie zadowalali się tym, że ich dzieci uczyły się kilka godzin dziennie. Dbali raczej o to, aby dzieci przez kilka lat mieszkały ze swoim mentorem. Byli przekonani, że doświadczanie codzienności z nauczycielem jest lepszą „szkołą".

Nic nie wywiera na Ciebie większego wpływu niż ludzie, którymi się otaczasz. W pierwszej chwili wydaje się to trochę przesadzone. I tak jest. Dopiero zaczynamy poznawać i rozumieć ludzki mózg. Ale istnieje zgoda co do tego, że rejestrujemy wszystko, co się wokół nas dzieje.

To prawie tak, jakby nasze oczy były kamerami, a nasze uszy mikrofonami. Nagrywamy wszystko, co wokół nas się „odgrywa", i to zapisujemy. W wielkim uproszczeniu możemy naszą podświadomość porównać z ogromną kasetą, na której zarejestrowane jest wszystko, co przeżywamy.

Nic nie ginie. Czy to nie logiczne, że odtwarzane jest dokładnie to, co zapisaliśmy? Skąd mogłoby się pojawić coś innego?

Co sądziłbyś o człowieku, który ciągle słucha kasety z muzyką Michaela Jacksona z nadzieją, że usłyszy Mozarta?

NAJLEPSZA FORMA NAUKI

Zapamiętujemy od naszych bliźnich więcej, niż przypuszczamy. Wprawdzie jeden czy drugi mogą mieć nadzieję, że przejmiemy tylko te rzeczy, które nam pasują. W rzeczywistości jednak zapisujemy wszystko, co przeżywamy. W przeważającej mierze dzieje się to podświadomie.

Początkowo jest to dobre, ponieważ procesy te stanowią najskuteczniejszą i najlepszą możliwość nauki. „Nagranie" czegoś i późniejsze „odtworzenie" pozwala nam uczyć się w nieświadomy, prosty sposób. Ta naturalna metoda nauki daleko przewyższa tę sterowaną, którą posługujemy się w naszych szkołach.

Być może znasz osobę, która przez pewien czas daremnie starała się nauczyć języka obcego. Potem na jakiś czas wyjechała do kraju, w którym mówi się danym językiem. W ciągu kilku miesięcy całkiem dobrze go opanowała. Nigdy nie nauczymy się z książek tak dużo, jak dzięki metodzie, która jest u nas najsilniej wykształcona: nieświadome uczenie się przez naśladowanie.

Małe dzieci w obcym kraju mogą mówić obowiązującym tam językiem — nawet jeśli nam wydaje się on jeszcze zbyt skomplikowany. Z łatwością przejmują również tamtejsze kulturalne osobliwości. Jedno i drugie nie sprawia im trudności, ponieważ uczą się, naśladując innych ludzi. Oczywiście, w pierwszym rzędzie nie naśladują jakichś tam ludzi, tylko tych ze swojego najbliższego otoczenia. To nie nasze pochodzenie decyduje, jak myślimy i czujemy, tylko otoczenie, w którym dorastamy.

EMOCJE I MYŚLI INNYCH

To, co dzieje się w przypadku małych dzieci, trwa przez całe nasze życie. Stale podlegamy jakimś wpływom. Stale coś nagrywa się na naszą „kasetę". Co by się nie zapisało na Twojej mentalnej kasecie, zostanie też wyświetlone na ekranie Twojego życia.

Wyobraź sobie innych ludzi jako kamieniarzy, a siebie samego jako marmurowy blok: Każdy w Ciebie uderza i piłuje, żeby ukształtować Cię wedle własnego gustu. Każdy w Twoim pobliżu będzie rzeczywiście nieustannie przeprowadzał w Tobie zmiany, które też trudno będzie naprawić. Po każdym spotkaniu z jakimś człowiekiem nie jesteś już taki sam. Każde spotkanie kształtuje, coś zawsze zmienia kształt.

W tym tkwi szansa na zmiany. Nasze obecne myśli i uczucia uczyniły nas tym, kim dziś jesteśmy. Te same myśli i uczucia nie uczynią nas jednak tym, kim chcielibyśmy być. To znaczy, że nie możemy pozostać dokładnie tacy sami, a oczekiwać innych rezultatów. Jeśli chcemy uzyskać inne wyniki, musimy nauczyć się inaczej myśleć i inaczej odczuwać.

Małe dzieci przejmują emocje osób ich otaczających, naśladując ich ruchy. To samo dotyczy nas. Najlepszą drogą do zrozumienia kogoś jest poruszać się tak, jak on. Ponieważ ruch wyzwala emocje.

Myśli innych osób przejmujemy, jeśli mówimy tak, jak oni mówią. Proces nauki postępuje zatem dużo dalej, niż wydawało się to na początku. Stale „się uczymy". Naprawdę bardzo dużo przejmujemy ze sposobu myślenia i z uczuć ludzi wokół nas.

WADA: WSZYSTKO ZAPISUJEMY

Niniejsza metoda nauki posiada tę dużą zaletę, że uczymy się nieświadomie i zawsze. Ma jednak też tę wadę, że nie możemy świadomie filtrować, co chcemy zapamiętać, jeśli zostaliśmy poddani określonemu wpływowi.

Kto się stara, by być skuteczniejszym, a mimo to nie odnosi żadnego porządnego sukcesu, ten prawdopodobnie odtwarza niewłaściwe taśmy. Zawsze, kiedy z trudem przychodzi Ci uzyskanie pożądanych wyników, przychodzi moment, aby na swoim mentalnym odtwarzaczu wcisnąć przycisk „stop" i krytycznym okiem spojrzeć na kasetę, którą właśnie odtwarzasz. Co na niej zapisałeś? Być może stwierdzisz wówczas, że parę taśm powinieneś wymienić. Jak sądzisz, co dostarczy Ci nowej kasety? Nie wystarczy tylko sobie życzyć, żeby ta odtwarzała „inną muzykę". Musisz zapisać na niej inne rzeczy i w tym celu musisz otoczyć się ludźmi, którzy żyją tak samo, jak wyglądać ma Twoja „kaseta". Otaczaj się w większości liczbą osób posiadającymi cechy, których chcesz się nauczyć.

TY MASZ WYBÓR

Aż do pewnego określonego wieku nie mogliśmy sami wybrać sobie swojego otoczenia. W pewnym stopniu byliśmy „ofiarą" naszego środowiska życia, niezależnie czy było pozytywne, czy negatywne. Nasza podświadomość została zaprogramowana w określony sposób, czy tego chcieliśmy, czy nie.

Jako dorosłych otaczają nas dwie grupy ludzi: jedna z nich nas potrzebuje, druga nie. W przypadku pierwszej ponosimy odpowiedzialność i musimy pomóc. Nie zapominajmy jednak, że będziemy mogli pomóc efektywniej, jeśli sami będziemy silniejsi.

W grupie tych, którzy Cię niekoniecznie potrzebują, są ludzie akceptujący to, że chcesz się uczyć i rozwijać — są też czasami tacy, którzy chcą Cię zahamować i powstrzymać. W tym przypadku musisz wiedzieć, że mamy wybór. Nie musimy spędzać naszego czasu tylko z nimi. Jesteśmy bardziej wolni, niż przypuszczamy. Możemy stanowczo określić nasz los. Większość ludzi nie dostrzega, że mają władzę wyrażającą się w wyborze. Pozostają jak małe dzieci, które nie mają żadnej możliwości, żeby po prostu wybrać inne środowisko.

Możemy dokonać świadomego wyboru, kto będzie miał na nas wpływ i komu pozwolimy się „zaprogramować". Co prawda nie możemy tymczasowo wyłączyć naszej podświadomości, ale najczęściej możemy wybrać to, kim się otaczamy. Jesteśmy kreatorami naszego życia.

KONSEKWENCJA

Na to stwierdzenie ludzie reagują bardzo różnie. Niektórzy uważają, że natychmiast muszą zerwać ze wszystkimi znajomymi, którzy nie odnoszą zbyt wielkich sukcesów. Nie jest to ani konieczne, ani wskazane. Raczej powinniśmy pomóc naszym znajomym, na ile to możliwe i o ile na to pozwolą. Nie narzucaj jednak swojej pomocy. Kto nie pyta o radę, ten najczęściej jej nie chce. Pomoc dorosłym i dzieciom bardzo często odbywa się podobnie: jedyne, co na dłuższą metę możemy dla nich zrobić, to pomóc im, żeby sami sobie pomogli.

Jeśli sam potrzebujesz rady, poproś o nią tylko tych ludzi, którzy odnoszą większe sukcesy niż Ty. Nie ma sensu słuchać wskazówek osób, które same nie wiedzą, jak to jest. Ich porady są najczęściej przede wszystkim usprawiedliwieniem ich własnej sytuacji.

Stawiaj sobie za wzór ludzi odnoszących sukcesy. Oczywiście natychmiast pojawia się pytanie: Czym jest sukces? Bessie A. Stanley stworzyła piękną definicję sukcesu:

„Ten odniósł sukces... kto żył dobrze, śmiał się często i kochał mocno;

Kto cieszył się szacunkiem inteligentnych ludzi i miłością małych dzieci;

Kto znalazł miejsce w świecie i wypełnił je życiem, i wypełnił swoje zadanie;

Czy to przez wyhodowanie piękniejszego kwiatu, napisanie wiersza czy uratowanie czyjejś duszy;

Kto zawsze w pełni doceniał piękno ziemi i potrafił to wyrazić;

Kto stale szukał tego, co najlepsze w bliźnich i dawał im to, co miał najlepszego;

Ktoś, kogo życie było natchnieniem, a pamięć o nim jest błogosławieństwem".

Powinniśmy zastanowić się, jakich ludzi chcemy poznać, aby się od nich uczyć. Łatwo jest bowiem odnosić sukcesy, jeśli otaczamy się ludźmi je odnoszącymi. Szukaj bliskości osób, które po prostu więcej się po Tobie spodziewają. Te oczekiwania mogą stać się silnym bodźcem i niesamowicie wesprzeć Twój rozwój.

KRABY

Jeśli częściej będziesz otaczał się zwycięzcami, wówczas stwierdzisz, że się zmieniasz. A zmiana ta nie przez każdego Twojego znajomego będzie mile widziana. Niektórzy będą nawet naprawdę powstrzymywać Cię od nauki i rozwijania się.

Czy zauważyłeś może, co się dzieje, kiedy z pojemnika wypełnionego dziesiątkami krabów jeden z nich chce się wydostać? Pozostałe go zatrzymują. Tak po prostu. Niektórzy ludzie zachowują się jak te zwierzęta. Nie złośliwie. Tak po prostu.

Ważne jest, żebyś nie pozwolił się zatrzymać. Na dłuższą metę nie będziesz mógł odnotować żadnego wartego wzmianki sukcesu, jeśli ludzie z Twojego otoczenia będą chcieli Cię świadomie zahamować. Jakby nie było to trudne, nie pozostaje Ci wtedy żaden inny wybór, jak pożegnać się ze swoimi celami lub z ludźmi, którzy chcą Cię zatrzymać. Nigdy nie pozwól się uwięzić. Nie pomagamy ani sobie, ani innym, jeśli przestajemy się rozwijać.

Nie wydajmy sądu o wartości tych osób. Wszyscy ludzie są wartościowi i jedyni w swoim rodzaju. Czasami jednak, po pewnym czasie, okazuje się, że do siebie nie pasujemy. Jest to smutne, ale musimy działać. Przenigdy jednak nie powinniśmy kwestionować wartości drugiego człowieka.

Dyscypliną nadajemy tok naszym nawykom. A tymi z kolei utrzymujemy w ruchu nasze postępowanie. Nawyki pozwalają nam wykonywać ważne i właściwe w naszym życiu rzeczy automatycznie i bez wysiłku. Kluczem do tych nawyków są ludzie, którymi się otaczamy.

Dla każdej dziedziny życia istnieją strategie. Jeśli je przejmiemy, możemy je w tych dziedzinach doprowadzić do perfekcji. Ten proces oszczędza czas i wysiłek. Większość ludzi podziwia bohaterów. Tylko niewielu bada ich strategie i włącza je do swojego życia.

Zwycięzcy sami sprawiają sobie prezent: otaczają się ludźmi, którzy nie dopuszczają, aby zadowolili się byle czym, czymś mniejszym niż mogą być. Dbają o to, aby otaczali się ludźmi, którzy ich wspierają i sami wspierają innych. Otaczanie się zwycięzcami stale na nas wpływa i nas zmienia. Sami stajemy się zwycięzcami.

PRAKTYKA:

Dziś zadbam o to, aby otoczyć się autorytetami, od których mogę uczyć się, i zobowiązuję się do następujących kroków:

1. Chcę dziś porozmawiać z człowiekiem, który osiągnął coś, co ja chcę zdobyć.
2. Pozwolę się „zaprogramować" pozytywnym rzeczom. Dlatego nie obejrzę dziś żadnego bezwartościowego filmu ani nie będę przez cały dzień ciągle słuchać muzyki. Dziś świadomie wybiorę, co „nagrywam".
3. Postanawiam, że w każdym miesiącu poznam jakąś osobistość, od której mogę się uczyć.
4. Zastanowię się, jak mogę wesprzeć osoby z kręgu moich znajomych. Zrobię to mądrze, nie sprawiając pouczającego wrażenia.
5. Zapytam się krytycznie: Jak wpływam na innych? Jestem wzorem czy przestrogą?

ZASADA 29

Zaakceptuj niezadowolenie jako siłę napędową

Pewien stary wódz opowiadał obcemu historię swojej rodzinnej wyspy na Południowym Pacyfiku, która zatonęła podczas wybuchu wulkanu:

— Nasze plemię było podzielone na siedem wiosek. Każda z nich miała wodza, który strzegł szczególnej tajemnicy. Szczęście plemienia było pełne tylko wówczas, kiedy mogło korzystać ze wszystkich siedmiu tajemnic. Tak więc wszystkie siedem wiosek musiało żyć ze sobą w pokoju.

Kiedy wulkan wybuchł, każdy wódz zapakował mieszkańców swojej wioski do wielkiej łodzi i ich ewakuował. W gęstym dymie wydobywającym się z wulkanu łodzie szybko straciły się z oczu. Zostaliśmy rozrzuceni w różnych kierunkach i nasz lud nigdy więcej się nie odnalazł.

Obcy był zaskoczony:

— Nigdy nikogo nie wysłaliście, aby znalazł pozostałe sześć grup?

— Ależ tak, wysłaliśmy — odpowiedział wódz. — Wielokrotnie wysyłaliśmy łódź z wiadomością, ale żadna z nich nigdy nie powróciła.

— Jak mogło do tego dojść? — zapytał obcy. — Przecież jesteście doskonałymi żeglarzami.

Wódz myślał przez chwilę i rzekł:

— Nie, nie sądzę, że zginęli. Prawdopodobnie w czasie podróży znaleźli jakieś miejsce, które tak im się spodobało, że zapomnieli o swoim zadaniu i tam zostali. Myślę, że popadli w zadowolenie.

Wszyscy ludzie mają wspólną cechę, która doprowadziła ich do sukcesu: Wszyscy byli z jakiejś dziedziny swojego życia niezadowoleni. I to niezadowolenie stało się siłą napędową.

Niezadowolenie z sytuacji zawodowej ma najczęściej następujące przyczyny:

- Brak sensu i spełnienia.
- Dochód jest zbyt niski.
- Brak możliwości awansu.
- Praca nie sprawia radości.
- Zbyt mało wyzwań.
- Zbyt mało uznania.
- Praca nie pozostawia swobody w organizacji.

WDZIĘCZNOŚĆ JEST DOBRA — ZADOWOLENIE JEST ZŁE

Niezadowolenie jest dla wielu ludzi czymś negatywnym. Wielu z nas już wcześniej słyszało: „Powinieneś być zadowolonym z tego, co masz". Ludzie, którzy nam to mówili, chcieli przekazać nam dobry plan. Ale niewłaściwie się wyrazili, ponieważ nie odróżnili wdzięczności od zadowolenia.

W rzeczywistości za wdzięcznością i zadowoleniem stoją dwie całkowicie różne wartości. Za rzeczy, które posiadamy, powinniśmy być wdzięczni. Za jedzenie, które możemy spożywać, za ludzi wokół nas, za to, że kochamy i jesteśmy kochani.

Niezależnie od tego, co masz, bądź za to wdzięczny. Nawet jeśli posiadamy tylko mały samochód lub małe mieszkanie, mamy wiele powodów, żeby być wdzięcznym. Jest ona ważnym planem. Po pierwsze, nic tak nie przyćmi naszych obaw jak wdzięczność. Po drugie, jeśli nie potrafimy być wdzięczni za rzeczy, które posiadamy dzisiaj, nie będziemy odczuwać większej wdzięczności, kiedy będziemy posiadać więcej. Jest ona ważnym kluczem do szczęścia. Nie znajdziesz wdzięcznego człowieka, który jest nieszczęśliwy.

Zadowolenie jest natomiast niebezpieczne. Nigdy nie powinniśmy zadowalać się tym, kim jesteśmy i co mamy. Wszystko, co żyje — rośnie. Jeśli coś przestaje rosnąć — umiera. Kto jest z siebie zadowolony, ten się rozsiada i przestaje się rozwijać. Dopóki jesteśmy niezadowoleni, mamy szansę, żeby się zmieniać i rozwijać. Uważajmy, żeby nie popaść w zadowolenie. Jonathan Swift powiedział: „Błogosławieni, którzy nie oczekują, gdyż nie będą rozczarowani".

Kto w restauracji nic nie zamówi, ten również nic nie dostanie. Tak też jest i w życiu. Powinniśmy dążyć do tego, aby dostawać rzeczy, które chcemy. To jest sukces. Ale powinniśmy być wdzięczni również za te rzeczy, które posiadamy. To jest szczęście. Jedno bez drugiego nie satysfakcjonuje.

ZADOWOLENIA ROZLENIWIA I CZYNI OBOJĘTNYM

Człowiek, który jest zadowolony, zamyka się na postęp. Pod, wydawać by się mogło, tak poważnym pojęciem „zadowolenie" w rzeczywistości nadaje się szlachectwo lenistwu i obojętności, a hamuje rozwój. To między innymi powód, dlaczego zadowolenie mogło stać się jednym z najpopularniejszych życiowych kłamstw. Ludzie, którzy stali się ofiarami zadowolenia, uważają się — oprócz tego całego zbytku — za szlachetnych i dobrych.

W momencie, w którym człowiek staje się zadowolony, jego osiągnięcia słabną, a postęp ulega stagnacji. Wkrótce pojawią się inni, którzy będą lepsi od niego. Ponieważ gdzieś znajdzie się ktoś, kto nie jest zadowolony, kto więcej od siebie wymaga i który przewyższa tego zadowolonego. Zadowolenie stanie się wkrótce więzieniem, z którego z każdym dniem coraz trudniej będzie przychodzić się wyzwolić.

Nigdy nie zadowalaj się wielkością osiągniętego przez Ciebie sukcesu. Jeśli Twój sukces nie rośnie, to się kurczy. Przestój nie istnieje ani w naturze, ani w życiu zawodowym. Jeśli chcesz osiągać sukcesy, jesteś skazany na rozwój. Niezadowolenie jest wówczas siłą napędową.

WIĘKSZOŚĆ NAGRÓD WYRASTA Z NIEZADOWOLENIA

Niezadowolenie jest ważnym bodźcem. Możesz je nazwać również ambicją, pilnością lub życzeniem, aby się poprawiać. Niezadowolenie jest czymś „naturalnym": w pewnym stopniu stanowi część naszego kodu genetycznego. Ciągle niezadowoleni ludzie są najszczęśliwsi. Dalej się rozwijają, znajdują spełnienie i pasję.

Dlatego Amerykanie mawiają: *Stay hungry to be free* (Pozostań głodnym, żeby być wolnym). Niezadowolenie jest kluczem do wolności.

Niezadowolony człowiek wie, że nigdy nie dojdzie do swojego ostatecznego celu. Dla niego droga jest celem: w ten sposób może cieszyć się podróżą i delektować każdą chwilą i być za nią wdzięcznym.

Pewien mądry mężczyzna tak to kiedyś sformułował: „To tak, jakbyś wszyscy jechali jednym pociągiem, który prowadzi nas do spełnienia. Na każdej stacji kilku ludzi z niego wysiada. Chcą poczuć się swobodnie i uważają, że już przejechali dostatecznie dużo. Przejściowy postój nie jest problemem. Ale po chwili musimy ponownie wsiąść. Pociąg zabierze nas bowiem do jeszcze piękniejszych i bardziej spełnionych miejsc. Jeśli nie pojedziemy dalej, okradamy się z szansy na poznanie rzeczy, dla których naprawdę warto żyć".

Im dalej jedziemy, tym silniejszy wpływ będzie to doświadczenie na nas wywierać. Kto bowiem chociaż raz doświadczył czegoś nadzwyczajnego, nie będzie w stanie zadowolić się normami przeciętności.

POSZUKAJ POMOCY U INNYCH NIEZADOWOLONYCH

Jeśli chcesz powiększyć swoją firmę, musisz rozejrzeć się za ludźmi, którzy chcą z Tobą pracować. Szybki rozwój firmy jest możliwy tylko wtedy, jeśli zapalisz innych do tego, aby Ci pomogli.

Rozejrzyj się przy tym za niezadowolonymi ludźmi. Niektórych łatwo rozpoznać, inni noszą maskę. Musisz patrzeć dokładnie, ponieważ nie powinieneś próbować pracować z zadowolonymi ludźmi. Już łatwiej zmotywowałbyś kamień.

Jeśli ktoś chce Ci udowodnić, że jest zadowolony z tego, co w tej chwili posiada, to zaakceptuj po prostu, że nie możesz z takim człowiekiem współpracować. Właśnie opowiadał Ci swoje życiowe kłamstwo. Ty to wiesz. Być może on też. Nie próbuj również „nawracać" ludzi i przekonywać do swojej koncepcji niezadowolenia. Zaakceptuj, że każdy ma wolną wolę i sam może podejmować decyzje — nawet jeśli Twoim zdaniem istnieje inna, lepsza droga.

Poszukaj ludzi, którzy są niezadowoleni ze swoich dochodów. Niewiele jest rzeczy, które demoralizują bardziej niż zbyt niski zarobek. Wielu ludzi otrzymuje tylko tyle, żeby nie złożyć wypowiedzenia. Takim ludziom możesz pomóc, oferując im uczciwą szansę.

Niektórzy ludzie dość wcześnie odkrywają w swoim życiu możliwość ekscytującej kariery. Ale jest ich naprawdę niewielu. Większość osób bierze pierwszą zaproponowaną im posadę i przez lata pracuje w tym samym obszarze. Nie podoba im się to, co robią, więc dlaczego tam zostają? Dlaczego zostają przy pracy, która ich nie satysfakcjonuje?

Odpowiedź brzmi: bezpieczeństwo. Jeśli ktoś musi płacić rachunki i utrzymywać rodzinę, trudno mu zrezygnować z pracy — niezależnie od tego, jak wielki wstręt do niej czuje. Wobec tego większość ludzi będzie przez następne dwadzieścia lub trzydzieści lat wykonywać pracę, której nie lubią. I to tylko dlatego, że wydaje się, iż nie ma żadnej alternatywy. Jeśli masz do zaoferowania prawdziwy wybór, możesz przekonać niezadowolonych ludzi, że nie muszą dłużej wykonywać tego, czego właściwie nie chcą.

To samo dotyczy ludzi, którzy są niezadowoleni, ponieważ w ich życiu nie ma już żadnych wyzwań. Zaoferuj im wyzwanie, a się zdziwisz. Niejeden, który jeszcze wczoraj bez celu błąkał się po okolicy, idzie nagle ulicą świadomy swojego celu.

Ludzie, którzy jeszcze niedawno uzyskiwali przeciętne wyniki, zaczynają nagle dokonywać nadzwyczajnych rzeczy.

Pokaż również, że praca może sprawiać radość. Kto uważa, że przyjemność można znaleźć tylko poza pracą, ucieka przed rzeczywistością. Dla każdego człowieka istnieje zajęcie, które będzie mu sprawiać taką przyjemność, że nie będzie już w stanie ani nie będzie chciał odróżnić czasu wolnego od pracy.

Zwycięzcy są wdzięczni za to, co teraz posiadają. Nie byliby jednak zadowoleni, gdyby jutro nadal żyli w tych samych warunkach. Wiedzą, że rozwój jest podstawową potrzebą człowieka.

PRAKTYKA:

Zaakceptuję dziś swoje niezadowolenie jako dobrą siłę napędową i zobowiązuję się do następujących kroków:

1. Wymienię na głos co najmniej pięć rzeczy, za które w tej chwili jestem wdzięczny. Za każdym razem, kiedy koncentruję się na tym ćwiczeniu, moje uczucie strachu znika.
2. Popieram swoje niezadowolenie, ponieważ jest decydującą siłą napędową we mnie. Zadowolenie pozwala nam stać nieruchomo i powoli umierać. Niezadowolenie tworzy coś wielkiego i pozwala

mi naprawdę żyć. Dlatego zapiszę sobie dziś trzy rzeczy, które koniecznie chcę osiągnąć.

3. Spróbuję nie przekonywać innych do koncepcji niezadowolenia. Akceptuję, że każdy ma prawo żyć tak, jak uważa za słuszne. Ale nie będę się też wstydzić swojego niezadowolenia.
4. Wiem, że moja firma może się rozwijać tylko wówczas, jeśli zapalę innych ludzi do tego, aby ze mną współpracowali. Dlatego dzisiaj rozejrzę się za niezadowolonymi ludźmi, którym mogę zaoferować dobrą szansę.

ZASADA 30

Bądź orłem, a nie kaczką

Pamiętasz jeszcze tę starą indyjską opowieść o stworzeniu? Według niej bóg najpierw stworzył muszelkę, a potem orła. Człowiekowi dał możliwość wyboru pomiędzy nudną egzystencją muszelki a ekscytującym, interesującym życiem orła.

Być może powiesz: „Przecież wybór jest prosty". Oczywiście każdy człowiek powinien zdecydować się na życie orła. Ale zdarzyło się coś, czego chyba nikt się nie spodziewał. Wielu ludzi nie zdecydowało się ani na życie muszelki, ani na życie orła.

Wprawdzie chcieli posiadać zalety orła, ale nie chcieli ponosić tego ceny. Tak więc szukali zwierzęcia, które sprosta ich „wymaganiom". I w końcu je znaleźli: kaczkę.

KACZKI

Patrząc bardzo powierzchownie, można dojść do wniosku, że kaczki są podobne do orłów. W rzeczywistości jednak chodzi o z gruntu różne istoty. Jeśli wiesz, na co musisz zwracać uwagę, rozpoznasz kaczki od razu. Jedno i drugie potrafi na przykład latać. Ale podczas gdy orzeł krąży wysoko na niebie, kaczka pozostaje tuż nad wodą.

Wybitną cechą kaczki jest jej kwakanie. Kwacze właściwie przez cały dzień. Kiedy rano się budzi, kwacze. Jeśli chce być nakarmiona, kwacze. Kiedy coś jej nie pasuje, kwacze. Kiedy inne kaczki kradną jej jedzenie, kwacze. Jeśli nie osiągnie określonego wyniku, kwacze. Kwakanie zamiast osiągnięć — to kiepski pomysł.

KACZKI PRZY „PRACY"

Przyjrzyjmy się kilku sytuacjom, na podstawie których lepiej poznamy charakter kaczki.

Czy zdarzyło Ci się przyjść do jadalni hotelu 15 minut później, niż pozwalają na to oficjalne godziny serwowania śniadania? Jeśli spotkasz kaczkę, to usłyszysz: „Przykro mi, ale się Pan spóźnił. Nie przeczytał Pan tabliczki na zewnątrz? Śniadanie serwuje się tylko do dziesiątej. Kwa, kwa, kwa...".

Orzeł natomiast zapyta: „Bufet niestety został już sprzątnięty, czy mogę zlecić, aby kuchnia jeszcze szybko coś dla Pana przygotowała? Czego Pan sobie życzy?".

Znasz sklep z materiałami budowlanymi? Pięć tysięcy metrów kwadratowych powierzchni sprzedażowej i jeden sprzedawca. I jakimś cudem zawsze zajmuje się właśnie innym klientem. Najczęściej takim, który chce zbudować wieżowiec. Co by się zdarzyło, gdybyś uprzejmie przerwał: „Przepraszam, mam tylko jedno pytanie: Gdzie stoi brązowa farba do drewna?".

Wówczas kaczka odpowiedziałaby: „Czy nie widzi Pan, że właśnie obsługuję klienta? Jednocześnie mogę obsługiwać tylko jednego klienta. Proszę poczekać, aż do Pana przyjdę. Kwa, kwa, kwa...".

Parę miesięcy temu chciałem zameldować się w hotelu Atlanta. Miałem rezerwację i potwierdzenie. Kiedy tam przyjechałem, nie było wolnych miejsc. Pani w recepcji poinformowała mnie, że rezerwacja niestety nie jest ważna, ponieważ zarezerwowano więcej miejsc niż jest dostępnych. Powiedziała to i mnie zostawiła.

Zażądałem swoich praw. Ale jedyne, co mi odrzekła, to: „Jeśli hotel jest pełny, to jest pełny. Nie wyczaruję przecież pokoi. Kwa, kwa, kwa, kwa". Nie chciałem jej dalej zajmować swoją osobą.

„Aha", pomyślałem, „kaczka". Dlatego zażądałem rozmowy z jej przełożonym. Gniewnie odrzekła: „On też nie powie Panu nic innego". Z tymi słowami chciała zniknąć za drzwiami. Za nimi był z pewnością staw z kaczkami i wróciłaby z inną przedstawicielką swego gatunku.

Poprosiłem ją, żeby przyprowadziła mi orła. „Że kogo?", chciała wiedzieć. Wyjaśniłem: „Proszę przyprowadzić kogoś, kto już z góry nie wie, że nie da rady".

To zrozumiała. Menadżer, który przyszedł, był rzeczywiście orłem. Powiedział, co następuje: „Naprawdę nie mamy miejsc. To niedopatrzenie ze strony naszego hotelu, za które mogę tylko przeprosić. Najszybciej, jak to możliwe znajdę jakieś rozwiązanie. Zaraz podzwonię, żeby znaleźć dla Pana w odpowiednim hotelu jakiś apartament, do którego będziemy mogli Pana na nasz koszt przebukować. Czy mogę zaprosić Pana na obiad do naszej restauracji w czasie, gdy będę szukał?".

RÓŻNICE

Rozpoznajesz orłów? Orły działają, podczas gdy kaczki kwaczą. Ich kwakanie symbolizuje wymówki, usprawiedliwienia, bezsensowną paplaninę, narzekanie i zrzędzenie. Kaczki zostaną kiedyś zwolnione. Są pierwszymi, które padają ofiarą kryzysu. I wtedy powiedzą: „To niesprawiedliwe. Myślę, że szefowi nie spodobał się mój nos". Orły natomiast są awansowane. Ważne jest, żebyśmy nie byli jak kaczki i nie kwakali, zamiast uzyskiwać wyniki. I powinniśmy unikać kaczek również w naszym dziale, w naszej firmie czy w naszym zespole. Co prawda istnieją ludzie, którzy uważają, że można zmotywować również kaczki. Ale wiesz, co wówczas otrzymasz? Zmotywowaną kaczkę.

Poniżej kilka różnic pomiędzy kaczkami i orłami:

- Kaczki mówią: „Nie mogę sobie na to pozwolić".
  Orły pytają: „Jak mogę sobie na to pozwolić?".
- Kaczki są pesymistami, orły optymistami.
- Kaczki opowiadają sobie wzajemnie o ich negatywnych doświadczeniach. Odbywają nawet w tym celu posiedzenie kaczek. Orły opowiadają w przeważającej mierze o rzeczach pozytywnych.
- Kaczki robią tylko to, co najkonieczniejsze — a często nawet tego nie. Orły przebywają dodatkową milę. Robią więcej, niż ktoś mógłby od nich oczekiwać.
- Kaczki pracują powoli. Ich motto w pracy brzmi: „Jestem w pracy, a nie uciekam". Orły załatwiają wszystko najszybciej, jak to tylko możliwe.
- Kaczki wszystko wiedzą lepiej i znajdują powody, żeby nic nie robić. Orły są gotowe do nauki i po prostu działają.
- Kaczki wynajdują wymówki, orły znajdują rozwiązania.
- Kaczki nie podejmują ryzyka. Orły czasami się boją, ale mimo wszystko działają. Są odważne.
- Kaczki pracują od ósmej do szesnastej. Orły pracują także po szesnastej.
- Kaczki w każdej szansie dopatrują się problemów. Orły w każdym problemie dostrzegają szansę.
- Kaczki źle wyrażają się o nieobecnych — dzięki temu czują się lepiej. Orły mówią w pozytywach albo milczą.

- Kaczki potrzebują z reguły dużo czasu na podjęcie decyzji, ale szybko ją niweczą. Orły decydują szybko, ponieważ ich wartości są jasne i ufają swojej intuicji.
- Kaczki koncentrują się na problemach i kwaczą. Orły koncentrują się na rozwiązaniach i działają.
- Dusza kaczki jeszcze po latach pamięta krzywdę, którą jej wyrządzono. Orzeł przebacza.
- Kaczki czekają, aż zostaną nakarmione, a jeśli dostaną za mało, kwaczą. Orły przejmują pełną odpowiedzialność i przynoszą sobie to, co chcą.
- Kaczki muszą kochać to, co mają. Orły wypracowują sobie to, co kochają.
- Kaczki denerwują się z powodu drobnostek i dzięki temu chcą czuć się bardziej żywotnymi. Orły nie biorą siebie zbyt poważnie.
- Dla kaczek cały świat składa się z jednego małego bajora. Orły osiągają najwyższe szczyty.
- Kaczki pomstują na okoliczności. Orły zmieniają okoliczności.
- Itd.

WPŁYW NA INNYCH

Czego małe kaczki nauczą się od swojego stada? Jak kwakać. Orły natomiast wspierają swoich bliźnich. Czy widziałeś już kiedyś, jak orły przygotowują swoje młode do życia? Najpierw orły-rodzice zaczynają usuwać miękki puch, którym gniazdo było wysłane. Po prostu wyrzucają go z gniazda. Potem usuwają trawę.

W gnieździe staje się coraz mniej przytulnie. Pomału zdejmowane są małe gałęzie. Małe orlątka leżą więc już naprawdę niewygodnie na twardych konarach. Wkrótce mają tego dość i po raz pierwszy próbują latać. Jeśli któreś z młodych jeszcze się tego obawia, rodzice po prostu wyrzucają je z gniazda.

Jeśli orlątko nie rozpostrze swoich skrzydeł, rodzice lecą po nie w locie nurkującym i przynoszą je z powrotem do gniazda. Ale tylko po to, żeby za chwilę ponownie wyrzucić — i tak aż nauczy się latać.

W pobliżu orła inni ludzie muszą się rozwijać. Orły nie tolerują przestoju i lenistwa. Stawiają swojemu otoczeniu wysokie oczekiwania. Wspierają swoje środowisko. Dlatego orły wywierają wpływ i są czołowymi osobowościami. Interesuje je życie i ludzie wokół nich. Chcą coś zmienić na dobre.

Być może to jest powodem, dlaczego orzeł jest tak wysoko ceniony i znajduje się na niezliczonych godłach. Orła chętnie stawiamy sobie za wzór. Zwycięzcy żyją jak orły. Jakie zwierzę nosisz w godle swojego życia?

PRAKTYKA:

Dziś rozwinę swoją umiejętność życia jak orzeł, zobowiązując się do wykonania następujących kroków:

1. Postanawiam teraz, że od razu zacznę od początku czytać tę książkę. Każdego dnia jeden rozdział. Rozdziały, które chwilowo nie zajmują mnie aż tak bardzo, pominę.
2. W spokoju przeczytam dziś Posłowie i nad nim pomyślę.
3. Wesprę swoje środowisko. Postawię wysokie oczekiwania ludziom, którzy coś dla mnie znaczą. W wyniku tego nie dla wszystkich być może będę wygodny — ale skłonię ludzi do latania.
4. Zastanowię się, jak wygląda mój ideał zwycięzcy. Pisząc, znajdę dostęp do moich własnych głębokich myśli i wartości.
5. Dostrzegam, że nie mogą istnieć żadne ostateczne „zasady zwycięzców", lecz że muszę kierować się własnymi wartościami, aby sformułować własne zasady jako drogowskazy dla mojego życia.

Posłowie

Rzeczywisty sukces nigdy nie jest jednostronny. Zawsze posiada elementy zewnętrzne i wewnętrzne. W naszym społeczeństwie zewnętrzne atrybuty są zagłuszane. W literaturze znajdujemy w związku z tym ulubiony temat: ludzi, którzy zaprzedają swą duszę, aby zyskać sławę i uznanie.

Faktycznie, łatwiejszym wydaje się osiągnięcie zewnętrznego sukcesu, nie pozostając wiernym swoim ideałom. Media bez przerwy donoszą o ludziach, którzy wszystko podporządkowali swojemu celowi, którzy idą po trupach i dzięki temu dużo szybciej zdobyli bogactwo i uznanie.

I tak na przykład łatwiej jest dążyć do celu, jeśli ignoruje się potrzeby innych ludzi. To wyjaśnia również, dlaczego czasami podłe jednostki mają tak dużą władzę. Kto podporządkowuje wszystko zewnętrznemu sukcesowi, temu obojętne są uczucia innych ludzi. To jednak nie sukces, lecz egoizm.

Nie powinniśmy stawiać zewnętrznego sukcesu ponad naszymi wewnętrznymi potrzebami. Wewnętrzny sukces jest równie ważny. Jest on zgodny z naszymi naturalnymi predyspozycjami do tego, żeby się rozwijać i wykorzystywać dobre cechy, które w sobie kryjemy: wdzięczność, miłość, pokój, radość, mądrość, pokorę, odpowiedzialność i uczynność.

Ten, kto tłumi te cechy i „sprzedaje" swą duszę, nigdy nie będzie czuł się naprawdę spełniony. Niewierność samemu sobie i brak wewnętrznego spokoju to zbyt wysoka cena za osiągnięcie zewnętrznego sukcesu.

Z drugiej jednak strony, wewnętrzny spokój nie gwarantuje, że dostaniemy to, czego pragniemy. Nie wolno nam zaprzeczać naszym wewnętrznym życzeniom. Musimy pozwolić sobie chcieć więcej. Sztuką udanego życia jest branie pod uwagę jednego i drugiego. Tak właśnie postępują zwycięzcy, dlatego niniejsza książka traktuje o obu rodzajach sukcesu. W wyniku tego wydaje się czasem, że niektóre zasady zaprzeczają innym. Przykładowo okazuję się więc, że okrężne drogi szybciej prowadzą do celu.

Zasady zwycięzców nie mogą być uznane za kompletne. Życie jest zbyt bogate i zbyt wszechstronne, żeby można było je ograniczyć do kilkunastu stron. Zwycięzcy nie uważają też, że mądrość się już wyczerpała. Wiedzą o transformacjach i zmianach, które stanowią podstawę wszystkiego, co istnieje. Wiedzą, że każda prawda ma zawsze drugą stronę.

Zwycięzcy są tolerancyjni i nie potrzebują absolutu czy kompletności, aby być szczęśliwymi. Zauważyli, że każdy zwyczajny proces życiowy może nieść ze sobą radość. Korzystają z każdej chwili i w pełni się nią delektują, aby doznać jak największego spełnienia.

Zwycięzcy żyją pełną piersią. A żyją według swoich własnych zasad, ponieważ stanowią one dla nich drogowskazy do czerpania maksymalnej radości z życia.

Każda chwila, w której żyjemy jak zwycięzca, jest chwilą, w której opłaca się żyć. Ponadto nadal żyjemy niczym zwycięzca, jeśli korzystamy z którejś z zaprezentowanych zasad lub chociaż z małego jej fragmentu. Miara, którą mierzymy dzięki zasadom zwycięzców, jest bardzo wysoka.

Chciałbym się Ci do czegoś przyznać: nawet ja sam nie opanowałem perfekcyjnie większości z tych zasad. Na skali od 1 do 100 osiągam w niektóre dni 94 punkty, a w inne tylko 72. Mam nadzieję, że nie jesteś rozczarowany. Nie sądzę również, aby ktokolwiek osiągnął we wszystkich sytuacjach życiowych pełne 100. Przecież w samej naturze ideału leży, że się do niego zbliżamy tak bardzo, jak to możliwe, ale nigdy go nie osiągamy. Tak więc ważnym jest, aby stale powtarzać zasady zwycięzców: dzięki temu pamiętamy nasze doświadczenia i ponownie widzimy w głowie wizję człowieka, którym chcemy być.

Życzę Ci z całego serca, abyś wiódł bogate, szczęśliwe i pełne przygód życie zwycięzcy. Nie zawsze będzie łatwo, ale zostanie Ci to sowicie wynagrodzone.

Jeśli spotkamy się na tej drodze, będzie mi bardzo miło. Z pewnością oboje wyjdziemy z tego spotkania silniejsi.

Zwycięzców nie ma na tym świecie w nadmiarze, ale za to jakoś się wzajemnie przyciągają i odnajdują.

Chciałbym pożegnać się z Tobą wierszem Elli Michler: *Życzę Ci czasu…*:

Życzę Ci czasu na radość i śmiech, by go wykorzystać i coś z niego mieć.

Życzę Ci czasu, by sięgnąć gwiazd, wciąż na nowe nadzieje mając i czasu by kochać, wzrastać i dojrzewać też.

Bo czyż odsuwanie czasu sens może mieć? Życzę Ci czasu, by samego siebie odnaleźć, każdym dniem, każdą godziną umieć cieszyć się.

Życzę Ci: znajdź czas, by innym wybaczyć,
*I życzę Ci: miej czas, by żyć**.

Bądź zwycięzcą i niech Twoje życie będzie dla innych zyskiem.

Twój

Bodo Schäfer

---

* Fragment wiersza *Życzę Ci czasu* autorstwa Elli Michler, [w:] „Dir zugedacht". Wunschgedichte, München 2010.

Podziękowania

Na ramionach olbrzyma krasnoludki mogą widzieć dalej. Mój wkład w stare prawdy i praktyki, które prowadzą do sukcesu i spełnienia, jest stosunkowo niewielki. Musiałem najpierw być tylko uczniem.

Potem zacząłem zapisywać, czego nauczyli mnie moi mentorzy i moje autorytety. Bez nich książka ta nigdy nie mogłaby powstać. W szczególny sposób pragnę podziękować: dr Winfried Noack, Peterowi Hövelmannowi, Danielowi S. Pena, Shami Dhillon i profesorowi Walterowi Möbiusowi.

Ponadto dziękuję wszystkim innym, których osobiste historie, poglądy i mądrości były dla mnie źródłem inspiracji i siły.

Podziękowania należą się również wszystkim moim współpracownikom z Bodo Schäfer Akademie. Jesteście najlepszym zespołem. Praca z Wami to czysta przyjemność i źródło niekończącej się inspiracji. Od samego początku wierzyliście w tę książkę. Dla Was — tak samo jak dla mnie — Zasady zwycięzców są czymś więcej niż tylko kolejnym poradnikiem.

Za niezmordowane zaangażowanie i konstruktywną krytykę niniejszej książki dziękuję z całego serca pani profesor Christine Volkmann, Sibylle Berg, Kristine Herrmann, Lisie Demmer, Filiz Reintgen i Annice Hildebrandt, jak również Adnanowi Aydogdu'owi, Timowi Linnenbürgerowi, Julianowi Auweilerowi i Yvonne Barfigo.

Lista ta nie byłaby kompletna, gdybym nie podziękował moim Czytelnikom oraz uczestnikom moich seminariów. Tysiące z Was do mnie pisało i zachęcało do napisania książki o sukcesie. Jednocześnie pomogliście mi wybrać z obfitości praw i zasad te najważniejsze. Szczególnie dziękuję za niezliczoną ilość historii o sukcesach, które mi nadesłaliście. Jestem bardzo wdzięczny, jeśli miałem w tym swój mały udział.

Na koniec dziękuję mojej pani Imke za wielkie wsparcie. Potrafić kochać i być kochanym to najpiękniejszy dar.

Zasady zwycięzców:

1. Podejmuj decyzje
2. Ciągle się ucz i rozwijaj
3. Świadomie przeżywaj dzień
4. Skoncentruj się na czynnościach przynoszących dochód
5. Stań się kimś
6. Po prostu zrób to
7. Postępuj właściwie ze stresem
8. Naucz się pokonywać trudności
9. Nie wynajduj koła na nowo
10. Wytwarzaj pęd
11. Marz i żyj swoim marzeniem
12. Pamiętaj o swoim ciele
13. Nie pozwól, by odmowa Cię zniechęciła
14. Dawaj z siebie 110%
15. Ucz się na swoich problemach

16. Bądź szefem i pracownikiem w jednej osobie
17. Stawiaj sobie wielkie cele
18. Dawaj innym to, czego potrzebują
19. Nie pozwól się rozpraszać
20. Bądź wzorem produktywności
21. Wszystko, co ważne, zaczynaj jak najszybciej
22. Przejmij pełną odpowiedzialność
23 Naucz się obchodzić ze strachem
24. Skoncentruj się na swoich mocnych stronach
25. Dawaj i wybaczaj
26. Postępuj mądrze ze swoimi pieniędzmi
27. Cierpliwie wznoś swoje fundamenty
28. Otaczaj się autorytetami
29. Zaakceptuj niezadowolenie jako siłę napędową
30. Bądź orłem, a nie kaczką

... i co dalej?

Osobisty list Bodo Schäfera

Drodzy Czytelnicy!

Co chwila powstają rewolucyjne produkty, które wszystko zmieniają. Jeśli w swojej karierze zawodowej człowiek ma szansę pracować nad takim produktem, możne uznać się za szczęściarza. Pod tym względem los wyjątkowo się do mnie uśmiechał. Razem z moim partnerem mogłem zaprezentować już kilka takich produktów. Czy mogę opowiedzieć Wam cztery krótkie historie na ten temat? Wszystko to były kamienie milowe w branży kształcenia dorosłych.

HISTORIA PIERWSZA: POWSTANIE MOICH SEMINARIÓW

W 1994 roku poprowadziłem nasze pierwsze seminaria na temat pieniędzy: „Droga do finansowego sukcesu", a później „Pierwszy milion w ciągu siedmiu lat".

Początek nie był łatwy. Raz zgłosiły się tylko cztery osoby. Chciałem już odpuścić, ale pragnąłem podążać za moją pasją, dlatego w rezultacie przez całe dwa tygodnie prowadziłem seminarium dla dosłownie garstki ludzi. To był punkt zwrotny. Jakbym sam sobie udowodnił, że się nie poddam. Doprowadzę to do końca. Odtąd przychodziło coraz więcej osób. Najpierw setki, potem tysiące. A powód był jeden: seminaria wielu ludzi uczyniły bogatymi. Dodatkowo opracowaliśmy audioseminarium, które zakupiło ponad pół miliona ludzi.

Cieszę się bardzo i jestem też nadzwyczaj dumny, że w ten sposób wiele ponad milion osób obejrzało lub wysłuchało moich seminariów. Nieprawdopodobne, co może się wydarzyć, jeśli robimy coś, co kochamy.

HISTORIA DRUGA: PIERWSZA KSIĄŻKA

W lutym 1997 roku napisałem swoją pierwszą książkę *Droga do finansowej wolności*. Książkę o pieniądzach, w którą prawie nikt nie wierzył. Pięćdziesiąt siedem wydawnictw odmówiło jej druku. Przez osiemnaście miesięcy otrzymywałem tylko odmowy. Na świecie istniało przecież już około pół miliona publikacji na temat pieniędzy...

Ale ja wiedziałem, że moja książka jest wartościowa. Wytrwałość w dążeniu do celu opłaciła się: nadal strasznie się cieszę z tego, że w pierwszych trzech miesiącach po jej ukazaniu sprzedaliśmy ponad 100 000 egzemplarzy — tylko w Niemczech. W międzyczasie doszliśmy już do ponad 10 milionów. Droga do finansowej wolności jest najbardziej dochodową książką o pieniądzach, jaka kiedykolwiek ukazała się w księgarniach. Uważam, że nigdy nie wolno nam się poddawać. Nigdy. Życie nagradza za wytrwałość. Musimy robić coś, do czego rzeczywiście pałamy pasją. Pomysł, rozwiązanie jakiegoś problemu, likwidacja niesprawiedliwości.

HISTORIA TRZECIA: PIERWSZE SEMINARIUM DVD

Powodzenie mojej pierwszej książki nakręciło prawdziwą spiralę sukcesów. Pisałem kolejne, byłem gościem niezliczonej ilości programów typu talk-show, masowo udzielałem wywiadów... Jako mówca ciągle nie miałem wolnych terminów. Jednak istotnie trochę przesadziłem i stanowczo za dużo pracowałem. Pod koniec 1999 roku ucierpiało na tym moje zdrowie — rozchorowałem się i nie mogłem prowadzić żadnych seminariów.

Życie nie zawsze przebiega gładko. I błędnym jest myślenie, że tylko wtedy możemy być szczęśliwi, jeśli wszystko idzie po naszej myśli. W tamtym okresie dużo się nauczyłem.

Przez cały ten czas nigdy nie porzuciłem swojego marzenia o doprowadzaniu innych ludzi do finansowej wolności. Ale pewne rzeczy się zmieniły. Dziś ważne jest dla mnie, żebym pomagał innym stawać się nie tylko bogatymi, ale bogatymi i szczęśliwymi. I tak robię dalej. Nie chciałem się przepracowywać, ale jednocześnie paliło mnie pragnienie, aby dotrzeć do jeszcze większej ilości słuchaczy. Dlatego w 2008 roku ukazał się na DVD pakiet startowy, który w przystępny sposób objaśnia drogę do dobrobytu.

Do końca 2016 roku pakiet ten kupiło już ponad 15 000 ludzi.

Myślę, że to, co przeżyłem, doświadczyło też wielu innych: ot, człowiek dochodzi do takiego punktu w swoim życiu, w którym stwierdza, że nie chce lub nie może tak dalej pracować. Jeśli chce się rozwijać, musi coś zmienić.

Dowiedziałem się, że w tym celu nie musimy jednak rezygnować z naszej pasji, możemy ją pogłębiać i dalej rozwijać, ale powinniśmy zmienić nasze założenia. W rezultacie możemy stać się jeszcze bardziej efektywni. Jeśli pozostaniemy wierni naszej pasji, ale zmienimy nasze założenia i poprawimy ich realizację, to możemy dokonać niewiarygodnych rzeczy.

Jeśli komuś uda się choć jeden z tych trzech kamieni milowych, to fantastycznie. Ale moją życiową misją zawsze było, aby jak najwięcej ludzi pokierować do finansowej wolności. Tak więc nigdy nie jestem zadowolony. Chciałem stworzyć bezpieczny i pewny system, a potem ciągle go ulepszać i upraszczać. A to prowadzi nas do czwartego kamienia milowego.

HISTORIA CZWARTA: DZIEŁO MOJEGO ŻYCIA

Ta czwarta historia może okazać się dla Was bardzo ważna. Wynika z trzech poprzednich. Pamiętacie trzy nauki płynące z moich trzech historii?

1. Powinniśmy robić w życiu to, co kochamy. W przeciwnym razie nigdy nie dowiemy się, do czego naprawdę jesteśmy zdolni.
2. Nigdy nie powinniśmy się poddawać, przenigdy. Ale do tego potrzebujemy pasji, która pojawia się dopiero wówczas, kiedy coś naprawdę kochamy.
3. Możemy być szczęśliwi również wówczas, kiedy przechodzimy ciężki okres. Możemy się przy tym nauczyć, jak poprawić naszą pracę i uczynić ją efektywniejszą.

Serdeczne pozdrowienia
Wasz

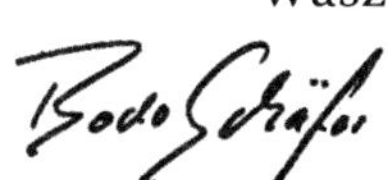

Bodo Schäfer

Polecane

KAWIARNIA NA KOŃCU ŚWIATA — JOHN STRELECKY

W małej kawiarni w miejscu tak odległym, że znajduje się pośrodku niczego, John — człowiek żyjący w pośpiechu — znalazł się na rozdrożu. Zamierzając jedynie zjeść i zatankować paliwo, zanim wyruszy w podróż, znajduje tu pożywienie zupełnie innego rodzaju. Oprócz specjałów dnia, menu kawiarni wymienia trzy pytania, do których rozważenia są zachęcani wszyscy goście:

Dlaczego tu jesteś?
Czy boisz się śmierci?
Czy czujesz się spełniony?

Z tym pokarmem do myślenia i przewodnictwem trzech osób, które spotyka w kawiarni, John wyrusza w podróż odkrywania siebie, która zabiera go, z apartamentów dla kadry kierowniczej świata reklamy, do surfowania na wybrzeżu Hawajów. Po drodze odkrywa nowy sposób patrzenia na życie, siebie samego i jak wiele może się nauczyć od zielonego żółwia morskiego.

WIELKA PIĄTKA — JOHN STRELECKY

Ta książka Cię zainspiruje. Zmieni Twoje życie w sposób, którego jeszcze nie znasz, ale zrozumiesz go całkowicie, gdy skończysz czytać.

Na zawsze poprawi Twoje spojrzenie na siebie jako lidera. Dotyczy to sposobu w jaki przewodzisz w domu, w pracy, w swojej społeczności… a zwłaszcza sobie samemu.

W każdym momencie jesteśmy powołani do tego, aby być liderami. Jeśli nie dla innych to w celu przewodzenia sobie samym. W końcu ktoś musi cię zainspirować, by każdego dnia wstać z łóżka. A ten ktoś to Ty.

Książka została napisana z perspektywy Thomasa Derale, człowieka postrzeganego przez otaczających go ludzi jako największego lidera na świecie. Prowadzi swoje firmy za pomocą dwóch wytycznych: każdy pracownik musi znać swój „Sens Istnienia", a także swoją „Wielką Piątkę", czyli wiedzieć, jakie pięć celów chce osiągnąć w życiu.

Thomas w wieku pięćdziesięciu pięciu lat dowiaduje się, że umiera. Jednak nawet w tym czasie inspiruje wszystkich wokół siebie do życia.

Zasady zawarte w tej książce, takie jak Wielka Piątka i Dzień Warty Skatalogowania, pozytywnie wpłynęły na czytelników na całym świecie. Każdego na swój wyjątkowy sposób, ponieważ dostosowali je do swojego życia, swojej sytuacji.

PO PROSTU ZRÓB TO! — ILJA GRZESKOWITZ

Żyjemy w czasach, w których ludzie lubią marudzić i żalić się na swoją sytuację. Wszyscy narzekają na wszystko. Ale zamiast coś zmienić, wierzą, że inni wezmą na siebie odpowiedzialność za ich życie. Ilja Grzeskowitz postawił sobie za cel walkę z tą pasywną postawą „patrz i czekaj".

W swojej książce „Po prostu zrób to!" pokazuje

interesujące i zabawne sposoby, dzięki którym nawet bez posiadanych tytułów naukowych, pieniędzy lub pomocy innych ludzi można zmienić swoje życie. Odkryj ekscytujące historie, dzięki którym odkryjesz:

- Dlaczego strach jest Twoim najlepszym sprzymierzeńcem.
- Które dwa słowa mają taki potencjał, żeby zmienić Twoje życie.
- Która cecha osobowości jest najważniejsza, żeby pozwolić sobie na wprowadzenie zmian w swoim życiu zawodowym oraz rodzinnym.

Cokolwiek chciałbyś zmienić w swoim życiu, nie wahaj się, użyj motta tej książki: „Po prostu zrób to!". Bo jeśli Ty tego nie zrobisz, to nikt inny tego nie zrobi.

Dla fanów literatury faktu

SPOWIEDŹ POLSKIEGO KATA — JERZY ANDRZEJCZAK

Jego jedynym konfesjonałem był bar, do którego udawał się po każdej egzekucji, a drogą krzyżową szereg wypijanych wówczas setek wódki. Nie wykonywał więc chlubnego fachu i nie był z niego dumny. Wiedział też, że nie należy się nim chwalić, bo pomimo działań zgodnych z literą prawa u nikogo nie wzbudzi sympatii. Jerzy Andrzejczak, zdając relację z przeprowadzonych rozmów z ostatnim polskim katem tworzy unikatowe studium przypadku człowieka, który przez wiele lat był — zabójcą z urzędu.

Jarosław Stukan